Gonglu Shuiyun Gongcheng Shigong

公路水运工程施工

Anquan Fengxian Bianshi Pinggu Guankong Zhinan

安全风险辨识评估管控指南

Suidao Gongcheng Pian

隧道工程篇

江苏省交通运输厅　组织编写

人民交通出版社股份有限公司

北　京

内 容 提 要

本书共7章,内容包括:施工安全风险辨识与分析、施工安全风险分级、隧道工程常见施工作业程序分解、隧道工程施工的典型风险事件类型、隧道工程施工的主要安全风险分析、隧道工程常见重大作业活动清单、隧道工程常见重大作业活动管控措施建议。

本书适用于公路水运工程(隧道工程)施工安全风险辨识、风险评估及风险管控,可供建设单位、监理单位和施工单位相关管理人员使用,为隧道工程施工安全风险辨识评估管控工作提供参考。

图书在版编目(CIP)数据

公路水运工程施工安全风险辨识评估管控指南. 隧道工程篇 / 江苏省交通运输厅组织编写. —北京:人民交通出版社股份有限公司, 2022.11

ISBN 978-7-114-18291-4

Ⅰ.①公… Ⅱ.①江… Ⅲ.①道路工程—工程施工—安全管理—指南②航道工程—工程施工—安全管理—指南③公路隧道—隧道工程—工程施工—安全管理—指南 Ⅳ.①U415.12-62②U615.1-62③U459.2-62

中国版本图书馆CIP数据核字(2022)第197902号

书　　名:公路水运工程施工安全风险辨识评估管控指南　隧道工程篇
著 作 者:江苏省交通运输厅
责任编辑:崔　建
责任校对:孙国靖　宋佳时
责任印制:刘高彤
出版发行:人民交通出版社股份有限公司
地　　址:(100011)北京市朝阳区安定门外外馆斜街3号
网　　址:http://www.ccpcl.com.cn
销售电话:(010)59757973
总 经 销:人民交通出版社股份有限公司发行部
经　　销:各地新华书店
印　　刷:北京虎彩文化传播有限公司
开　　本:889×1194　1/16
印　　张:23
字　　数:503千
版　　次:2022年11月　第1版
印　　次:2022年11月　第1次印刷
书　　号:ISBN 978-7-114-18291-4
定　　价:92.00元

《公路水运工程施工安全风险辨识评估管控指南
隧道工程篇》

编审委员会

主　　任：吴永宏

副 主 任：陈　萍　丁　峰　蒋振雄　王慧廷　张　欣　戴济群

委　　员：陆元良　黄　岩　储春祥　徐　斌　董志海　沈学标

　　　　　林有镇　周　进　陈明辉　郑　洲　胡　萌　潘卫育

主　　审：姜竹生　费国新

副 主 审：张　建　李　椿　徐志峰

编　写　组

主　　编：沈学标

副 主 编：郑　洲

编写人员：孔凡朋　张彦东　宋伟峰　王晓宁　李　强　吴胜坤

　　　　　李振飞　张友利　曹春明　朱亚德　张　坤　袁伟坡

　　　　　李　飞　陈　俊　叶　青　孙小峰　苗　全　孙　伟

　　　　　范　鹏　孔德坤　张卫中　仲天荐　王若鹏　张龙健

　　　　　周友国　刘　悦　戴卫东　张　琪　杨　洋

编 写 单 位

组织编写单位： 江苏省交通运输厅

参 编 单 位： 江苏省交通运输综合行政执法监督局

江苏科兴项目管理有限公司

中铁十四局集团有限公司

中铁五局集团有限公司

中交路桥建设有限公司

中交三航局第三工程有限公司

江苏润扬交通工程集团有限公司

江苏瑞沃建设集团有限公司

江苏宿迁交通工程建设有限公司

江苏中源工程管理股份有限公司

兴德(江苏)安全科技有限公司

序

建设交通强国是我国立足国情、着眼全局、面向未来作出的重大战略决策，是建设现代化经济体系的先行领域，是全面建成社会主义现代化强国的重要支撑，是新时代做好交通工作的总抓手。围绕习近平总书记关于全力打造“精品工程、样板工程、平安工程、廉洁工程”的重要指示[1]，《交通强国建设纲要》提出了“构建现代化工程建设质量管理体系，推进精品建造和精细管理”的具体要求。公路水运建设领域的管理创新是交通强国建设的重要内容。

党的二十大报告提出，要推进国家安全体系和能力现代化，坚决维护国家安全和社会稳定。坚持安全第一、预防为主，建立大安全大应急框架，推动公共安全治理模式向事前预防转型。当前，世界正经历百年未有之大变局，新一轮科技革命和产业变革深入发展。国际环境日趋复杂，不稳定性、不确定性明显增加，这对统筹安全与发展，把安全发展贯穿到各领域和建设管理全过程提出了新的更高要求。

新形势下，我国公路水运建设安全生产状况持续保持稳中向好的态势，但由于工程建设具有点多线长面广、高空作业多、工艺复杂等特点，施工过程中难免会存在一定的风险，安全生产形势依旧严峻。为此，国家先后出台了一系列的法律法规规章，以加强我国公路水运工程建设的安全监督管理。2021 年 9 月，我国颁布实施了新《中华人民共和国安全生产法》，进一步明确了行业安全监督管理职能。2022 年 8 月，交通运输部印发《关于加强公路水运工程建设质量安全监督管理工作的意见》，以推动工程建设高质量发展。这些法律法规、规章制度的颁布与实施，对我国公路水运工程安全生产管理产生了积极的作用，安全生产形势保持了持续稳定向好的态势。

科技创新为交通强国高质量发展提供了坚实的技术支撑，管理创新与科技创新相互

[1] 习近平出席投运仪式并宣布北京大兴国际机场正式投入运营[N]. 人民日报，2019-09-26(01).

依存、相互推动，为交通运输高质量发展进一步夯实了基础，在交通建设领域大力推进管理创新已经成为普遍共识。为保证公路水运工程施工安全风险管控先试先行，主动防范化解重大风险，支撑行业高质量发展，探索可复制可推广的实施路径，编写组在总结江苏省一系列公路水运工程重点建设项目创新管理的基础上，编制了《公路水运工程施工安全风险辨识评估管控指南》（以下简称《指南》）。该书重点围绕公路水运工程施工安全风险要素，结合施工安全典型风险事件，阐述了公路水运工程施工安全风险辨识、评估、管控的关键技术，为公路水运工程施工重大风险精准闭环管理提供了重要的参考依据。

交通运输是国民经济中基础性、先导性、战略性产业和重要服务型行业。公路水运工程作为现代化交通的基础设施，有效带动了区域经济发展，对促进“双循环”新发展格局的形成具有重要作用。为适应国家安全发展新形势，适应新发展阶段要求，《指南》将安全发展的管理理念贯穿工程建设管理全过程，体现了“安全第一、预防为主、综合治理”的工作方针，突出狠抓风险管控，坚持源头治理，健全防范化解重大风险防控四项机制，实现风险防控关口前移，提升本质安全水平。《指南》具有综合性和实践性的特点，对遏制和防范公路水运工程重特大事故的发生具有良好的指导和示范价值。

聚焦科技前沿，凝练实践精华，是走在创新一线的交通人的共同目标。《指南》的出版，是江苏交通科技工作者担负起“争当表率、争做示范、走在前列”光荣使命的重要实践，是坚定不移推动高质量发展、奋力打造交通运输现代化建设示范区的主动担当，对行业高质量发展具有重要意义。

谨以此为序，表示对《指南》出版的祝贺与推荐！

中国工程院院士

水利部　交通运输部　国家能源局南京水利科学研究院名誉院长　张建云

2022 年 10 月　南京

前　　言

为深入贯彻党中央、国务院关于加强安全生产工作和加快安全生产改革发展的决策部署，落实交通运输部关于深化防范化解安全生产重大风险的具体要求，江苏省交通运输厅组织编写了《公路水运工程施工安全风险辨识评估管控指南》（以下简称《指南》）。

《指南》共分六篇，包括桥梁工程篇、隧道工程篇、路基路面工程篇、港口工程篇、航道工程篇、船闸工程篇，本书为隧道工程篇。本书对典型隧道工程施工作业工序进行了分解，全面辨识了各评估单元中可能发生的典型风险事件类型，从人的因素、物的因素、环境因素、管理因素等几个方面进行了风险分析。根据隧道工程施工实际，给出了常见重大作业活动清单，有针对性地提出了常见重大作业活动风险管控措施。本书对提升隧道工程“本质安全”管理水平，实现安全管理关口前移具有重要的指导作用。

本书在编写过程中得到了各级领导和专家的指导，在此一并表示感谢。由于本书内容涉及面广，编写工作量大，难免存在不足之处，各有关单位和从业人员参照使用本书时，将发现的问题和意见反馈至江苏省交通运输综合行政执法监督局（地址：江苏省南京市石鼓路69号；邮编210004）。

编　者
2022年9月

目　　录

第一章　施工安全风险辨识与分析

第一节　总 体 要 求

(1)为适应公路水运工程安全生产管理水平不断提升的需要,进一步加强施工安全风险辨识、评估、管控工作,从源头上防范化解重大施工安全风险,有效消除事故隐患,编制了《指南》。

(2)公路水运工程施工安全风险评估的基本程序包括风险辨识与分析、风险分级、风险控制。

(3)风险辨识是指通过对工程施工过程进行系统分解,找出可能存在的致险因素,调查各施工工序潜在风险事件的过程。

(4)风险分析是指采用安全系统工程理论,对致险因素可能导致的风险事件进行分析,找出可能受伤害人员、事故原因等,确定物的不安全状态和人的不安全行为。

(5)风险分级是指采用定量或定性的方法,对风险事件发生的可能性及严重程度进行等级划分。

(6)按照风险事件发生的可能性和后果严重程度,将施工安全风险等级由低到高依次分为低风险(Ⅰ级)、一般风险(Ⅱ级)、较大风险(Ⅲ级)、重大风险(Ⅳ级)4 个等级。

(7)公路水运工程施工实施全过程风险分级管控和风险警示告知、监控预警制度。在项目施工阶段根据风险分级结果采取事前预控、事中监控、事后评价的方式,实施动态、循环的风险控制,直至将风险降低到可接受的程度。

(8)对于较大风险(Ⅲ级)和重大风险(Ⅳ级)的作业活动,应在实施风险控制措施、完成典型施工或首件施工后,开展风险控制预期效果评价。风险控制预期效果评价包括对风险控制措施落实情况的确认评价以及采取风险控制措施后预期风险的评价。

第二节　施工安全风险辨识与分析程序

一、工作步骤

风险辨识与分析一般包括 5 个工作步骤:工程资料的收集整理,施工现场地质水文条件和环境条件的调查(或补充勘察),施工队伍素质和管理制度调查,施工作业程序分解和风险事件辨识,致险因素及风险事件后果类型分析。

风险辨识与分析工作步骤如图1-1所示。

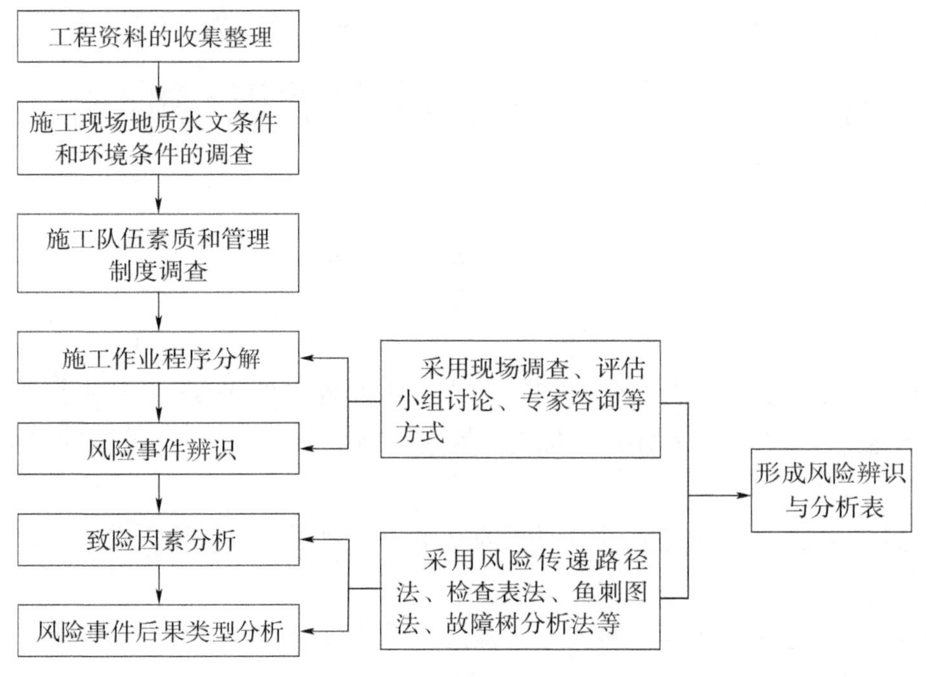

图1-1　风险辨识与分析工作步骤

(1)风险辨识与分析需收集、整理的相关工程资料主要包括:

①工程的可行性研究报告、环评报告、地质勘察报告,设计风险评估报告(如有),初步设计文件、施工图设计文件、施工组织设计文件、总体风险评估报告(如有),以及海事、港航、水利、环保等部门作出的与工程建设安全相关的文件;

②工程区域内的环境条件,包括建筑物、构筑物、通航船舶、埋藏物、管道、缆线、民防设施、铁路、公路、外电架空线路、饮用水源、养殖区、生态保护区等可能造成事故的环境要素;

③工程区域内地质、水文、气象等灾害事故资料;

④同类工程事故资料;

⑤其他与风险辨识对象相关的资料;

⑥重要设计变更资料、施工记录文件、监控量测资料、质量检测报告等;

⑦典型施工或首件施工情况、风险控制措施落实情况等。

(2)施工现场地质水文条件和环境条件调查主要包括:

①工程地质条件;

②气候水文条件;

③周边环境条件;

④地质勘察结果(如有)、现场开挖揭露地质情况的差异、周边环境的变化情况。

(3)施工队伍素质和管理制度调查主要包括:

①企业近五年业绩、近三年信用等级,同类工程经验和施工事故及处理情况;

②施工队伍素质,施工队伍的专业化作业能力、施工装备和技术水平;

③项目各种管理制度是否齐全，是否适用和具有针对性；

④专职安全管理人员配置情况；

⑤人员队伍变化情况、施工装备进出场情况、管理制度落实情况。

二、施工作业程序分解

隧道工程的施工作业程序分解可参考《公路工程质量检验评定标准　第一册　土建工程》(JTG F80/1—2017)和《公路工程质量检验评定标准　第二册　机电工程》(JTG 2182—2020)、施工图设计文件以及施工组织设计等文件，通过现场调查、评估小组讨论、专家咨询等方式，可将隧道工程施工过程划为不同的作业活动，一般按照单位工程、分部工程、分项工程、施工工序的层次进行分解。风险评估单元可以是分部工程、分项工程、施工工序，具体可根据需求而定。

三、风险事件辨识

施工作业程序分解后，可参考《企业职工伤亡事故分类标准》(GB 6441—1986)等文件，通过现场调查、评估小组讨论、专家咨询等方式，辨识各评估单元中可能发生的典型风险事件类型。

四、致险因素分析

在隧道工程施工中，对于物的不安全状态可能引起的风险事件，一般从地质条件、施工方案、施工环境、施工机械、自然灾害等方面进行分析。对于人的不安全行为可能引起的风险事件，一般从施工操作、作业管理等方面进行分析。

五、风险事件后果类型分析

在隧道工程施工中，可能受到风险事件伤害的人员类型包括作业人员自身、同一作业场所的其他作业人员、作业场所周围其他人员。风险事件后果类型主要包括人员伤亡和直接经济损失，但不局限于这两类损失。

各作业活动的风险分析可通过评估小组讨论会的形式实施，一般可采用风险传递路径法、检查表法、鱼刺图法、故障树分析法等安全系统工程理论进行分析。

风险辨识与风险分析的结果可填入表1-1。

风险辨识与分析表　　表1-1

作业活动	风险事件类型	致害物	致险因素				风险事件后果类型			
			人的因素	物的因素	环境因素	管理因素	受伤害人员类型	人员伤亡	直接经济损失	……
……										
……										
……										

第三节　施工安全风险辨识与分析方法

施工安全风险辨识与分析方法主要包括风险传递路径法、检查表法、鱼刺图法、故障树分析法、专家调查法、失效模式和后果分析法等，常用的方法介绍如下。

一、风险传递路径法

隧道工程施工安全管理失误的风险传递路径，如图1-2所示。

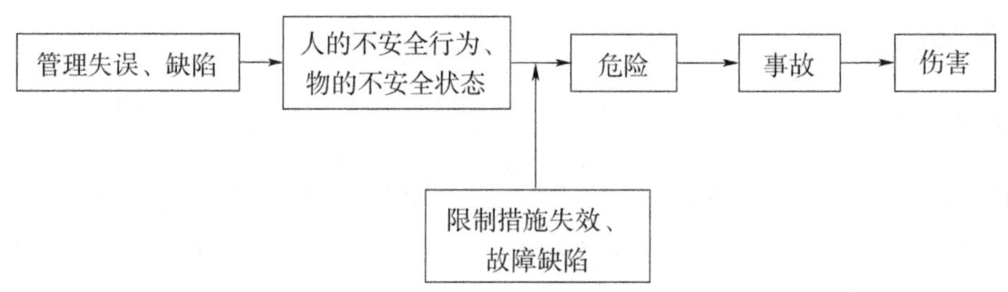

图1-2　隧道工程施工安全管理失误风险传递路径

针对隧道工程施工的特点，对隧道工程施工安全管理失误风险传递路径细化可知：风险从原因事件向结果事件传递，其表现形式由最初单一的、确定的管理失误分化到若干不同的危险形态并导致事故发生，最终发展到多样的、程度不一的伤害。

二、检查表法

检查表法是指为了查找工程、系统中各种设施、物料、工件、操作、管理和组织措施中的风险因素，事先把检查对象加以分解，将大系统分割成若干子系统，以提问或打分的形式，逐项检查项目列表的方法。

编制检查表所需的资料主要包括：有关标准、规程、规范及规定；国内外事故案例；系统安全分析事例；研究的成果等有关资料。

检查表法是一种以经验为主的方法。风险评估人员从现有的检查表中选取一种适宜的检查表，如果没有具体的、现成的安全检查表可用，评估人员必须借助已有的经验，编制出合适的检查表。

三、鱼刺图法

鱼刺图法是把系统中产生事故的原因及造成的结果所构成的因果关系，采用简单的文字和线条加以全面表示的方法。由于分析图的形状像鱼刺，故称“鱼刺图”。

制作鱼刺图分两个步骤：分析问题的原因及结构，绘制鱼刺图。

(1)分析问题原因及结构：

①针对问题点，选择层别方法(如人、机、料、法、环等)；

②按头脑风暴分别对各层别找出所有可能原因(因素);

③将找出的各因素进行归类、整理,明确其从属关系;

④分析选取重要因素;

⑤检查各要素的描述方法,确保语言简明、意思明确。

(2)鱼刺图绘制过程:

①填写鱼头(要解决的问题);

②画出主骨(影响结果主要概况因素);

③画出大骨,填写大要因;

④画出中骨、小骨,填写中小要因。

在绘制鱼刺图时应召集建设、施工、监理、第三方咨询单位(如有)等相关人员共同分析,将所要解决问题遵从面、线、点规律依次细化。

四、故障树分析法

故障树分析法就是将系统的失效事件(称为顶上事件)分解成许多子事件的串、并联组合。在系统中各个基本事件的失效概率已知时,可沿故障树图的逻辑关系逆向求解系统的失效概率。故障树是一种特殊的树状逻辑因果关系图,它用规定的逻辑门和事件符号描述系统中各种事物之间的关系。故障树的编制要求分析人员十分熟悉工程系统情况,包括工作程序、各种参数、作业条件、环境影响因素及过去常发事故情况等。故障树分析流程如图 1-3 所示。

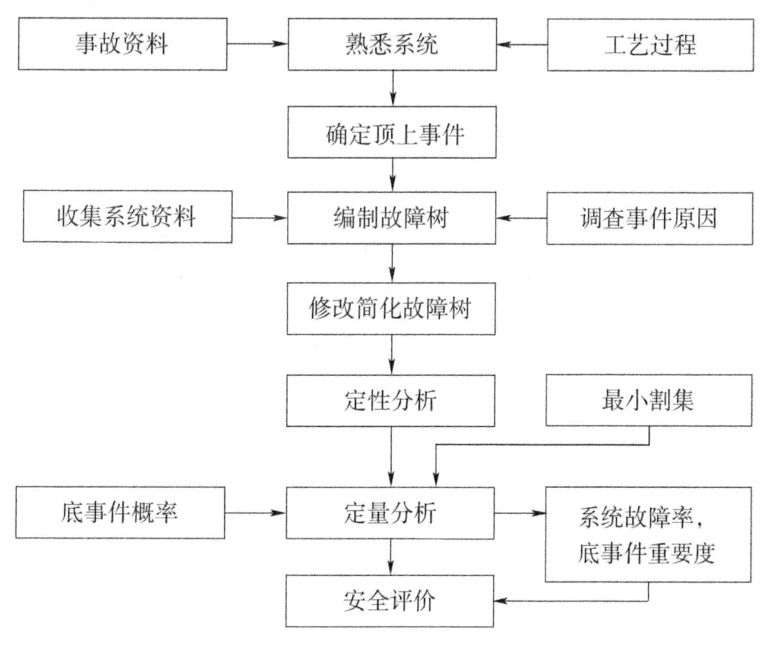

图 1-3 故障树分析流程

隧道工程故障树的绘制如图 1-4 所示。要分析的对象即为顶上事件(施工安全事故),按逻辑关系可向下罗列顶上事件发生的一级条件及原因(隧道工程事故),一级是条件及原因转换为一级事件,再向下罗列二级事件及原因(A_1,A_2,…,A_n 及 B_1,B_2,…,

B_n),依次类推直至事故的基本事件(A_{11},A_{12},…,A_{nn}及B_{11},B_{12},…,B_{nn})。现阶段主要以定性评估为主。

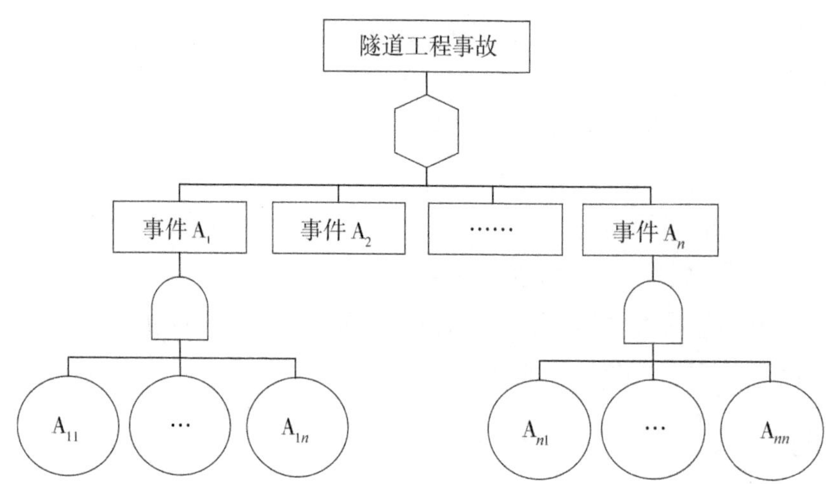

图1-4　隧道工程故障树

注:故障树符号意义可参考《故障树名词术语和符号》(GB/T 4888—2009)。

第四节　常用风险评估方法的特点

用于工程施工安全风险评估的方法有很多种,从定性和定量角度可将其分为定性分析方法、半定量分析方法及定量分析方法。

为了清晰地理解各类风险评估方法的特点,便于在工程施工阶段选取合理的评估方法,提高施工安全风险评估的准确性、完整性,总结常用风险评估方法的优缺点及适用范围,见表1-2。

常用风险评估方法的优缺点及适用范围　表1-2

分类	名　称	优　点	缺　点	适用范围
定性分析方法	专家调查法(包括头脑风暴法、德尔菲法)	可防止由于专家多而产生当面交流困难、效率低的问题。避免因权威作用或人数多而压倒其他意见,可多次征询意见	由于专家不能当面交流,缺乏沟通,可能会坚持错误意见。由于是函询法,且又多次重复,会使某些专家最后不耐烦而不仔细考虑填写	1.难以借助精确的分析技术而可依靠集体的直观判断进行预测的风险分析问题。 2.问题复杂、专家代表不同的专业并没有交流的历史。 3.受时间、经费限制,或因专家之间存有分歧、隔阂不宜当面交换意见

续上表

分类	名　　称	优　　点	缺　　点	适 用 范 围
定性分析方法	"如果……怎么办"法（if then）	经济有效，可充分发挥专业人员的知识特长、集思广益，可找出一个工程所存在的危险、有害性及其程度，提出消除或降低其危险性、有害性的对策措施，比较醒目、直观	1. 该方法要求参与人员要熟悉工艺、设备，并且要收集类似工程的有关情况，以便分析，综合判断。 2. 该方法对于较大的系统进行分析时，表格数量多，工作量大，且容易产生错漏	该方法既可适用于一个系统，也可以适用于系统中某一环节，适用范围较广。但不适用于较大系统分析，只适用于系统中某一环节或小系统分析
	失效模式和后果分析法	对于一个系统内部每个不见的失效模式或不正常运行模式都可进行详细分析，并推断它对于整个系统的影响、可能产生的后果以及如何才能避免或减少损失	只能用于考虑非危险性失效，花费时间，一般不能考虑各种失效的综合因素	可用在整个系统的任何一级，常用于分析某些复杂的关键设备
半定量分析方法	故障树分析法	1. 对导致灾害事故的各种因素及逻辑关系能作出全面、简洁和形象的描述。 2. 便于查明系统内固有的或潜在的各种危险因素，为设计施工和管理提供科学依据。 3. 便于进行逻辑运算，进行定性、定量分析和系统评价	步骤较多，计算较复杂	1. 应用比较广，非常适合于复杂性较大的系统。 2. 在工程设计阶段对事故查询时，都可以使用此法对它们的安全性作出评价。 3. 经常用于直接经验较少的危险源辨识
	事件树法	是一种图解形式，层次清楚、阶段明显，可进行多阶段、多因素复杂事件动态发展过程的分析，预测系统中事故发生的趋势	1. 在国内外数据较少，进行定量分析还需做大量的工作。 2. 用于大系统时，容易产生遗漏和错误。 3. 该方法不能分析平行产生的后果，不能进行详细分析。 4. 事件树的大小随着问题中变量个数呈指数增长	可以用来分析系统故障、设备失效、工艺异常、人的失误等，应用比较广泛

续上表

分类	名　称	优　点	缺　点	适用范围
半定量分析方法	影响图方法	1. 影响图能够明显地表示一个决策分析问题中变量之间的条件独立关系。 2. 能够清晰地表示变量之间的时序关系、信息关系和概率关系。 3. 这种图形表示方式适合决策者认识问题的思维过程。 4. 影响图的网络表示形式便于用计算机存储信息与操作处理	1. 节点的边缘概率和节点间的条件概率难得到。 2. 进行主观概率估计时,可能会违反概率理论	影响图方法与事件树法适用性类似,由于影响图方法比事件树法有更多的优点,因此,也可以应用于较大的系统分析
	原因-结果分析法	原因-结果分析法实质是事件树法和故障树法的结合使用,因此,它同时具有这两种方法的优点和缺点		其适用性与故障树分析法和事件树法类似,适用于在设计、操作时用来辨识事故的可能结果及原因。不适用于大型系统
	风险矩阵法	根据系统层次按次序揭示系统、分系统和设备中的危险源,做到不漏任何一项,并按风险的可能性和严重性分类,以便分别按轻重缓急采取措施,更适合现场作业,可以进行定性和定量分析	主观性比较强,如果经验不足,会给分析带来麻烦。 风险严重等级及风险发生频率是研究者自行确定的,存在较大的主观误差	该方法可根据使用的需求对风险等级划分进行修改,使其适用不同的分析系统,但要有一定的工程经验和数据资料做依据。其既可适用于整个系统,又可以适用于系统中某环节
定量分析方法	模糊数学综合评判法	模糊数学综合评判法给出了一个数学模型,它简单、易掌握,是对多因素、多层次的复杂问题评判效果比较好的方法,适用性较广	1. 模糊数学综合评判法隶属函数或隶属度的确定、评价因素对评价对象的权重的确定都有很大的主观性,其结果也存在较大的主观性。 2. 同时对于多因素、多层次的复杂评价,其计算则比较复杂	适用于任何系统的任何环节,其适用性比较广

续上表

分类	名　称	优　点	缺　点	适用范围
定量分析方法	层次分析法	具有适用、简洁、使用方便和系统的特点	对于那种有较高定量要求的决策问题，单纯应用层次分析法的使用过程中，无论建立层次结构还是构造判断矩阵，人的主观判断、选择、偏好对结果的影响极大，判断失误即可能造成决策失误，这就使得用层次分析法进行决策主观成分很大	应用领域较广阔，可以分析社会、经济以及科学管理领域中的问题；但不适用于层次复杂的系统
	蒙特卡罗模拟法	1. 能够用于包括随机变量在内的任何计算类型。 2. 考虑的变量数目不受限制。 3. 用于计算的随机变量可以根据具体数据采用任何分布形式。 4. 可以更有效地发挥专家的作用	1. 能够在实际中采取的模拟系统非常复杂，建立模型很困难。 2. 没有计入风险因素之间的相互影响，使得风险估计结果可能偏小	1. 比较适合在大中型项目中应用。可以解决许多复杂的概率运算问题，以及适合于不允许进行真实试验的场合。对于那些费用高的项目或费时长的试验，具有很好的优越性。 2. 一般只在进行较精细的系统分析时才使用，适用于问题比较复杂，要求精度较高的场合，特别是对少数可行方案实行精选比较时十分必要
	等风险图法	方便直观、简单有效，对任何一个具体项目，只要得到其风险发生概率和风险后果，就可直接得到其风险系数	需要得到风险发生概率和风险后果两个变量值，而这两个值在实际操作中不易得到，需要借助其他分析方法，因此，也含有其他分析方法的缺点。同时，根据等风险图只能确定风险系数位于哪一个区间内，如果想得到具体数值，还需要进行计算	该方法适用于对结果要求精确度不高，只需要进行粗略分析的项目。同时，如果只进行一个项目一个方案分析，该方法相对烦琐，所以该方法适用于多个类似项目同时分析或一个项目的多个方案比较分析时使用

续上表

分类	名　称	优　点	缺　点	适用范围
定量分析方法	神经网络方法	具有很强的学习能力、抗故障性和并行性	神经网络综合评估模型在已知数据不足或无法准确构造训练样本集的情况下，需要结合其他综合评估方法得到训练样本集，才能实现对网络的训练	1. 预测问题、原因和结果的关系模糊的场合。 2. 模式辨识、设计模糊信息的场合。 3. 不一定非要得到最优解，主要是快速求得与之相近的次优解的场合。 4. 组合数量非常多，实际求解集合不可能的场合。 5. 对非线性很高的系统进行控制的场合
	主成分分析法	能将多个指标转化为少数几个指标进行降维处理。能够将指标之间的关联性考虑在内，但计算比较简单。在大样本的情况下，个别样本对主成本的影响不会很大	评价标准的不可继承性；评价工作的盲目性；评价结果和评价指导思想的矛盾性；需借助较多的统计资料	适用于各个领域，但其结果只是在比较相对大小时才有意义
综合分析方法	专家信心指数法	具有德尔菲法的优点，一定程度上克服了德尔菲法受个人主观因素影响大的缺点	同德尔菲法	同德尔菲法
	模糊层次综合评估方法	1. 同时拥有层次分析法和模糊数学综合评判法的优点。 2. 该方法克服了模糊数学综合评判法中评价因素对评价对象的权重确定主观性强等缺点	除了模糊数学综合评判法权重确定的主观性缺点之外，同时具有层次分析法和模糊数学综合评判法的缺点	适用范围与模糊数学综合评判法一致
	模糊故障树分析法	兼有模糊数学综合评判法和故障树法的优点。避免了对统计资料的强烈依赖性，为事故概率的估计提供了新思路	除了对统计资料的强烈依赖性之外，同时具有模糊数学综合评判法和故障树法的缺点	适用范围与故障树分析法相同。与故障树分析法相比，更适用于那些缺乏基本统计数据的项目

第二章　施工安全风险分级

在隧道工程施工中,作业活动按照复杂程度分为一般作业活动和重大作业活动。常用的作业活动分级方法包括检查表法、LC 法、LEC 法(作业条件危险性评价法)、专家调查法、指标体系法等。

第一节　一般作业活动风险分级

一般作业活动风险分级可采用定性(如检查表法)或半定量方法(如 LC 法和 LEC 法)。

以风险描述方式将一般作业活动的风险分级情况汇总,填入表 2-1。

一般作业活动风险分级汇总表　　表 2-1

一般作业活动	风险描述	理　由
一般作业活动 1		
……		
一般作业活动 *N*		

第二节　重大作业活动风险分级

重大作业活动风险分级可采用定性与定量相结合的方法。风险事件后果严重程度的分级一般采用专家调查法,风险事件可能性的分级一般采用指标体系法。

一、风险事件后果严重程度

风险事件后果严重程度的等级分为 5 级,主要考虑人员伤亡和直接经济损失。当多种后果同时产生时,采用就高原则确定风险事件后果严重程度等级。

(1)人员伤亡程度等级划分依据人员伤亡的类别和严重程度进行分级,见表 2-2。

人员伤亡程度等级标准(单位:人)　　表 2-2

等　级	定性描述	死亡人数 ND	重伤人数 NSI
1	小	—	1≤NSI<5
2	一般	1≤ND<3	5≤NSI<10
3	较大	3≤ND<10	10≤NSI<50
4	重大	10≤ND<30	50≤NSI<100
5	特大	ND≥30	NSI≥100

(2)直接经济损失程度等级划分可依据经济损失或经济损失占项目建安费的比例进行分级;对于工程造价较低的公路水运工程,采用“经济损失占项目建安费的比例”这一相对指标进行判定。经济损失和经济损失占项目建安费的比例的等级划分见表2-3。

直接经济损失程度等级标准　　表2-3

等级	定性描述	经济损失 Z(万元)	经济损失占项目建安费的比例 P_r(%)
1	小	$Z<100$	$P_r<1$
2	一般	$100 \leqslant Z<1000$	$1 \leqslant P_r<2$
3	较大	$1000 \leqslant Z<5000$	$2 \leqslant P_r<5$
4	重大	$5000 \leqslant Z<10000$	$5 \leqslant P_r<10$
5	特大	$Z \geqslant 10000$	$P_r \geqslant 10$

二、风险事件可能性

物的不安全状态、人的不安全行为以及两者的组合所导致的风险事件可能性等级分为5级,见表2-4。

风险事件可能性等级标准　　表2-4

概率等级描述	概率等级	概率等级描述	概率等级
很可能	5	可能性很小	2
可能	4	几乎不可能	1
偶然	3		

物的不安全状态引起的风险事件可能性评估指标,根据可能发生的风险事件类型,从本质安全的角度出发,分析可能导致风险事件发生的致险因素,在此基础上选取提出。评估指标一般从工程自身特点、地质条件、气象水文条件、施工方案、施工作业环境等方面提出。

人的不安全行为引起的风险事件可能性评估指标一般采用安全管理评估指标,一般从企业资质、分包情况、作业班组及技术管理人员经验、安全管理人员配备、安全生产费用、机具设备配置及管理、施工组织设计、专项施工方案、企业工程业绩及信用情况等方面提出。

评估指标分值一般按式(2-1)进行计算。根据计算分值,对照表2-5找出安全管理调整系数(λ)。在对每个重大作业活动进行风险分级时,分别计算相应的安全管理调整系数。

$$M=A+B+C+D+E+F+G+H+I+J+K \tag{2-1}$$

式中:M——安全管理评估分值;

A——总包企业资质评估指标分值;

B——专业分包评估指标分值;

C——劳务分包评估指标分值;

D——作业班组经验评估指标分值;

E——项目技术管理人员经验评估指标分值;

F——项目安全管理人员配备评估指标分值；

G——安全生产费用评估指标分值；

H——船机设备配置及管理评估指标分值；

I——施工组织设计或专项施工方案评估指标分值；

J——企业工程业绩评估指标分值；

K——企业信用评价等级评估指标分值。

注：评估小组可结合工程实际情况、项目管理模式等，补充具体的评估指标。

安全管理评估指标分值与安全管理调整系数对照表　　表 2-5

安全管理评估分值 M	安全管理调整系数 λ	安全管理评估分值 M	安全管理调整系数 λ
$M \geqslant 16$	1.1	$7 \leqslant M < 10$	0.95
$13 \leqslant M < 16$	1.05	$M < 7$	0.9
$10 \leqslant M < 13$	1		

隧道工程施工风险事件可能性大小按式（2-2）计算确定：

$$P = \lambda \times \sum X_{ij} = \lambda \times \sum R_{ij} \times \gamma_{ij} \tag{2-2}$$

式中：P——风险事件可能性评估分值；

λ——安全管理调整系数，按表 2-5 取值；

X_{ij}——评估指标的分值，$i = 1,2,\cdots,m$；$j = 1,2,\cdots,n$；其中 m 为项别的数量，n 为对应第 i 个项别包括的评估指标的数量。

R_{ij}——评估指标的基本分值，$i = 1,2,\cdots,m$；$j = 1,2,\cdots,n$；其中 m 为项别的数量，n 为对应第 i 个项别包括的评估指标的数量。

γ_{ij}——权重系数，$i = 1,2,\cdots,m$；$j = 1,2,\cdots,n$；其中 m 为项别的数量，n 为对应第 i 个项别包括的评估指标的数量。

计算得到 P 后，根据 P 值对照表 2-6，确定各重大作业活动发生风险事件的可能性等级。

风险事件可能性等级标准　　表 2-6

可能性等级描述	可能性等级①	P
很可能	5	$P > 60$
可能	4	$45 < P \leqslant 60$
偶然	3	$30 < P \leqslant 45$
可能性很小	2	$15 < P \leqslant 30$
几乎不可能	1	$P \leqslant 15$

注：①若出现 1 个或多个重要性指标（评估小组集体讨论确定）取最大值，可调高一个可能性等级。

三、施工安全风险等级

根据风险事件发生的可能性、后果严重程度等级，可采用风险矩阵法确定重大作业活动的施工安全风险等级。施工安全风险等级标准见表 2-7。

施工安全风险等级标准　　表 2-7

可能性等级		严重程度等级				
		小	一般	较大	重大	特大
		1	2	3	4	5
很可能	5	较大风险(Ⅲ)	较大风险(Ⅲ)	重大风险(Ⅳ)	重大风险(Ⅳ)	重大风险(Ⅳ)
可能	4	一般风险(Ⅱ)	较大风险(Ⅲ)	较大风险(Ⅲ)	重大风险(Ⅳ)	重大风险(Ⅳ)
偶然	3	一般风险(Ⅱ)	一般风险(Ⅱ)	较大风险(Ⅲ)	较大风险(Ⅲ)	重大风险(Ⅳ)
可能性很小	2	低风险(Ⅰ)	一般风险(Ⅱ)	一般风险(Ⅱ)	较大风险(Ⅲ)	较大风险(Ⅲ)
几乎不可能	1	低风险(Ⅰ)	低风险(Ⅰ)	一般风险(Ⅱ)	一般风险(Ⅱ)	较大风险(Ⅲ)

在隧道工程施工中,可将风险等级用不同颜色在施工形象进度图中标识出来,形成"红橙黄蓝"四色施工安全风险分布图。以列表方式汇总重大作业活动风险等级,可填入表 2-8。

重大作业活动风险等级汇总表　　表 2-8

重大作业活动	风险事件可能性等级	风险事件后果严重程度				风险等级
		人员伤亡	直接经济损失	……	风险事件后果严重程度等级	
重大作业活动 1						
……						
重大作业活动 N						

四、风险接受准则与控制措施

对于重大作业活动,一般根据不同的风险等级提出接受准则与控制措施,见表 2-9。

重大作业活动风险接受准则与控制措施　　表 2-9

风险等级	接受准则	控制措施	分级控制措施			
等级Ⅰ(低风险)	可忽略	不需采取特别的风险防控措施	日常管理	—	—	—
等级Ⅱ(一般风险)	可接受	需采取风险防控措施,严格日常安全生产管理,加强现场巡视	日常管理	监控预警	专项整治	—
等级Ⅲ(较大风险)	不期望	应采取措施降低风险,将风险至少降低到可接受的程度	日常管理	监控预警	多方面专项整治	应急预案、应急准备
等级Ⅳ(重大风险)	不可接受	应暂停开工或施工;同时采取措施,综合考虑风险成本、工期及规避效果等,按照最优原则,将风险至少降低到可接受的程度,并加强监测和应急准备	日常管理	监控预警	暂停开工或施工、全面整治	应急预案、应急准备

第三节　施工安全风险分级方法

施工安全风险分级方法主要包括LC法、LEC法(作业条件危险性评价法)、专家调查法、指标体系法、检查表法、风险矩阵法等,常用的方法介绍如下。

一、LC法

根据《公路水路行业安全生产风险辨识评估管控基本规范(试行)》,风险等级大小(D)由风险事件发生的可能性(L)、后果严重程度(C)两个指标决定。

$$D = L \times C \tag{2-3}$$

1.可能性分级标准

可能性统一划分为5个级别,分别是极高、高、中等、低、极低。可能性判断标准见表2-10。

可能性判断标准　　表2-10

序　　号	可能性级别	发生的可能性	取 值 区 间
1	极高	极易	(9,10]
2	高	易	(6,9]
3	中等	可能	(3,6]
4	低	不大可能	(1,3]
5	极低	极不可能	(0,1]

注:1.可能性指标取值为区间内的整数或最多一位小数。
　2.区间符号“[　]”包括“等于”,“(　)”不包括“等于”。

2.后果严重程度分级标准

后果严重程度统一划分为4个级别,分别是特别严重,严重,较严重,不严重。后果严重程度判断标准见表2-11,后果严重程度等级取值见表2-12。

后果严重程度判断标准　　表2-11

后果严重程度	后果严重程度总体判断标准定义
特别严重	1.人员伤亡:可能发生人员伤亡数量达到国务院《生产安全事故报告和调查处理条例》中特别重大事故伤亡标准; 2 经济损失:可能发生经济损失达到国务院《生产安全事故报告和调查处理条例》中特别重大事故经济损失标准; 3.环境污染:可能造成特别重大生态环境灾害或公共卫生事件; 4.社会影响:可能对国家或区域的社会、经济、外交、军事、政治等产生特别重大影响

续上表

后果严重程度	后果严重程度总体判断标准定义
严重	1. 人员伤亡：可能发生人员伤亡数量达到国务院《生产安全事故报告和调查处理条例》中重大事故伤亡标准； 2. 经济损失：可能发生经济损失达到国务院《生产安全事故报告和调查处理条例》中重大事故经济损失标准； 3. 环境污染：可能造成重大生态环境灾害或公共卫生事件； 4. 社会影响：可能对国家或区域的社会、经济、外交、军事、政治等产生重大影响
较严重	1. 人员伤亡：可能发生人员伤亡数量达到国务院《生产安全事故报告和调查处理条例》中较大事故伤亡标准； 2. 经济损失：可能发生经济损失达到国务院《生产安全事故报告和调查处理条例》中较大事故经济损失标准； 3. 环境污染：可能造成较大生态环境灾害或公共卫生事件； 4. 社会影响：可能对国家或区域的社会、经济、外交、军事、政治等产生较大影响
不严重	1. 人员伤亡：可能发生人员伤亡数量达到国务院《生产安全事故报告和调查处理条例》中一般事故伤亡标准； 2. 经济损失：可能发生经济损失达到国务院《生产安全事故报告和调查处理条例》中一般事故经济损失标准； 3. 环境污染：可能造成一般生态环境灾害或公共卫生事件； 4. 社会影响：可能对国家或区域的社会、经济、外交、军事、政治等产生较小影响

注：表中同一等级的不同后果之间为“或”关系，即满足条件之一即可。

后果严重程度等级取值　　表 2-12

后果严重程度等级	后果严重程度取值	后果严重程度等级	后果严重程度取值
特别严重	10	较严重	2
严重	5	不严重	1

3. 风险等级评估标准

风险等级(D)取值区间见表 2-13。

风险等级取值区间　　表 2-13

风 险 等 级	风险等级取值区间	风 险 等 级	风险等级取值区间
重大风险(Ⅳ级)	(55,100]	一般风险(Ⅱ级)	(5,20]
较大风险(Ⅲ级)	(20,55]	低风险(Ⅰ级)	(0,5]

注：区间符号“[　]”包括“等于”，“(　)”不包括“等于”。

二、LEC 法

LEC 法是根据作业人员在具有潜在危险性环境中作业，用与作业风险有关的三种因素指标值的乘积来评价风险的方法。

LEC 法的评价步骤介绍如下：

(1)组成专家组。

(2)对于一个具有潜在危险性的作业条件，确定事故类型，找出影响危险性的主要因素：事故发生的可能性(L)；人员暴露于危险环境的频繁程度(E)；发生事故可能造成的后果(C)。

(3)由专家组成员按规定标准对 L、E、C 分别评估，取分值集的平均值作为 L、E、C 的计算分值。用计算的危险性分值(D)来评价作业条件的危险性等级。其计算公式为：

$$D = L \times E \times C \tag{2-4}$$

式中：L——事故发生的可能性大小，取值见表 2-14；

E——人员暴露于危险环境的频繁程度，取值见表 2-15；

C——发生事故可能造成的后果，取值见表 2-16；

D——危险性分值，确定危险等级的划分标准见表 2-17。

事故发生的可能性分值 L 表 2-14

分数值	10	6	3	1	0.5	0.2	0.1
事故发生的可能性	完全会被预料到	相当可能	可能，但不经常	完全意外，可能小	可以设想，不太可能	极不可能	实际上不可能

暴露于危险环境的频繁程度分值 E 表 2-15

分数值	10	6	3	2	1	0.5
暴露于危险环境的频繁程度	连续暴露	每天工作时间内暴露	每周一次或偶然暴露	每月暴露一次	每年暴露几次	非常罕见暴露

事故造成的后果分值 C 表 2-16

分数值	100	40	15	7	3	1
事故造成的后果	10 人以上死亡	3 人以上 9 人以下死亡	1 人死亡	严重伤残	有伤残	轻伤，需救护

危险性等级划分标准(D) 表 2-17

危险性分数值	[320，+∞)	[160，320)	[70，160)	[20，70)	[0，20)
危险程度	极度危险，不能继续作业	高度危险，需要整改	显著危险，需要整改	比较危险，需要注意	稍有危险，可以接受
危险等级	5	4	3	2	1

一般情况下，事故发生的可能性越大，风险越大；暴露于危险环境的频繁程度越大，风险越大；事故产生的后果越大，风险越大。运用 LEC 法进行分析时，危险等级为 1 ~ 2 级的，可确定为属于可接受的风险；危险等级为 3 ~ 5 级的，则确定为属于不可接受的风险。

三、专家调查法

专家调查法，是专家针对工程复杂程度、施工环境、地质条件、气象水文、资料完整性等内容，分别进行风险评估，再综合各专家的评估结果提出评估小组的评估结果。专家类似工作经验，对评估结果的影响极大。考虑到专家所从事的专业不同，为防止对不熟悉的内容评估不合理，一般引入专家信心指数对评估结果进行调整。

所谓信心指数就是专家在作出相应判断时的信心程度，也可以理解为该数据的客观可靠程度。这意味着将由专家自己进行数据的可靠性或客观性评价，这就会大幅提高数据的可用性，也可以扩大数据采集对象的范围。通过这种方法，可以挖掘出专家调研数据的深层信息，即使数据采集对象并非该领域的专家，只要他对所作出的判断能够有一个正确的评价，那么这个数据就应该视为有效信息。

根据表2-18，每位专家分别对每个项别给出专家信心指数(W_i)，按式(2-5)计算出每位专家的评估结果(D_r)，将D_r累加再除以专家总数得出平均值($\overline{D}_r$)，作为评估小组的评估结果，按表2-19划分施工安全风险等级。

$$D_r = \frac{\sum(W_i \times R_i)}{\sum W_i} \tag{2-5}$$

式中：R_i——每个项别的风险等级评估分值(1～4)；

W_i——每个项别的专家信心指数；

D_r——每位专家的评估结果。

专家信心指数　　表2-18

信心描述	对评估内容非常熟悉，对评估结果很有信心	对评估内容比较熟悉，对评估结果比较有信心	对评估内容有一定了解，对评估结果有一定信心	对评估内容不太了解，对评估结果基本没把握
专家信心指数	0.9～1	0.7～0.9	0.4～0.7	0.1～0.4

确定风险等级　　表2-19

$\overline{D}_r$值区间	风险等级	$\overline{D}_r$值区间	风险等级
$\overline{D}_r \geq 3.5$	重大风险(Ⅳ)	$2.5 > \overline{D}_r \geq 1.5$	一般风险(Ⅱ)
$3.5 > \overline{D}_r \geq 2.5$	较大风险(Ⅲ)	$\overline{D}_r < 1.5$	低风险(Ⅰ)

四、指标体系法

指标体系法选取指标一般遵循以下原则：

(1)科学性。指标能客观和真实地反映施工安全风险的大小。

(2)层次性。对于复杂的评估问题，采用分层处理的方法不仅结构清晰，易于理解和分析，而且逻辑性和科学性强。因此，评估指标构建时应进行层次性分解。

(3)全面性。选取的指标尽可能涵盖影响施工安全风险的各个方面，重要指标没有遗漏。

(4)代表性。指标便于定性描述和定量分级。

(5)独立性。各指标之间相互独立，保证同一指标因素不会重复计算。

评估小组根据影响施工安全风险的主要因素，将其分为多个项别，对每个项别细分提出若干评估指标，并确定指标的分级区间及对应的基本分值范围，从而建立评估指标体系。

评估指标取值首先由评估小组根据工程实际情况和指标分级情况，确定指标所在的分级区间，在分级区间的分值范围内，采用插值法等方法，集体讨论确定指标的分值。在确定指标所在的分级区间时，遵循最不利原则，越不利的情况取值越大。

权重系数反映了评估指标对风险影响的程度，目前还没有一种方法能准确确定其数值。权重系数可综合运用多种方法进行确定，如重要性排序法、层次分析法、复杂度分析法等，必要时可采用多种方法确定权重并进行比对。

重要性排序法是目前确定权重方法中最简单又相对科学的一种方法。重要性排序法是对评估指标按重要性排序（即确定指标权重的过程），视相邻指标权重系数差值相同，具有一定的合理性和科学性。采用重要性排序法，可根据表2-20选取权重系数进行简化处理。当出现两个或多个指标重要性相同时，则其指标权重可根据表2-20确立的权重系数进行均等化处理。

重要性排序法权重系数　　表2-20

指标项目数量	权重系数	第1项	第2项	第3项	第4项	第5项	第6项	第7项	第8项	第9项	第10项	第11项	第12项	第13项	总权重
第1项	γ	1.00													$\sum\gamma=1$
第2项	γ	0.75	0.25												$\sum\gamma=1$
第3项	γ	0.56	0.33	0.11											$\sum\gamma=1$
第4项	γ	0.44	0.31	0.19	0.06										$\sum\gamma=1$
第5项	γ	0.36	0.28	0.20	0.11	0.05									$\sum\gamma=1$
第6项	γ	0.31	0.25	0.19	0.14	0.08	0.03								$\sum\gamma=1$
第7项	γ	0.27	0.22	0.18	0.14	0.10	0.06	0.03							$\sum\gamma=1$
第8项	γ	0.23	0.20	0.17	0.14	0.11	0.08	0.05	0.02						$\sum\gamma=1$
第9项	γ	0.21	0.19	0.16	0.14	0.11	0.09	0.06	0.03	0.01					$\sum\gamma=1$
第10项	γ	0.19	0.17	0.15	0.13	0.11	0.09	0.07	0.05	0.03	0.01				$\sum\gamma=1$
第11项	γ	0.17	0.16	0.14	0.12	0.11	0.09	0.07	0.06	0.04	0.03	0.01			$\sum\gamma=1$
第12项	γ	0.16	0.15	0.13	0.12	0.10	0.09	0.08	0.06	0.05	0.03	0.02	0.01		$\sum\gamma=1$
第13项	γ	0.15	0.14	0.12	0.11	0.10	0.09	0.08	0.06	0.05	0.04	0.03	0.02	0.01	$\sum\gamma=1$

在采用重要性排序法确定权重系数时，评估小组通过工程类比分析、集体讨论等方式，结合工程实际情况，合理选取或补充评估指标并对其重要性进行排序。评估指标个数的选取一般不超过13个。

评估小组集体讨论确定并标识出重要性指标，重要性指标包括权重大、对施工安全风险影响不能忽略的指标，指标取值变化会对评估结果影响大的敏感指标，若干指标组合后对风险影响大的指标等。

第三章　隧道工程常见施工作业程序分解

隧道工程施工方法主要包括盾构法、钻爆法和明挖法。

第一节　隧道工程(盾构法)施工作业程序分解

表3-1 列出了常见的隧道工程(盾构法)的施工作业程序分解。

隧道工程(盾构法)施工作业程序分解　　表3-1

分部工程	分项工程	施工工序
临时工程	场地平整	土方挖填→平整土方→场地碾压
	便道及场地硬化	钢筋加工及安装→模板安装→混凝土浇筑
	临时建筑	(预制场、钢筋场、办公生活区、弃土场)临时建筑建设→临时建筑拆除
	门式起重机设置	轨道基础浇筑→轨道安装→行走系统安装→天车安装→电气系统安装→安全装置安装→整机检查→空载调试→检测检验
	搅拌站	搅拌站建设→材料进场→设备运行→搅拌站拆除
	泥浆循环处理系统	泥浆循环处理系统选型、工厂化制造→泥浆池、基础等施工→泥浆循环处理系统组件运输至现场→泥浆循环处理系统现场组装、试运行→泥浆循环处理系统运行→泥浆循环处理系统施工完成后拆除、运输出场
	变配电室、一二级箱等临电设置	临电设备运输→临电设备安装→临电设备拆除
盾构机	安装调试	盾构机定制→盾构机工厂化制造、试组装、试运行→盾构机组件运输→将盾体、主驱动、刀盘吊装到始发井→将后配套按照组装的顺序吊到井下安装→将台车的框架进行对接,穿上螺栓并拧紧→在井下摆放并固定好枕木,将台车框架吊起放在枕木上,安装台车的轮对→吊装后配套台车,将盾构机与后配套间所有液压管路、水气管路、泥水管路、电气管路全部连接→盾构机试运行、调试
	拆除	盾构机接收→盾构机组件拆除→盾构机组件出井→盾构机运输出场

续上表

分部工程	分项工程	施工工序
工作井	端头加固	旋喷桩、搅拌桩、地下连续墙、注浆及冻结法施工
	始发井	地下连续墙、SMW 工法桩、重力式水泥土挡墙等围护结构施工→基坑开挖及支撑→基坑降排水→防水施工→始发井主体结构施工→盾构机达到始发条件后始发入洞
	接收井	地下连续墙、SMW 工法桩、重力式水泥土挡墙等围护结构施工→基坑开挖及支撑→基坑降排水→防水施工→接收井主体结构施工→盾构机达到接收条件后接收出洞
	通风井	地下连续墙、SMW 工法桩、重力式水泥土挡墙等围护结构施工→基坑开挖→基坑降排水→防水施工→通风井主体结构施工
盾构掘进与管片拼装	盾构掘进	盾构组装与调试→盾构现场验收→盾构始发→土压平衡盾构掘进→泥水平衡盾构掘进→开仓作业→盾构接收→掉头、过站和空推→盾构解体
	壁后注浆	拌浆→储浆、运浆→同步注浆和即时注浆→清洗注浆设备和管路
	管片制作	管片模具、管片钢筋、管片混凝土、管片成品
	管片拼装	管片运输及存放→清理上一衬砌环面→拼装成环→复紧管片螺栓→管片修补
	管片防水	清理管片槽缝→防水密封条粘贴
口子件安装	口子件安装	口子件运输→口子件定位与安装
烟道板安装	烟道板安装	烟道板运输→烟道板定位与安装
现浇结构	混凝土回填	钢筋绑扎→模板架设→混凝土浇筑→混凝土养护
	现浇行车道板	钢筋绑扎→模板架设→混凝土浇筑→混凝土养护
	现浇防撞墙	钢筋绑扎→模板架设→混凝土浇筑→混凝土养护
	现浇铺装层	钢筋绑扎→模板架设→混凝土浇筑→混凝土养护
洞内附属工程	废水泵房	钢筋绑扎→模板架设→混凝土浇筑→混凝土养护
	疏散楼梯	焊接作业
	防淹门安装	安装及焊接作业
洞门工程	洞门结构	钢筋绑扎→模板架设→混凝土浇筑→混凝土养护
	洞门防水	清理洞门槽缝→防水密封条粘贴
装饰装修工程	装饰装修	—
机电安装工程	监控设施	—
	通信设施	—
	照明设施	—

第二节　隧道工程(钻爆法)施工作业程序分解

表3-2列出了常见的隧道工程(钻爆法)的施工作业程序分解。

隧道工程(钻爆法)施工作业程序分解　表3-2

分部工程	分项工程	施工工序
临时工程	场地平整	便道施工及危险点处理
	施工场地布置	临时建筑(空气压缩机房、发电机房、机修房、沉淀池等)→混凝土拌和场→钢拱架、锚杆、钢筋棚等加工场→弃渣场→重型机具进场
	辅助斜井	打拱部锚杆、挂网→切喷拱部网→打上部眼中倒矸→打帮部锚杆、挂网→初喷帮部混凝土→打下部眼→爆破找顶(爆破后及时清运土石方)→打拱部锚杆、挂网
	辅助竖井	施工准备→机械(爆破)开挖→坑壁支护→临时工字钢支撑→坑壁防水施工→竖井锁口圈施工→分层开挖、出运井下土石方→挖至设计高程→井底处理及防水施工等
洞口边坡工程	边坡开挖及防护	地表清除(清表)→坡面开挖→弃土运输→打设锚杆→喷射混凝土→截水沟开挖
	洞口施工	洞口测量→导向墙→洞口管棚或小导管施工→注浆→洞口开挖(爆破或机械开挖)→架设钢拱架→锚喷支护→明洞工程
洞身开挖	隧道开挖	中心线及高程测量→布孔→钻孔→装药及接线→起爆→通风→盲炮检查和危石清理(找顶)→出渣
	初期支护	初喷→立钢拱架→钢筋网铺设→打锚杆→喷射混凝土
	仰拱施工	仰拱开挖→仰拱钢拱架施工→绑扎钢筋→混凝土浇筑
	监控量测	监测仪器装设及监控量测
二次衬砌	防水层工程	搭设施工台车→初期支护表面处理→土工布铺设→防水板铺设
	二次衬砌工程	钢筋绑扎→搭设施工台车→混凝土浇筑→混凝土养护→拆模
其他工程	管沟施工	管沟混凝土工程
	路面工程	沥青或混凝土路面摊铺
	交通工程	机电工程、安全设施

第三节　隧道工程(明挖法)施工作业程序分解

表3-3列出了常见的隧道工程(明挖法)的施工作业程序分解。

隧道工程(明挖法)施工作业程序分解　　表3-3

分部工程	分项工程	施工工序
临时工程	场地平整	土方挖填→平整土方→场地碾压
	便道及场地硬化	钢筋加工及安装→模板安装→混凝土浇筑
	临时建筑	(预制场、钢筋场、办公生活区、弃土场)临时建筑建设→临时建筑拆除
	搅拌站	搅拌站建设→材料进场→设备运行→搅拌站拆除
	变配电室、一二级箱等临电设置	临电设备运输→临电设备安装→临电设备拆除
隧道围护结构	喷锚支护	坡面清理→钻孔→安装锚杆→灌浆→安装钢筋网→喷射混凝土
	SMW 工法桩	制备浆液→机械就位→搅拌、喷浆→型钢加工→插入型钢→型钢拔出
	排桩(钻孔灌注桩)	制备浆液、钢筋笼加工、制作→机械就位→钻孔成桩→下笼、清孔→灌注水下混凝土
	三轴搅拌桩(止水帷幕)	制备浆液→机械就位→搅拌、喷浆、机械移位
	立柱桩(钻孔灌注桩)及格构柱	制备浆液、钢筋笼加工、制作→机械就位→钻孔成桩→下笼、吊装格构柱、清孔→灌注水下混凝土
	地下连续墙	导墙施工→制备浆液、钢筋笼加工、制作→机械就位→成槽施工→下笼、清孔→灌注水下混凝土
基坑降排水	降水井成井(管井)	井点管布置→水泵设置→井点管系统运行→井点管拆除
	截排水沟、集水井	—
	降水运行	—
基坑施工	基坑放坡开挖(无须支撑区域)	交通疏解和管线改移→土石方分层开挖→土石方运输
	支撑设置及基坑开挖(需要支撑区域)	交通疏解和管线改移→钢混支撑进场→土石方分层开挖→土石方运输→钢混支撑拼装、架设→钢混支撑拆除
	土方回填	土方运输→分层压实
	基坑监测	围护结构监测→基坑底部监测→地下管线及邻近建筑物监测→基坑外地表监测

续上表

分部工程	分项工程	施工工序
隧道主体结构	抗拔桩(钻孔灌注桩)	制备浆液、钢筋笼加工、制作→机械就位→钻孔成桩→下笼、清孔→灌注水下混凝土
	主体现浇段	钢筋笼加工、制作、安装→支架、模板、台车安装→混凝土浇筑→支架及模板拆除、台车移位→素混凝土垫层→现浇防撞墙→边沟、集水井、横截沟→现浇铺装层
	洞内附属工程	雨水泵房及管网→配电房→防水
装饰装修工程	装饰装修	—
机电安装工程	消防设施	—
	监控设施	—
	通信设施	—
	照明设施	—
	通风设施	—
周边环境	交通管理	—
	道路改移	—
	改河	—
	管线改移	—
	影响施工构筑物的拆除	—

第四章　隧道工程施工的典型风险事件类型

第一节　隧道工程（盾构法）施工的典型风险事件类型

表4-1列出了隧道工程（盾构法）施工的典型风险事件类型。

隧道工程（盾构法）施工的典型风险事件类型　　表4-1

分部工程	评估单元	物体打击	车辆伤害	机械伤害	起重伤害	触电	火灾	高处坠落	坍塌	冒顶	涌水突泥	中毒窒息
临时工程	场地平整	√	√	√								
	便道及场地硬化	√	√	√								
	临时建筑	√			√	√		√				
	门式起重机设置			√				√	√			
	搅拌站	√	√	√	√	√		√				√
	泥浆循环处理系统			√	√	√		√				
	变配电室、一二级配电箱等临电设置					√	√					
盾构机	安装调试	√	√	√	√	√		√				
	拆除	√	√	√	√	√		√				
工作井	端头加固	√		√		√		√	√			
	始发井	√	√	√	√	√	√	√	√			√
	接收井	√	√	√	√	√	√	√	√			√
	通风井	√	√	√	√	√	√	√	√			√
盾构掘进与管片拼装	盾构掘进					√	√	√	√	√	√	√
	壁后注浆			√		√		√	√	√	√	
	管片制作	√	√			√		√				
	管片拼装	√	√	√	√	√		√	√	√	√	
	管片防水						√	√	√	√	√	
口子件安装	口子件安装	√	√		√							
烟道板安装	烟道板安装	√	√		√			√				
现浇结构	混凝土回填	√		√		√		√				
	现浇行车道板	√		√		√		√				
	现浇防撞墙	√		√		√		√				
	现浇铺装层	√		√		√		√				

续上表

分部工程	评估单元	物体打击	车辆伤害	机械伤害	起重伤害	触电	火灾	高处坠落	坍塌	冒顶	涌水突泥	中毒窒息
洞内附属工程	废水泵房	√		√	√	√		√				
	疏散楼梯	√				√		√				
	防淹门安装	√			√	√		√				
洞门工程	洞门结构	√		√	√	√		√	√			
	洞门防水	√		√			√	√				
装饰装修工程	装饰装修	√				√	√	√				√
机电安装工程	监控设施				√	√		√				
	通信设施					√						
	照明设施				√	√		√				

注:“√”表示可能发生该风险事件。

第二节　隧道工程(钻爆法)施工的典型风险事件类型

表4-2列出了隧道工程(钻爆法)施工的典型风险事件类型。

隧道工程(钻爆法)施工的典型风险事件类型　　表4-2

分部工程	评估单元	物体打击	高处坠落	触电	起重伤害	瓦斯爆炸	冒顶片帮	涌水突泥	放炮	火灾	机械伤害	车辆伤害	坍塌	中毒窒息
临时工程	场地平整	√	√	√							√	√		
	施工场地布置	√	√	√	√						√	√		
	辅助斜井	√	√	√		√	√	√	√	√	√	√	√	√
	辅助竖井	√	√	√	√	√	√	√	√	√	√	√	√	√
洞口边坡工程	边坡开挖及防护	√	√								√		√	
	洞口施工	√	√	√			√	√	√		√		√	
洞身开挖	隧道开挖	√	√	√		√	√	√	√		√		√	√
	初期支护	√	√	√		√	√	√			√		√	√
	仰拱施工			√		√	√	√			√	√	√	
	监控量测	√	√											
二次衬砌	防水层工程	√	√	√						√	√		√	
	二次衬砌工程	√	√	√							√	√	√	
其他工程	管沟施工			√							√	√		
	路面工程	√		√							√	√		
	交通工程		√	√							√	√		

注:“√”表示可能发生该风险事件。

第三节　隧道工程(明挖法)施工的典型风险事件类型

表4-3列出了隧道工程(明挖法)施工的典型风险事件类型。

隧道工程(明挖法)施工的典型风险事件类型　　表4-3

分部工程	评估单元	物体打击	车辆伤害	机械伤害	起重伤害	触电	火灾	高处坠落	坍塌	放炮	其他伤害
临时工程	场地平整	√	√	√							
	便道及场地硬化	√	√	√		√					
	临时建筑	√			√	√		√			
	搅拌站	√	√	√	√	√		√			
	临电设置				√	√	√				
隧道围护结构	喷锚支护	√	√	√	√	√		√			
	SMW 工法桩	√	√	√	√	√		√			
	排桩(钻孔灌注桩)	√	√	√	√	√		√			
	三轴搅拌桩(止水帷幕)		√	√	√	√		√			
	立柱桩(钻孔灌注桩)及格构柱	√	√	√	√	√		√			
	地下连续墙	√	√	√	√	√		√			
基坑降排水	降水井成井(管井)					√		√			
	截排水沟、集水井					√		√			
	降水运行					√					
基坑施工	基坑放坡开挖(无须支撑区域)		√	√					√	√	
	支撑设置及基坑开挖(需要支撑区域)	√	√	√	√			√	√	√	
	土方回填		√	√							
	基坑监测	√						√			
隧道主体结构	抗拔桩(钻孔灌注桩)	√	√	√	√	√		√			
	主体现浇段	√	√	√	√	√	√	√	√		√
	洞内附属工程	√	√	√	√	√	√	√			√
装饰装修工程	装饰装修	√	√	√	√	√	√	√			√

续上表

分部工程	评 估 单 元	物体打击	车辆伤害	机械伤害	起重伤害	触电	火灾	高处坠落	坍塌	放炮	其他伤害
机电安装工程	消防设施	√				√	√	√			
	监控设施	√				√	√	√			
	通信设施	√			√	√	√	√			
	照明设施	√			√	√	√	√			
	通风设施	√			√	√	√	√			
周边环境迁改	交通管理		√								
	道路改移		√	√							
	改河		√	√							
	管线改移		√	√	√						
	影响施工构筑物的拆除		√	√					√		

第五章　隧道工程施工的主要安全风险分析

第一节　隧道工程(盾构法)施工的主要安全风险分析

隧道工程(盾构法)施工主要涉及临时工程、盾构机、工作井、盾构掘进与管片拼装、口子件安装、烟道板安装、现浇结构、洞内附属工程、洞门工程、装饰装修工程、机电安装工程等内容;典型风险事件主要有物体打击、车辆伤害、机械伤害、起重伤害、触电、火灾、高处坠落、坍塌、冒顶、涌水突泥、中毒窒息等;致害物主要包含盾构机等机械设备,渣土运输车辆及其他运输车辆,起重设备,作业场所设施、设备、物料等易燃可燃物,毒性气体和氧含量不足,不稳定土体、砌体、结构物等,不良地质或支撑不到位等。风险事件的发生常常是因为人的因素、物的因素、环境因素、管理因素的管理、维护、设置等不到位而导致,具体风险分析见表 5-1。

隧道工程(盾构法)施工的主要安全风险分析　　表 5-1

分部工程	施工作业内容	典型风险事件	致害物	致险因素				风险事件后果类型				
				人的因素	物的因素	环境因素	管理因素	易导致受伤人员类型		人员伤亡		
								本人	他人	轻伤	重伤	死亡
临时工程	场地平整	物体打击	工器具、零部件及滚石	1. 现场作业人员未正确使用安全防护用品(安全帽等); 2. 人员违章进入危险区域; 3. 管理人员违章指挥,强令冒险作业;	1. 安全防护用品不合格(安全帽等); 2. 现场无警示标识或标识破损(警戒区、标牌、反光锥等);	1. 强风、暴雨、大雪、大雾等不良天气; 2. 夜间施工照明不足; 3. 作业场地杂乱; 4. 道路坑洼不平	1. 安全教育、培训、交底、检查制度不完善或未落实; 2. 未对安全防护用品等进行进场验收或验收不到位; 3. 安全投入不足;		√	√	√	

续上表

分部工程	施工作业内容	典型风险事件	致害物	致险因素				风险事件后果类型				
				人的因素	物的因素	环境因素	管理因素	易导致受伤人员类型		人员伤亡		
								本人	他人	轻伤	重伤	死亡
临时工程	场地平整	物体打击	工器具、零部件及滚石	4. 作业人员身体健康状况异常、心理异常、感知异常(反应迟钝、辨识错误); 5. 作业人员操作错误,违章作业(违章抛物)	3. 作业过程中产生的坠落物(飞石、工具、材料等); 4. 材料堆放不合理		4. 现场交叉作业管理缺陷					
		车辆伤害	渣土运输车辆及其他运输车辆等	1. 人员违章进入危险区域; 2. 管理人员违章指挥,强令冒险作业(进入驾驶人员视野盲区等); 3. 驾驶人员未持有效证件上岗; 4. 驾驶人员操作错误,违章作业(违规载人,酒后驾驶,超速、超限、超载作业); 5. 驾驶人员身体健康状况异常、心理异常、感知异常(反应迟钝、辨识错误); 6. 驾驶人员疲劳作业; 7. 现场作业人员未正确使用安全防护用品(反光背心、安全帽等)	1. 现场无警示标识或标识破损(警戒区、标牌、反光锥、反光贴等); 2. 车辆带“病”作业(制动装置、喇叭、后视镜、警示灯等设施有缺陷); 3. 车辆作业安全距离不足; 4. 安全防护用品不合格(反光背心、安全帽等); 5. 洒水降尘设备故障或未使用; 6. 安全防护装置不可靠	1. 强风、暴雨、大雪、大雾等不良天气; 2. 作业场地狭窄、不平整、道路湿滑; 3. 夜间施工照明不足; 4. 工作面扬尘,能见度低	1. 未对车辆设备、安全防护用品等进行进场验收或验收不到位; 2. 车辆安全管理制度不完善或未落实(检查维护保养不到位); 3. 安全操作规程不规范或未落实(作业前未对车辆周围环境进行检查); 4. 安全教育、培训、交底、检查制度不完善或未落实; 5. 职业健康管理制度不完善或未落实; 6. 洒水降尘制度未完善或未落实; 7. 安全投入不足		√	√	√	

续上表

分部工程	施工作业内容	典型风险事件	致害物	致险因素				风险事件后果类型				
				人的因素	物的因素	环境因素	管理因素	易导致受伤人员类型		人员伤亡		
								本人	他人	轻伤	重伤	死亡
临时工程	场地平整	机械伤害	挖掘机、装载机、小型施工设备等机械设备	1. 人员违章进入危险区域（机械作业半径等）； 2. 管理人员违章指挥，强令冒险作业； 3. 机械操作人员未持有效证件上岗； 4. 机械操作人员操作错误，违章作业（违规载人、酒后作业）； 5. 操作人员身体健康状况异常、心理异常、感知异常（反应迟钝、辨识错误）； 6. 现场作业人员未正确使用安全防护用品（反光背心、安全帽等）； 7. 机械操作人员疲劳作业	1. 现场无警示标识或标识破损（警戒区、标牌、反光贴等）； 2. 设备设施安全作业距离不足； 3. 设备带"病"作业（设备设施制动装置失效、运动或转动装置无防护或防护装置有缺陷等）； 4. 安全防护用品不合格（反光背心、安全帽、护目镜等）； 5. 洒水降尘设备故障或未使用； 6. 开关布局不合理	1. 强风、暴雨、大雪、大雾等不良天气； 2. 作业场地狭窄、作业区杂乱无章、通道不畅、地面积水； 3. 夜间施工照明不足； 4. 工作面扬尘，能见度低	1. 机械设备安全管理制度不完善或未落实（检查维护保养不到位）； 2. 未对机械设备、安全防护用品等进行进场验收或验收不到位； 3. 安全教育、培训、交底、检查制度不完善或未落实； 4. 机械设备安全操作规程不规范或未落实； 5. 洒水降尘制度不完善或未落实； 6. 安全投入不足	√	√	√	√	

续上表

分部工程	施工作业内容	典型风险事件	致害物	致险因素				风险事件后果类型				
				人的因素	物的因素	环境因素	管理因素	易导致受伤人员类型		人员伤亡		
								本人	他人	轻伤	重伤	死亡
临时工程	便道及场地硬化	物体打击	工器具、零部件及滚石	1. 现场作业人员未正确使用安全防护用品(安全帽等); 2. 人员违章进入危险区域; 3. 管理人员违章指挥,强令冒险作业; 4. 作业人员身体健康状况异常、心理异常、感知异常(反应迟钝、辨识错误); 5. 作业人员操作错误,违章作业(违章抛物)	1. 安全防护用品不合格(安全帽等); 2. 现场无警示标识或标识破损(警戒区、标牌、反光锥等); 3. 作业过程中产生的坠落物(飞石、工具、材料等); 4. 材料堆放不合理	1. 强风、暴雨、大雪、大雾等不良天气; 2. 夜间施工照明不足; 3. 作业场地杂乱; 4. 道路坑洼不平	1. 安全教育、培训、交底、检查制度不完善或未落实; 2. 未对安全防护用品等进行进场验收或验收不到位; 3. 安全投入不足; 4. 现场交叉作业管理缺陷		√	√	√	
		车辆伤害	渣土运输车辆及其他运输车辆等	1. 人员违章进入危险区域; 2. 管理人员违章指挥,强令冒险作业(进入驾驶人员视野盲区等); 3. 驾驶人员未持有效证件上岗;	1. 现场无警示标识或标识破损(警戒区、标牌、反光锥、反光贴等); 2. 车辆带"病"作业(制动装置、喇叭、后视镜、警示灯等设施有缺陷); 3. 车辆作业安全距离不足;	1. 强风、暴雨、大雪、大雾等不良天气; 2. 作业场地狭窄、不平整、道路湿滑; 3. 夜间施工照明不足; 4. 工作面扬尘,能见度低	1. 未对车辆设备、安全防护用品等进行进场验收或验收不到位; 2. 车辆安全管理制度不完善或未落实(检查维护保养不到位); 3. 安全操作规程不规范或未落实(作业前未对车辆周围环境进行检查);		√	√	√	

续上表

分部工程	施工作业内容	典型风险事件	致害物	致险因素				风险事件后果类型				
				人的因素	物的因素	环境因素	管理因素	易导致受伤人员类型		人员伤亡		
								本人	他人	轻伤	重伤	死亡
临时工程	便道及场地硬化	车辆伤害	渣土运输车辆及其他运输车辆等	4. 驾驶人员操作错误，违章作业（违规载人、酒后驾驶、超速、超限、超载作业）； 5. 驾驶人员身体健康状况异常、心理异常、感知异常（反应迟钝、辨识错误）； 6. 驾驶人员疲劳作业； 7. 现场作业人员未正确使用安全防护用品（反光背心、安全帽等）	4. 安全防护用品不合格（反光背心、安全帽等）； 5. 洒水降尘设备故障或未使用； 6. 安全防护装置不可靠		4. 安全教育、培训、交底、检查制度不完善或未落实； 5. 职业健康管理制度不完善或未落实； 6. 洒水降尘制度未完善或未落实； 7. 安全投入不足					
		机械伤害	挖掘机、装载机、小型施工设备等机械设备	1. 人员违章进入危险区域（机械作业半径等）； 2. 管理人员违章指挥，强令冒险作业（机械作业半径等）； 3. 机械操作人员未持有效证件上岗； 4. 机械操作人员操作错误，违章作业（违规载人、酒后作业）；	1. 现场无警示标识或标识破损（警戒区、标牌、反光贴等）； 2. 设备设施安全作业距离不足； 3. 设备带“病”作业（设备设施制动装置失效、运动或转动装置无防护或防护装置有缺陷等）；	1. 强风、暴雨、大雪、大雾等不良天气； 2. 作业场地狭窄、作业区杂乱无章、通道不畅、地面积水； 3. 夜间施工照明不足； 4. 工作面扬尘，能见度低	1. 机械设备安全管理制度不完善或未落实（检查维护保养不到位）； 2. 未对机械设备、安全防护用品等进行进场验收或验收不到位； 3. 安全教育、培训、交底、检查制度不完善或未落实；	√	√	√	√	

续上表

分部工程	施工作业内容	典型风险事件	致害物	致险因素				风险事件后果类型				
				人的因素	物的因素	环境因素	管理因素	易导致受伤人员类型		人员伤亡		
								本人	他人	轻伤	重伤	死亡
临时工程	便道及场地硬化	机械伤害	挖掘机、装载机、小型施工设备等机械设备	5. 操作人员身体健康状况异常、心理异常、感知异常（反应迟钝、辨识错误）； 6. 现场作业人员未正确使用安全防护用品（反光背心、安全帽等）； 7. 机械操作人员疲劳作业	4. 安全防护用品不合格（反光背心、安全帽、护目镜等）； 5. 洒水降尘设备故障或未使用； 6. 开关布局不合理		4. 机械设备安全操作规程不规范或未落实； 5. 洒水降尘制度未完善或未落实； 6. 安全投入不足					
	临时建筑	物体打击	工器具、零部件	1. 现场作业人员未正确使用安全防护用品（安全帽等）； 2. 人员违章进入危险区域； 3. 管理人员违章指挥，强令冒险作业； 4. 作业人员身体健康状况异常、心理异常、感知异常（反应迟钝、辨识错误）； 5. 作业人员操作错误，违章作业（违章抛物）	1. 安全防护用品不合格（安全帽等）； 2. 现场无警示标识或标识破损（警戒区、标牌、反光锥等）； 3. 作业过程中产生的坠落物（飞石、工具、材料等）； 4. 材料堆放不合理	1. 强风、暴雨、大雪、大雾等不良天气； 2. 夜间施工照明不足； 3. 作业场地杂乱； 4. 道路坑洼不平	1. 安全教育、培训、交底、检查制度不完善或未落实； 2. 安全防护用品等进行进场验收或验收不到位； 3. 安全投入不足； 4. 现场交叉作业管理缺陷		√	√	√	

续上表

分部工程	施工作业内容	典型风险事件	致害物	致险因素				风险事件后果类型				
				人的因素	物的因素	环境因素	管理因素	易导致受伤人员类型		人员伤亡		
								本人	他人	轻伤	重伤	死亡
临时工程	临时建筑	起重伤害	起重设备、吊起的材料、吊具吊索	1. 人员违章进入危险区域； 2. 管理人员违章指挥,强令冒险作业(无司索信号工或指挥错误)； 3. 起重作业人员、司索信号工未持有效证件上岗； 4. 起重作业人员操作错误,违章作业(酒后作业,支腿未全部打开,支腿未支垫枕木等“十不吊”)； 5. 起重人员身体健康状况异常、心理异常、感知异常(反应迟钝、辨识错误)； 6. 现场作业人员未正确使用安全防护用品(反光背心、安全帽等)； 7. 指挥信号不清、错误	1. 现场无警示标识或标识破损(警戒区、标牌、反光锥等)； 2. 吊索吊具不合格或达到报废标准(钢丝绳、吊带、U形卸扣等)； 3. 支垫材料不合格(枕木、钢板等)； 4. 无防护或防护装置缺陷(防脱钩装置、限位装置等)； 5. 起重机带“病”作业(制动装置等)； 6. 安全防护用品不合格(反光背心、安全帽等)； 7. 构件强度不够	1. 雷雨大风(6级以上)、大雾、高温等恶劣天气； 2. 作业场地不平整、不坚实； 3. 夜间施工照明不足； 4. 噪声、粉尘、有毒气体影响	1. 起重吊装专项施工方案不完善或未落实； 2. 设备设施安全管理制度不完善或未落实(检查维护保养不到位)； 3. 起重吊装安全操作规程不规范或未落实； 4. 安全教育、培训、交底、检查制度不完善或未落实； 5. 未对机械设备、安全防护用品等进行进场验收或验收不到位； 6. 安全投入不足		√	√	√	√

续上表

分部工程	施工作业内容	典型风险事件	致害物	致险因素				风险事件后果类型				
				人的因素	物的因素	环境因素	管理因素	易导致受伤人员类型		人员伤亡		
								本人	他人	轻伤	重伤	死亡
临时工程	临时建筑	触电	破损漏电设备和电线	1. 作业人员未正确使用安全防护用品(绝缘鞋、绝缘手套等); 2. 作业人员操作错误或违章作业(带电检修维护); 3. 管理人员违章指挥、强令冒险作业,电工未持有效证件上岗; 4. 作业人员疲劳作业	1. 现场无警示标识或标识错误或破损(警戒区、标牌、反光锥等); 2. 电线老化、破损,电焊机等设备漏电; 3. 设备接地保护损坏、防雷措施失效; 4. 电线架设不当、拖地、与金属物接触; 5. 手持电动工具无漏洞保护装置; 6. 电器开关无防雨、防潮设施; 7. 安全距离不足	1. 强风、雷雨、大雪等不良天气; 2. 作业场地杂乱、潮湿或积水; 3. 作业场地照明不足	1. 临时用电方案不完善或未落实; 2. 发电机等安全操作规程不规范或未落实; 3. 电气设施材料等未进行进场验收; 4. 电工未对用电设施进行巡查或巡查不到位; 5. 机械设备安全管理制度未落实(发电机、振捣棒等机具检查维护保养不到位); 6. 安全教育、培训、交底、检查制度不完善或未落实; 7. 未实行“一机、一箱、一闸、一漏保”措施; 8. 安全投入不足	√		√	√	√

续上表

分部工程	施工作业内容	典型风险事件	致害物	致险因素				风险事件后果类型				
				人的因素	物的因素	环境因素	管理因素	易导致受伤人员类型		人员伤亡		
								本人	他人	轻伤	重伤	死亡
临时工程	临时建筑	高处坠落	无防护的高处作业	1. 管理人员违章指挥,强令冒险作业; 2. 人员身体健康状况异常、心理异常、感知异常(有高血压、恐高症等禁忌症,反应迟钝,辨识错误),作业人员操作错误或违章作业(人员酒后作业); 3. 人员未正确使用安全防护用品(安全带、防滑鞋等); 4. 人员疲劳作业	1. 安全防护用品质量不合格,存在缺陷; 2. 现场无警示标识或标识破损; 3. 高处作业场所未设置安全防护等措施(安全绳索); 4. 未设置人员上下安全爬梯或设置不规范	1. 作业环境不佳,场地湿滑、不平; 2. 6级以上大风、雷电、暴雨等恶劣天气; 3. 夜间施工照明不足	1. 安全教育、培训、交底、检查制度不完善或未落实; 2. 职业健康、安全管理制度不完善、未落实(定期体检); 3. 安全投入不足; 4. 高处作业安全操作规程不规范或未落实; 5. 风险辨识、评估不到位	√		√	√	√
	门式起重机设置	机械伤害	挖掘机、装载机、小型施工设备等机械设备	1. 人员违章进入危险区域(机械作业半径等); 2. 管理人员违章指挥,强令冒险作业(机械作业半径等); 3. 机械操作人员未持有效证件上岗;	1. 现场无警示标识或标识破损(警戒区、标牌、反光贴等); 2. 设备设施安全作业距离不足; 3. 设备带"病"作业(设备设施制动装置失效、运动或转动装置无防护或防护装置有缺陷等);	1. 强风、暴雨、大雪、大雾等不良天气; 2. 作业场地狭窄、作业区杂乱无章、通道不畅、地面积水; 3. 夜间施工照明不足; 4. 工作面扬尘,能见度低	1. 机械设备安全管理制度不完善或未落实(检查维护保养不到位); 2. 未对机械设备、安全防护用品等进行进场验收或验收不到位; 3. 安全教育、培训、交底、检查制度不完善或未落实;	√	√	√	√	

续上表

分部工程	施工作业内容	典型风险事件	致害物	致险因素				风险事件后果类型				
				人的因素	物的因素	环境因素	管理因素	易导致受伤人员类型		人员伤亡		
								本人	他人	轻伤	重伤	死亡
临时工程	门式起重机设置	机械伤害	挖掘机、装载机、小型施工设备等机械设备	4. 机械操作人员操作错误,违章作业(违规载人、酒后作业); 5. 操作人员身体健康状况异常、心理异常、感知异常(反应迟钝、辨识错误); 6. 现场作业人员未正确使用安全防护用品(反光背心、安全帽等); 7. 机械操作人员疲劳作业	4. 安全防护用品不合格(反光背心、安全帽、护目镜等); 5. 洒水降尘设备故障或未使用; 6. 开关布局不合理		4. 机械设备安全操作规程不规范或未落实; 5. 洒水降尘制度未完善或未落实; 6. 安全投入不足					
		高处坠落	无防护的高处作业	1. 管理人员违章指挥、强令冒险作业; 2. 人员身体健康状况异常、心理异常、感知异常(有高血压、恐高症等禁忌症,反应迟钝,辨识错误),作业人员操作错误或违章作业(人员酒后作业); 3. 人员未正确使用安全防护用品(安全带、防滑鞋等); 4. 人员疲劳作业	1. 安全防护用品质量不合格,存在缺陷; 2. 现场无警示标识或标识破损; 3. 高处作业场所未设置安全防护等措施(安全绳索); 4. 未设置人员上下安全爬梯或设置不规范	1. 作业环境不佳,场地湿滑、不平; 2. 6级以上大风、雷电、暴雨等恶劣天气; 3. 夜间施工照明不足	1. 安全教育、培训、交底、检查制度不完善或未落实; 2. 职业健康、安全管理制度不完善、未落实(定期体检); 3. 安全投入不足; 4. 高处作业安全操作规程不规范或未落实; 5. 风险辨识、评估不到位	√		√	√	√

续上表

分部工程	施工作业内容	典型风险事件	致害物	致险因素				风险事件后果类型				
				人的因素	物的因素	环境因素	管理因素	易导致受伤人员类型		人员伤亡		
								本人	他人	轻伤	重伤	死亡
临时工程	门式起重机设置	坍塌	门式起重机支腿、横梁等	1. 人员违规作业； 2. 人员冒险进入危险场所； 3. 人员安全防护不到位； 4. 违章指挥，违章操作，强令冒险作业； 5. 作业人员疲劳作业	1. 无警示信号或信号不清（紧急撤离信号）； 2. 现场无警示标识或标识破损（警戒区、标牌、反光锥等）； 3. 地锚、缆风绳设置不符合要求； 4. 轨道钢轨未固定牢固	1. 作业场地照明不足； 2. 强风、暴雨、大雪等不良天气	1. 施工方案不完善或未落实； 2. 安全教育、培训、交底、检查制度不完善或未落实； 3. 安全投入不足	√	√	√	√	√
	搅拌站	物体打击	工器具、零部件	1. 现场作业人员未正确使用安全防护用品（安全帽等）； 2. 人员违章进入危险区域； 3. 管理人员违章指挥，强令冒险作业； 4. 作业人员身体健康状况异常、心理异常、感知异常（反应迟钝、辨识错误）； 5. 作业人员操作错误，违章作业（违章抛物）	1. 安全防护用品不合格（安全帽等）； 2. 现场无警示标识或标识破损（警戒区、标牌、反光锥等）； 3. 作业过程中产生的坠落物（飞石、工具、材料等）； 4. 材料堆放不合理	1. 强风、暴雨、大雪、大雾等不良天气； 2. 夜间施工照明不足； 3. 作业场地杂乱	1. 安全教育、培训、交底、检查制度不完善或未落实； 2. 安全防护用品等进行进场验收或验收不到位； 3. 安全投入不足； 4. 现场交叉作业管理缺陷		√	√	√	

续上表

分部工程	施工作业内容	典型风险事件	致害物	致险因素				风险事件后果类型				
				人的因素	物的因素	环境因素	管理因素	易导致受伤人员类型		人员伤亡		
								本人	他人	轻伤	重伤	死亡
临时工程	搅拌站	车辆伤害	渣土运输车辆及其他运输车辆等	1. 人员违章进入危险区域； 2. 管理人员违章指挥，强令冒险作业（进入驾驶人员视野盲区等）； 3. 驾驶人员未持有效证件上岗； 4. 驾驶人员操作错误，违章作业（违规载人，酒后驾驶，超速、超限、超载作业）； 5. 驾驶人员身体健康状况异常、心理异常、感知异常（反应迟钝、辨识错误）； 6. 驾驶人员疲劳作业； 7. 现场作业人员未正确使用安全防护用品（反光背心、安全帽等）	1. 现场无警示标识或标识破损（警戒区、标牌、反光锥、反光贴等）； 2. 车辆带“病”作业（制动装置、喇叭、后视镜、警示灯等设施有缺陷）； 3. 车辆作业安全距离不足； 4. 安全防护用品不合格（反光背心、安全帽等）； 5. 洒水降尘设备故障或未使用； 6. 安全防护装置不可靠	1. 强风、暴雨、大雪、大雾等不良天气； 2. 作业场地狭窄、不平整、道路湿滑； 3. 夜间施工照明不足； 4. 工作面扬尘，能见度低	1. 未对车辆设备、安全防护用品等进行进场验收或验收不到位； 2. 车辆安全管理制度不完善或未落实（检查维护保养不到位）； 3. 安全操作规程不规范或未落实（作业前未对车辆周围环境进行检查）； 4. 安全教育、培训、交底、检查制度不完善或未落实； 5. 职业健康管理制度不完善或未落实； 6. 洒水降尘制度未完善或未落实； 7. 安全投入不足		√	√	√	

续上表

分部工程	施工作业内容	典型风险事件	致害物	致险因素				风险事件后果类型				
				人的因素	物的因素	环境因素	管理因素	易导致受伤人员类型		人员伤亡		
								本人	他人	轻伤	重伤	死亡
临时工程	搅拌站	机械伤害	挖掘机、装载机、小型施工设备等机械设备	1. 人员违章进入危险区域（机械作业半径等）； 2. 管理人员违章指挥，强令冒险作业（机械作业半径等）； 3. 机械操作人员未持有效证件上岗； 4. 机械操作人员操作错误，违章作业（违规载人、酒后作业）； 5. 操作人员身体健康状况异常、心理异常、感知异常（反应迟钝、辨识错误）； 6. 现场作业人员未正确使用安全防护用品（反光背心、安全帽等）； 7. 机械操作人员疲劳作业	1. 现场无警示标识或标识破损（警戒区、标牌、反光贴等）； 2. 设备设施安全作业距离不足； 3. 设备带“病”作业（设备设施制动装置失效、运动或转动装置无防护或防护装置有缺陷等）； 4. 安全防护用品不合格（反光背心、安全帽、护目镜等）； 5. 洒水降尘设备故障或未使用； 6. 开关布局不合理	1. 强风、暴雨、大雪、大雾等不良天气； 2. 作业场地狭窄、作业区杂乱无章、通道不畅、地面积水； 3. 夜间施工照明不足； 4. 工作面扬尘，能见度低	1. 机械设备安全管理制度不完善或未落实（检查维护保养不到位）； 2. 未对机械设备、安全防护用品等进行进场验收或验收不到位； 3. 安全教育、培训、交底、检查制度不完善或未落实； 4. 机械设备安全操作规程不规范或未落实； 5. 洒水降尘制度未完善或未落实； 6. 安全投入不足	√	√	√	√	

续上表

分部工程	施工作业内容	典型风险事件	致害物	致险因素				风险事件后果类型				
				人的因素	物的因素	环境因素	管理因素	易导致受伤人员类型		人员伤亡		
								本人	他人	轻伤	重伤	死亡
临时工程	搅拌站	起重伤害	起重设备、吊起的材料、吊具吊索	1. 人员违章进入危险区域； 2. 管理人员违章指挥，强令冒险作业（无司索信号工或指挥错误）； 3. 起重作业人员、司索信号工未持有效证件上岗； 4. 起重作业人员操作错误、违章作业（酒后作业，支腿未全部打开，支腿未支垫枕木等“十不吊”）； 5. 起重人员身体健康状况异常、心理异常、感知异常（反应迟钝、辨识错误）； 6. 现场作业人员未正确使用安全防护用品（反光背心、安全帽等）； 7. 指挥信号不清、错误	1. 现场无警示标识或标识破损（警戒区、标牌、反光锥等）； 2. 吊索吊具不合格或达到报废标准（钢丝绳、吊带、U 形卸扣等）； 3. 支垫材料不合格（枕木、钢板等）； 4. 无防护或防护装置缺陷（防脱钩装置、限位装置等）； 5. 起重机带“病”作业（制动装置等）； 6. 安全防护用品不合格（反光背心、安全帽等）； 7. 构件强度不够	1. 雷雨大风（6 级以上）、大雾、高温等恶劣天气； 2. 作业场地不平整、不坚实； 3. 夜间施工照明不足； 4. 噪声、粉尘、有毒气体影响	1. 起重吊装专项施工方案不完善或未落实； 2. 设备设施安全管理制度不完善或未落实（检查维护保养不到位）； 3. 起重吊装安全操作规程不规范或未落实； 4. 安全教育、培训、交底、检查制度不完善或未落实； 5. 未对机械设备、安全防护用品等进行进场验收或验收不到位； 6. 安全投入不足		√	√	√	√

续上表

分部工程	施工作业内容	典型风险事件	致害物	致险因素				风险事件后果类型				
				人的因素	物的因素	环境因素	管理因素	易导致受伤人员类型		人员伤亡		
								本人	他人	轻伤	重伤	死亡
临时工程	搅拌站	触电	破损漏电的设备和电线	1. 作业人员未正确使用安全防护用品（绝缘鞋、绝缘手套等）； 2. 作业人员操作错误或违章作业（带电检修维护）； 3. 管理人员违章指挥、强令冒险作业，电工未持有效证件上岗； 4. 作业人员疲劳作业	1. 现场无警示标识或标识错误或破损（警戒区、标牌、反光锥等）； 2. 电线老化、破损，电焊机等设备漏电； 3. 设备接地保护损坏、防雷措施失效； 4. 电线架设不当、拖地、与金属物接触； 5. 手持电动工具无漏洞保护装置； 6. 电器开关无防雨、防潮设施； 7. 安全距离不足	1. 强风、雷雨、大雪等不良天气； 2. 作业场地杂乱、潮湿或积水； 3. 作业场地照明不足	1. 临时用电方案不完善或未落实； 2. 发电机等安全操作规程不规范或未落实； 3. 电气设施材料等未进行进场验收； 4. 电工未对用电设施进行巡查或巡查不到位； 5. 机械设备安全管理制度未落实（发电机、振捣棒等机具检查维护保养不到位）； 6. 安全教育、培训、交底、检查制度不完善或未落实； 7. 未实行“一机、一箱、一闸、一漏保”措施； 8. 安全投入不足	√		√	√	√

续上表

<table>
<tr><th rowspan="3">分部工程</th><th rowspan="3">施工作业内容</th><th rowspan="3">典型风险事件</th><th rowspan="3">致害物</th><th colspan="4">致险因素</th><th colspan="5">风险事件后果类型</th></tr>
<tr><th rowspan="2">人的因素</th><th rowspan="2">物的因素</th><th rowspan="2">环境因素</th><th rowspan="2">管理因素</th><th colspan="2">易导致受伤人员类型</th><th colspan="3">人员伤亡</th></tr>
<tr><th>本人</th><th>他人</th><th>轻伤</th><th>重伤</th><th>死亡</th></tr>
<tr><td rowspan="2">临时工程</td><td rowspan="2">搅拌站</td><td>高处坠落</td><td>无防护的高处作业</td><td>1. 管理人员违章指挥、强令冒险作业；
2. 人员身体健康状况异常、心理异常、感知异常(有高血压、恐高症等禁忌症，反应迟钝，辨识错误)，人员操作错误或违章作业(酒后作业)；
3. 作业人员未正确使用安全防护用品(安全带、防滑鞋等)；
4. 人员疲劳作业</td><td>1. 安全防护用品质量不合格，存在缺陷；
2. 现场无警示标识或标识破损；
3. 高处作业场所未设置安全防护等措施(安全绳索)；
4. 未设置人员上下安全爬梯或设置不规范</td><td>1. 作业环境不佳，场地湿滑、不平；
2. 6级以上大风、雷电、暴雨等恶劣天气；
3. 夜间施工照明不足</td><td>1. 安全教育、培训、交底、检查制度不完善或未落实；
2. 职业健康、安全管理制度不完善、未落实(定期体检)；
3. 安全投入不足；
4. 高处作业安全操作规程不规范或未落实；
5. 风险辨识、评估不到位</td><td>√</td><td></td><td>√</td><td>√</td><td>√</td></tr>
<tr><td>中毒窒息</td><td>毒性气体和氧含量不足</td><td>1. 现场作业人员未正确使用安全防护用品(防毒口罩等)；
2. 作业人员违章作业(违规使用明火取暖)；
3. 管理人员违章指挥，强令冒险作业；
4. 隧道通风无专人管理</td><td>1. 安全防护用品不合格(防毒口罩等)；
2. 无监测装置或装置失效，通风设施损坏，通风管长度不足；
3. 机械设备老化、不合格或设备损坏，产生有毒有害气体</td><td>1. 作业区域通风不良，氧含量不足；
2. 作业现场有害气体浓度超标；
3. 作业场地空间狭窄</td><td>1. 专项施工方案不完善或未落实(未进行有毒有害气体检测)；
2. 安全教育、培训、交底、检查制度不完善或未落实；
3. 安全投入不足</td><td>√</td><td>√</td><td>√</td><td>√</td><td>√</td></tr>
</table>

续上表

分部工程	施工作业内容	典型风险事件	致害物	致险因素				风险事件后果类型				
				人的因素	物的因素	环境因素	管理因素	易导致受伤人员类型		人员伤亡		
								本人	他人	轻伤	重伤	死亡
临时工程	泥浆循环处理系统	机械伤害	挖掘机、装载机、小型施工设备等机械设备	1. 人员违章进入危险区域（机械作业半径等）； 2. 管理人员违章指挥，强令冒险作业（机械作业半径等）； 3. 机械操作人员未持有效证件上岗； 4. 机械操作人员操作错误，违章作业（违规载人、酒后作业）； 5. 操作人员身体健康状况异常、心理异常、感知异常（反应迟钝、辨识错误）； 6. 现场作业人员未正确使用安全防护用品（反光背心、安全帽等）； 7. 机械操作人员疲劳作业	1. 现场无警示标识或标识破损（警戒区、标牌、反光贴等）； 2. 设备设施安全作业距离不足； 3. 设备带“病”作业（设备设施制动装置失效、运动或转动装置无防护或防护装置有缺陷等）； 4. 安全防护用品不合格（反光背心、安全帽、护目镜等）； 5. 洒水降尘设备故障或未使用	1. 强风、暴雨、大雪、大雾等不良天气； 2. 作业场地狭窄、不平整、道路湿滑； 3. 夜间施工照明不足； 4. 工作面扬尘，能见度低	1. 机械设备安全管理制度不完善或未落实（检查维护保养不到位）； 2. 未对机械设备、安全防护用品等进行进场验收或验收不到位； 3. 安全教育、培训、交底、检查制度不完善或未落实； 4. 机械设备安全操作规程不规范或未落实； 5. 洒水降尘制度未完善或未落实； 6. 安全投入不足	√	√	√	√	

续上表

分部工程	施工作业内容	典型风险事件	致害物	致险因素				风险事件后果类型				
				人的因素	物的因素	环境因素	管理因素	易导致受伤人员类型		人员伤亡		
								本人	他人	轻伤	重伤	死亡
临时工程	泥浆循环处理系统	起重伤害	起重设备、吊起的材料、吊具吊索	1. 人员违章进入危险区域； 2. 管理人员违章指挥，强令冒险作业（无司索信号工或指挥错误）； 3. 起重作业人员、司索信号工未持有效证件上岗； 4. 起重作业人员操作错误，违章作业（酒后作业，支腿未全部打开，支腿未支垫枕木等“十不吊”）； 5. 起重人员身体健康状况异常、心理异常、感知异常（反应迟钝、辨识错误）； 6. 现场作业人员未正确使用安全防护用品（反光背心、安全帽等）； 7. 指挥信号不清、错误	1. 现场无警示标识或标识破损（警戒区、标牌、反光锥等）； 2. 吊索吊具不合格或达到报废标准（钢丝绳、吊带、U 形卸扣等）； 3. 支垫材料不合格（枕木、钢板等）； 4. 无防护或防护装置缺陷（防脱钩装置、限位装置等）； 5. 起重机带“病”作业（制动装置等）； 6. 安全防护用品不合格（反光背心、安全帽等）； 7. 构件强度不够	1. 雷雨大风（6 级以上）、大雾、高温等恶劣天气； 2. 作业场地不平整、不坚实； 3. 夜间施工照明不足； 4. 噪声、粉尘、有毒气体影响	1. 起重吊装专项施工方案不完善或未落实； 2. 设备设施安全管理制度不完善或未落实（检查维护保养不到位）； 3. 起重吊装安全操作规程不规范或未落实； 4. 安全教育、培训、交底、检查制度不完善或未落实； 5. 未对机械设备、安全防护用品等进行进场验收或验收不到位； 6. 安全投入不足		√	√	√	√

续上表

分部工程	施工作业内容	典型风险事件	致害物	致险因素				风险事件后果类型				
				人的因素	物的因素	环境因素	管理因素	易导致受伤人员类型		人员伤亡		
								本人	他人	轻伤	重伤	死亡
临时工程	泥浆循环处理系统	触电	破损漏电的设备和电线	1. 作业人员未正确使用安全防护用品（绝缘鞋、绝缘手套等）； 2. 作业人员操作错误或违章作业（带电检修维护）； 3. 管理人员违章指挥、强令冒险作业，电工未持有效证件上岗； 4. 作业人员疲劳作业	1. 现场无警示标识或标识错误或破损（警戒区、标牌、反光锥等）； 2. 电线老化、破损，电焊机等设备漏电； 3. 设备接地保护损坏、防雷措施失效； 4. 电线架设不当、拖地、与金属物接触； 5. 手持电动工具无漏洞保护装置； 6. 电器开关无防雨、防潮设施； 7. 安全距离不足	1. 强风、雷雨、大雪等不良天气； 2. 作业场地杂乱、潮湿或积水； 3. 作业场地照明不足	1. 临时用电方案不完善或未落实； 2. 发电机等安全操作规程不规范或未落实； 3. 电气设施材料等未进行进场验收； 4. 电工未对用电设施进行巡查或巡查不到位； 5. 机械设备安全管理制度未落实（发电机、振捣棒等机具检查维护保养不到位）； 6. 安全教育、培训、交底、检查制度不完善或未落实； 7. 未实行“一机、一箱、一闸、一漏保”措施； 8. 安全投入不足	√		√	√	√

续上表

分部工程	施工作业内容	典型风险事件	致害物	致险因素				风险事件后果类型				
				人的因素	物的因素	环境因素	管理因素	易导致受伤人员类型		人员伤亡		
								本人	他人	轻伤	重伤	死亡
临时工程	泥浆循环处理系统	高处坠落	无防护的高处作业	1. 管理人员违章指挥、强令冒险作业； 2. 人员身体健康状况异常、心理异常、感知异常(有高血压、恐高症等禁忌症，反应迟钝，辨识错误)，人员操作错误或违章作业(人员酒后作业)； 3. 作业人员未正确使用安全防护用品(安全带、防滑鞋等)； 4. 人员疲劳作业	1. 安全防护用品质量不合格，存在缺陷； 2. 现场无警示标识或标识破损； 3. 高处作业场所未设置安全防护等措施(安全绳索)； 4. 未设置人员上下安全爬梯或设置不规范	1. 作业环境不佳，场地湿滑、不平； 2. 6 级以上大风、雷电、暴雨等恶劣天气； 3. 夜间施工照明不足	1. 安全教育、培训、交底、检查制度不完善或未落实； 2. 职业健康、安全管理制度不完善、未落实(定期体检)； 3. 安全投入不足； 4. 高处作业安全操作规程不规范或未落实； 5. 风险辨识、评估不到位	√		√	√	√
	变配电室、一二级箱等临电设置	触电	破损漏电的设备和电线	1. 作业人员未正确使用安全防护用品(绝缘鞋、绝缘手套等)； 2. 作业人员操作错误或违章作业(带电检修维护)；	1. 现场无警示标识或标识错误或破损(警戒区、标牌、反光锥等)； 2. 电线老化、破损；电焊机等设备漏电； 3. 设备接地保护损坏、防雷措施失效；	1. 强风、雷雨、大雪等不良天气； 2. 作业场地杂乱、潮湿或积水； 3. 作业场地照明不足	1. 临时用电方案不完善或未落实； 2. 发电机等安全操作规程不规范或未落实； 3. 电气设施材料等未进行进场验收； 4. 电工未对用电设施进行巡查或巡查不到位；	√		√	√	√

续上表

分部工程	施工作业内容	典型风险事件	致害物	致险因素				风险事件后果类型				
				人的因素	物的因素	环境因素	管理因素	易导致受伤人员类型		人员伤亡		
								本人	他人	轻伤	重伤	死亡
临时工程	变配电室、一二级箱等临电设置	触电	破损漏电的设备和电线	3. 管理人员违章指挥、强令冒险作业电工未持有效证件上岗； 4. 作业人员疲劳作业	4. 电线架设不当、拖地、与金属物接触； 5. 手持电动工具无漏洞保护装置； 6. 电器开关无防雨、防潮设施； 7. 安全距离不足		5. 机械设备安全管理制度未落实（发电机、振捣棒等机具检查维护保养不到位）； 6. 安全教育、培训、交底、检查制度不完善或未落实； 7. 未实行“一机、一箱、一闸、一漏保”措施； 8. 安全投入不足					
		火灾	作业场所设施、设备、物料等易燃可燃物	1. 作业人员操作错误、违章作业（私拉乱接电线，违规进行动火作业）； 2. 管理人员违章指挥，强令冒险作业（违章指挥作业人员进行动火作业）； 3. 有违反劳动纪律的行为（吸烟等）	1. 未配置消防器材等防火设施或消防器材等防火设施失效； 2. 易燃材料存放，防火安全距离不足； 3. 现场无警示标识或标识破损（动火作业警戒区、禁火标牌等）； 4. 用电设备或电缆漏电、短路引起明火	1. 高温、干燥、大风天气； 2. 作业场地杂乱	1. 消防安全管理制度不完善或未落实（未定期进行消防检查）； 2. 未对消防器材等进行进场验收或验收不到位； 3. 安全教育、培训、交底制度不完善或未落实； 4. 安全投入不足； 5. 材料堆放制度不完善或未落实	√	√	√	√	

续上表

分部工程	施工作业内容	典型风险事件	致害物	致险因素				风险事件后果类型				
				人的因素	物的因素	环境因素	管理因素	易导致受伤人员类型		人员伤亡		
								本人	他人	轻伤	重伤	死亡
盾构机	安装调试	物体打击	工器具、零部件	1. 现场作业人员未正确使用安全防护用品(安全帽等); 2. 人员违章进入危险区域; 3. 管理人员违章指挥,强令冒险作业; 4. 作业人员身体健康状况异常、心理异常、感知异常(反应迟钝、辨识错误); 5. 作业人员操作错误,违章作业(违章抛物)	1. 安全防护用品不合格(安全帽等); 2. 现场无警示标识或标识破损(警戒区、标牌、反光锥等); 3. 作业过程中产生的坠落物(飞石、工具、材料等); 4. 材料堆放不合理	1. 强风、暴雨、大雪、大雾等不良天气; 2. 夜间施工照明不足; 3. 作业场地杂乱	1. 安全教育、培训、交底、检查制度不完善或未落实; 2. 安全防护用品等进行进场验收或验收不到位; 3. 安全投入不足; 4. 现场交叉作业管理缺陷		√	√	√	

续上表

分部工程	施工作业内容	典型风险事件	致害物	致险因素				风险事件后果类型				
				人的因素	物的因素	环境因素	管理因素	易导致受伤人员类型		人员伤亡		
								本人	他人	轻伤	重伤	死亡
盾构机	安装调试	车辆伤害	渣土运输车辆及其他运输车辆等	1. 人员违章进入危险区域； 2. 管理人员违章指挥，强令冒险作业（进入驾驶人员视野盲区等）； 3. 驾驶人员未持有效证件上岗； 4. 驾驶人员操作错误，违章作业（违规载人，酒后驾驶，超速、超限、超载作业）； 5. 驾驶人员身体健康状况异常、心理异常、感知异常（反应迟钝、辨识错误）； 6. 驾驶人员疲劳作业； 7. 现场作业人员未正确使用安全防护用品（反光背心、安全帽等）	1. 现场无警示标识或标识破损（警戒区、标牌、反光锥、反光贴等）； 2. 车辆带“病”作业（制动装置、喇叭、后视镜、警示灯等设施有缺陷）； 3. 车辆作业安全距离不足； 4. 安全防护用品不合格（反光背心、安全帽等）； 5. 通风排烟排尘设备故障或未使用； 6. 安全防护装置不可靠	1. 强风、暴雨、大雪、大雾等不良天气； 2. 作业场地狭窄、不平整、道路湿滑； 3. 夜间施工照明不足； 4. 通风不良，粉尘浓度大，能见度低	1. 未对车辆设备、安全防护用品等进行进场验收或验收不到位； 2. 车辆安全管理制度不完善或未落实（检查维护保养不到位）； 3. 安全操作规程不规范或未落实（作业前未对车辆周围环境进行检查）； 4. 安全教育、培训、交底、检查制度不完善或未落实； 5. 职业健康管理制度不完善或未落实； 6. 安全投入不足； 7. 通风排烟排尘制度未完善或未落实		√	√	√	

续上表

分部工程	施工作业内容	典型风险事件	致害物	致险因素				风险事件后果类型				
				人的因素	物的因素	环境因素	管理因素	易导致受伤人员类型		人员伤亡		
								本人	他人	轻伤	重伤	死亡
盾构机	安装调试	机械伤害	挖掘机、装载机、小型施工设备等机械设备	1. 人员违章进入危险区域（机械作业半径等）； 2. 管理人员违章指挥，强令冒险作业（机械作业半径等）； 3. 机械操作人员未持有效证件上岗； 4. 机械操作人员操作错误，违章作业（违规载人、酒后作业）； 5. 操作人员身体健康状况异常、心理异常、感知异常（反应迟钝、辨识错误）； 6. 现场作业人员未正确使用安全防护用品（反光背心、安全帽等）； 7. 机械操作人员疲劳作业	1. 现场无警示标识或标识破损（警戒区、标牌、反光贴等）； 2. 设备设施安全作业距离不足； 3. 设备带“病”作业（设备设施制动装置失效、运动或转动装置无防护或防护装置有缺陷等）； 4. 安全防护用品不合格（反光背心、安全帽、护目镜等）； 5. 通风排烟排尘设备故障或未使用	1. 强风、暴雨、大雪、大雾等不良天气； 2. 作业场地狭窄、不平整、道路湿滑； 3. 夜间施工照明不足； 4. 通风不良，粉尘浓度大，能见度低	1. 机械设备安全管理制度不完善或未落实（检查维护保养不到位）； 2. 未对机械设备、安全防护用品等进行进场验收或验收不到位； 3. 安全教育、培训、交底、检查制度不完善或未落实； 4. 机械设备安全操作规程不规范或未落实； 5. 安全投入不足； 6. 通风排烟排尘制度未完善或未落实	√	√	√	√	

续上表

分部工程	施工作业内容	典型风险事件	致害物	致险因素				风险事件后果类型				
				人的因素	物的因素	环境因素	管理因素	易导致受伤人员类型		人员伤亡		
								本人	他人	轻伤	重伤	死亡
盾构机	安装调试	起重伤害	起重设备、吊起的材料、吊具吊索	1. 人员违章进入危险区域； 2. 管理人员违章指挥，强令冒险作业（无司索信号工或指挥错误）； 3. 起重作业人员、司索信号工未持有效证件上岗； 4. 起重作业人员操作错误，违章作业（酒后作业，支腿未全部打开，支腿未支垫枕木等“十不吊”）； 5. 起重人员身体健康状况异常、心理异常、感知异常（反应迟钝、辨识错误）； 6. 现场作业人员未正确使用安全防护用品（反光背心、安全帽等）； 7. 指挥信号不清、错误	1. 现场无警示标识或标识破损（警戒区、标牌、反光锥等）； 2. 吊索吊具不合格或达到报废标准（钢丝绳、吊带、U 形卸扣等）； 3. 支垫材料不合格（枕木、钢板等）； 4. 无防护或防护装置缺陷（防脱钩装置、限位装置等）； 5. 起重机带“病”作业（制动装置等）； 6. 安全防护用品不合格（反光背心、安全帽等）； 7. 构件强度不够	1. 雷雨大风（6 级以上）、大雾、高温等恶劣天气； 2. 作业场地不平整、不坚实； 3. 夜间施工照明不足； 4. 噪声、粉尘、有毒气体影响	1. 起重吊装专项施工方案不完善或未落实； 2. 设备设施安全管理制度不完善或未落实（检查维护保养不到位）； 3. 起重吊装安全操作规程不规范或未落实； 4. 安全教育、培训、交底、检查制度不完善或未落实； 5. 未对机械设备、安全防护用品等进行进场验收或验收不到位； 6. 安全投入不足		√	√	√	√

续上表

分部工程	施工作业内容	典型风险事件	致害物	致险因素				风险事件后果类型				
				人的因素	物的因素	环境因素	管理因素	易导致受伤人员类型		人员伤亡		
								本人	他人	轻伤	重伤	死亡
盾构机	安装调试	触电	破损漏电的设备和电线	1. 作业人员未正确使用安全防护用品（绝缘鞋、绝缘手套等）； 2. 作业人员操作错误或违章作业（带电检修维护）； 3. 管理人员违章指挥、强令冒险作业，电工未持有效证件上岗； 4. 作业人员疲劳作业	1. 现场无警示标识或标识错误或破损（警戒区、标牌、反光锥等）； 2. 电线老化、破损，电焊机等设备漏电； 3. 设备接地保护损坏、防雷措施失效； 4. 电线架设不当、拖地、与金属物接触； 5. 手持电动工具无漏洞保护装置； 6. 电器开关无防雨、防潮设施； 7. 安全距离不足	1. 强风、雷雨、大雪等不良天气； 2. 作业场地杂乱、潮湿或积水； 3. 作业场地照明不足	1. 临时用电方案不完善或未落实； 2. 发电机等安全操作规程不规范或未落实； 3. 电气设施材料等未进行进场验收； 4. 电工未对用电设施进行巡查或巡查不到位； 5. 机械设备安全管理制度未落实（发电机、振捣棒等机具检查维护保养不到位）； 6. 安全教育、培训、交底、检查制度不完善或未落实； 7. 未实行“一机、一箱、一闸、一漏保”措施； 8. 安全投入不足	√		√	√	√

续上表

分部工程	施工作业内容	典型风险事件	致害物	致险因素				风险事件后果类型				
				人的因素	物的因素	环境因素	管理因素	易导致受伤人员类型		人员伤亡		
								本人	他人	轻伤	重伤	死亡
盾构机	安装调试	高处坠落	无防护的高处作业	1. 管理人员违章指挥、强令冒险作业； 2. 人员身体健康状况异常、心理异常、感知异常（有高血压、恐高症等禁忌症，反应迟钝，辨识错误），人员操作错误或违章作业（人员酒后作业）； 3. 作业人员未正确使用安全防护用品（安全带、防滑鞋等）； 4. 人员疲劳作业	1. 安全防护用品质量不合格，存在缺陷； 2. 现场无警示标识或标识破损； 3. 高处作业场所未设置安全防护等措施（安全绳索）； 4. 未设置人员上下安全爬梯或设置不规范	1. 作业环境不佳，场地湿滑、不平； 2. 6 级以上大风、雷电、暴雨等恶劣天气； 3. 夜间施工照明不足	1. 安全教育、培训、交底、检查制度不完善或未落实； 2. 职业健康、安全管理制度不完善、未落实（定期体检）； 3. 安全投入不足； 4. 高处作业安全操作规程不规范或未落实； 5. 风险辨识、评估不到位	√		√	√	√
	拆除	物体打击	工器具、零部件	1. 现场作业人员未正确使用安全防护用品（安全帽等）； 2. 人员违章进入危险区域； 3. 管理人员违章指挥，强令冒险作业； 4. 作业人员身体健康状况异常、心理异常、感知异常（反应迟钝、辨识错误）； 5. 作业人员操作错误，违章作业（违章抛物）	1. 安全防护用品不合格（安全帽等）； 2. 现场无警示标识或标识破损（警戒区、标牌、反光锥等）； 3. 作业过程中产生的坠落物（飞石、工具、材料等）； 4. 材料堆放不合理	1. 强风、暴雨、大雪、大雾等不良天气； 2. 夜间施工照明不足； 3. 作业场地杂乱	1. 安全教育、培训、交底、检查制度不完善或未落实； 2. 安全防护用品等进行进场验收或验收不到位； 3. 安全投入不足； 4. 现场交叉作业管理缺陷		√	√	√	

续上表

分部工程	施工作业内容	典型风险事件	致害物	致险因素				风险事件后果类型				
				人的因素	物的因素	环境因素	管理因素	易导致受伤人员类型		人员伤亡		
								本人	他人	轻伤	重伤	死亡
盾构机	拆除	车辆伤害	渣土运输车辆及其他运输车辆等	1. 人员违章进入危险区域； 2. 管理人员违章指挥，强令冒险作业（进入驾驶人员视野盲区等）； 3. 驾驶人员未持有效证件上岗； 4. 驾驶人员操作错误，违章作业（违规载人，酒后驾驶，超速、超限、超载作业）； 5. 驾驶人员身体健康状况异常、心理异常、感知异常（反应迟钝、辨识错误）； 6. 驾驶人员疲劳作业； 7. 现场作业人员未正确使用安全防护用品（反光背心、安全帽等）	1. 现场无警示标识或标识破损（警戒区、标牌、反光锥、反光贴等）； 2. 车辆带“病”作业（制动装置、喇叭、后视镜、警示灯等设施有缺陷）； 3. 车辆作业安全距离不足； 4. 安全防护用品不合格（反光背心、安全帽等）； 5. 通风排烟排尘设备故障或未使用； 6. 安全防护装置不可靠	1. 强风、暴雨、大雪、大雾等不良天气； 2. 作业场地狭窄、不平整、道路湿滑； 3. 夜间施工照明不足； 4. 通风不良，粉尘浓度大，能见度低	1. 未对车辆设备、安全防护用品等进行进场验收或验收不到位； 2. 车辆安全管理制度不完善或未落实（检查维护保养不到位）； 3. 安全操作规程不规范或未落实（作业前未对车辆周围环境进行检查）； 4. 安全教育、培训、交底、检查制度不完善或未落实； 5. 职业健康管理制度不完善或未落实； 6. 安全投入不足； 7. 通风排烟排尘制度未完善或未落实		√	√	√	

续上表

分部工程	施工作业内容	典型风险事件	致害物	致险因素				风险事件后果类型				
				人的因素	物的因素	环境因素	管理因素	易导致受伤人员类型		人员伤亡		
								本人	他人	轻伤	重伤	死亡
盾构机	拆除	机械伤害	挖掘机、装载机、小型施工设备等机械设备	1. 人员违章进入危险区域（机械作业半径等）； 2. 管理人员违章指挥，强令冒险作业（机械作业半径等）； 3. 机械操作人员未持有效证件上岗； 4. 机械操作人员操作错误，违章作业（违规载人、酒后作业）； 5. 操作人员身体健康状况异常、心理异常、感知异常（反应迟钝、辨识错误）； 6. 现场作业人员未正确使用安全防护用品（反光背心、安全帽等）； 7. 机械操作人员疲劳作业	1. 现场无警示标识或标识破损（警戒区、标牌、反光贴等）； 2. 设备设施安全作业距离不足； 3. 设备带“病”作业（设备设施制动装置失效、运动或转动装置无防护或防护装置有缺陷等）； 4. 安全防护用品不合格（反光背心、安全帽、护目镜等）； 5. 通风排烟排尘设备故障或未使用	1. 强风、暴雨、大雪、大雾等不良天气； 2. 作业场地狭窄、不平整、道路湿滑； 3. 夜间施工照明不足； 4. 通风不良，粉尘浓度大，能见度低	1. 机械设备安全管理制度不完善或未落实（检查维护保养不到位）； 2. 未对机械设备、安全防护用品等进行进场验收或验收不到位； 3. 安全教育、培训、交底、检查制度不完善或未落实； 4. 机械设备安全操作规程不规范或未落实； 5. 安全投入不足； 6. 通风排烟排尘制度未完善或未落实	√	√	√	√	

续上表

分部工程	施工作业内容	典型风险事件	致害物	致险因素				风险事件后果类型				
				人的因素	物的因素	环境因素	管理因素	易导致受伤人员类型		人员伤亡		
								本人	他人	轻伤	重伤	死亡
盾构机	拆除	起重伤害	起重设备、吊起的材料、吊具吊索	1. 人员违章进入危险区域； 2. 管理人员违章指挥，强令冒险作业（无司索信号工或指挥错误）； 3. 起重作业人员、司索信号工未持有效证件上岗； 4. 起重作业人员操作错误，违章作业（酒后作业，支腿未全部打开，支腿未支垫枕木等“十不吊”）； 5. 起重人员身体健康状况异常、心理异常、感知异常（反应迟钝、辨识错误）； 6. 现场作业人员未正确使用安全防护用品（反光背心、安全帽等）； 7. 指挥信号不清、错误	1. 现场无警示标识或标识破损（警戒区、标牌、反光锥等）； 2. 吊索吊具不合格或达到报废标准（钢丝绳、吊带、U 形卸扣等）； 3. 支垫材料不合格（枕木、钢板等）； 4. 无防护或防护装置缺陷（防脱钩装置、限位装置等）； 5. 起重机带“病”作业（制动装置等）； 6. 安全防护用品不合格（反光背心、安全帽等）； 7. 构件强度不够	1. 雷雨大风（6 级以上）、大雾、高温等恶劣天气； 2. 作业场地不平整、不坚实； 3. 夜间施工照明不足； 4. 噪声、粉尘、有毒气体影响	1. 起重吊装专项施工方案不完善或未落实； 2. 设备设施安全管理制度不完善或未落实（检查维护保养不到位）； 3. 起重吊装安全操作规程不规范或未落实； 4. 安全教育、培训、交底、检查制度不完善或未落实； 5. 未对机械设备、安全防护用品等进行进场验收或验收不到位； 6. 安全投入不足		√	√	√	√

续上表

分部工程	施工作业内容	典型风险事件	致害物	致险因素				风险事件后果类型				
				人的因素	物的因素	环境因素	管理因素	易导致受伤人员类型		人员伤亡		
								本人	他人	轻伤	重伤	死亡
盾构机	拆除	触电	破损漏电的设备和电线	1. 作业人员未正确使用安全防护用品（绝缘鞋、绝缘手套等）； 2. 作业人员操作错误或违章作业（带电检修维护）； 3. 管理人员违章指挥、强令冒险作业，电工未持有效证件上岗； 4. 作业人员疲劳作业	1. 现场无警示标识或标识错误或破损（警戒区、标牌、反光锥等）； 2. 电线老化、破损，电焊机等设备漏电； 3. 设备接地保护损坏、防雷措施失效； 4. 电线架设不当、拖地、与金属物接触； 5. 手持电动工具无漏洞保护装置； 6. 电器开关无防雨、防潮设施； 7. 安全距离不足	1. 强风、雷雨、大雪等不良天气； 2. 作业场地杂乱、潮湿或积水； 3. 作业场地照明不足	1. 临时用电方案不完善或未落实； 2. 发电机等安全操作规程不规范或未落实； 3. 电气设施材料等未进行进场验收； 4. 电工未对用电设施进行巡查或巡查不到位； 5. 机械设备安全管理制度未落实（发电机、振捣棒等机具检查维护保养不到位）； 6. 安全教育、培训、交底、检查制度不完善或未落实； 7. 未实行“一机、一箱、一闸、一漏保”措施； 8. 安全投入不足	√		√	√	√

续上表

分部工程	施工作业内容	典型风险事件	致害物	致险因素				风险事件后果类型				
				人的因素	物的因素	环境因素	管理因素	易导致受伤人员类型		人员伤亡		
								本人	他人	轻伤	重伤	死亡
盾构机	拆除	高处坠落	无防护的高处作业	1. 管理人员违章指挥、强令冒险作业； 2. 人员身体健康状况异常、心理异常、感知异常(有高血压、恐高症等禁忌症，反应迟钝，辨识错误)，作业人员操作错误或违章作业(人员酒后作业)； 3. 作业人员未正确使用安全防护用品(安全带、防滑鞋等)； 4. 人员疲劳作业	1. 安全防护用品质量不合格，存在缺陷； 2. 现场无警示标识或标识破损； 3. 高处作业场所未设置安全防护等措施(安全绳索)； 4. 未设置人员上下安全爬梯或设置不规范	1. 作业环境不佳，场地湿滑、不平； 2. 6 级以上大风、雷电、暴雨等恶劣天气； 3. 夜间施工照明不足	1. 安全教育、培训、交底、检查制度不完善或未落实； 2. 职业健康、安全管理制度不完善、未落实(定期体检)； 3. 安全投入不足； 4. 高处作业安全操作规程不规范或未落实； 5. 风险辨识、评估不到位	√		√	√	√
工作井	端头加固	物体打击	工器具、零部件	1. 现场作业人员未正确使用安全防护用品(安全帽等)； 2. 人员违章进入危险区域； 3. 管理人员违章指挥，强令冒险作业； 4. 作业人员身体健康状况异常、心理异常、感知异常(反应迟钝、辨识错误)； 5. 作业人员操作错误，违章作业(违章抛物)	1. 安全防护用品不合格(安全帽等)； 2. 现场无警示标识或标识破损(警戒区、标牌、反光锥等)； 3. 作业过程中产生的坠落物(飞石、工具、材料等)； 4. 材料堆放不合理	1. 强风、暴雨、大雪、大雾等不良天气； 2. 夜间施工照明不足； 3. 作业场地杂乱	1. 安全教育、培训、交底、检查制度不完善或未落实； 2. 安全防护用品等进行进场验收或验收不到位； 3. 安全投入不足； 4. 现场交叉作业管理缺陷		√	√	√	

续上表

分部工程	施工作业内容	典型风险事件	致害物	致险因素				风险事件后果类型				
				人的因素	物的因素	环境因素	管理因素	易导致受伤人员类型		人员伤亡		
								本人	他人	轻伤	重伤	死亡
工作井	端头加固	机械伤害	挖掘机、装载机、小型施工设备等机械设备	1. 人员违章进入危险区域（机械作业半径等）； 2. 管理人员违章指挥，强令冒险作业（机械作业半径等）； 3. 机械操作人员未持有效证件上岗； 4. 机械操作人员操作错误，违章作业（违规载人、酒后作业）； 5. 操作人员身体健康状况异常、心理异常、感知异常（反应迟钝、辨识错误）； 6. 现场作业人员未正确使用安全防护用品（反光背心、安全帽等）； 7. 机械操作人员疲劳作业	1. 现场无警示标识或标识破损（警戒区、标牌、反光贴等）； 2. 设备设施安全作业距离不足； 3. 设备带“病”作业（设备设施制动装置失效、运动或转动装置无防护或防护装置有缺陷等）； 4. 安全防护用品不合格（反光背心、安全帽、护目镜等）； 5. 通风排烟排尘设备故障或未使用	1. 强风、暴雨、大雪、大雾等不良天气； 2. 作业场地狭窄、不平整、道路湿滑； 3. 夜间施工照明不足； 4. 通风不良，粉尘浓度大，能见度低	1. 机械设备安全管理制度不完善或未落实（检查维护保养不到位）； 2. 未对机械设备、安全防护用品等进行进场验收或验收不到位； 3. 安全教育、培训、交底、检查制度不完善或未落实； 4. 机械设备安全操作规程不规范或未落实； 5. 安全投入不足； 6. 通风排烟排尘制度未完善或未落实	√	√	√	√	

续上表

分部工程	施工作业内容	典型风险事件	致害物	致险因素				风险事件后果类型				
				人的因素	物的因素	环境因素	管理因素	易导致受伤人员类型		人员伤亡		
								本人	他人	轻伤	重伤	死亡
工作井	端头加固	触电	破损漏电的设备和电线	1. 作业人员未正确使用安全防护用品(绝缘鞋、绝缘手套等); 2. 作业人员操作错误或违章作业(带电检修维护); 3. 管理人员违章指挥、强令冒险作业,电工未持有效证件上岗; 4. 作业人员疲劳作业	1. 现场无警示标识或标识错误或破损(警戒区、标牌、反光锥等); 2. 电线老化、破损,电焊机等设备漏电; 3. 设备接地保护损坏、防雷措施失效; 4. 电线架设不当、拖地、与金属物接触; 5. 手持电动工具无漏洞保护装置; 6. 电器开关无防雨、防潮设施; 7. 安全距离不足	1. 强风、雷雨、大雪等不良天气; 2. 作业场地杂乱、潮湿或积水; 3. 作业场地照明不足	1. 临时用电方案不完善或未落实; 2. 发电机等安全操作规程不规范或未落实; 3. 电气设施材料等未进行进场验收; 4. 电工未对用电设施进行巡查或巡查不到位; 5. 机械设备安全管理制度未落实(发电机、振捣棒等机具检查维护保养不到位); 6. 安全教育、培训、交底、检查制度不完善或未落实; 7. 未实行"一机、一箱、一闸、一漏保"措施; 8. 安全投入不足	√		√	√	√

续上表

分部工程	施工作业内容	典型风险事件	致害物	致险因素				风险事件后果类型				
				人的因素	物的因素	环境因素	管理因素	易导致受伤人员类型		人员伤亡		
								本人	他人	轻伤	重伤	死亡
工作井	端头加固	高处坠落	无防护的高处作业	1. 管理人员违章指挥、强令冒险作业； 2. 人员身体健康状况异常、心理异常、感知异常(有高血压、恐高症等禁忌症，反应迟钝、辨识错误)，人员操作错误或违章作业(人员酒后作业)； 3. 作业人员未正确使用安全防护用品(安全带、防滑鞋等)； 4. 人员疲劳作业	1. 安全防护用品质量不合格，存在缺陷； 2. 现场无警示标识或标识破损； 3. 高处作业场所未设置安全防护等措施(安全绳索)； 4. 未设置人员上下安全爬梯或设置不规范	1. 作业环境不佳，场地湿滑、不平； 2. 6级以上大风、雷电、暴雨等恶劣天气； 3. 夜间施工照明不足	1. 安全教育、培训、交底、检查制度不完善或未落实； 2. 职业健康、安全管理制度不完善、未落实(定期体检)； 3. 安全投入不足； 4. 高处作业安全操作规程不规范或未落实； 5. 风险辨识、评估不到位	√		√	√	√
		坍塌	不良地质或支护不到位	1. 管理人员违章指挥，强令冒险作业(防护、放坡不及时)； 2. 人员心理异常(冒险侥幸心理)；	1. 无警示信号或信号不清(紧急撤离信号)； 2. 现场无警示标识或标识破损(警戒区、标牌、反光锥等)； 3. 截排水设施不完善；	1. 存在滑坡、偏压、顺层、富水等不良地质； 2. 强风、暴雨、大雪等不良天气	1. 施工方案不完善或未落实(掏底开挖或上下重叠开挖，开挖完后未及时施工防护及排水)； 2. 安全教育、培训、交底、检查制度不完善或未落实；	√	√	√	√	√

续上表

分部工程	施工作业内容	典型风险事件	致害物	致险因素				风险事件后果类型				
				人的因素	物的因素	环境因素	管理因素	易导致受伤人员类型		人员伤亡		
								本人	他人	轻伤	重伤	死亡
工作井	端头加固	坍塌	不良地质或支护不到位	3. 作业人员操作错误； 4. 有违章作业、违反劳动纪律的行为（管理人员脱岗）	4. 防护形式错或防护材料不合格（材料强度不足等）； 5. 基坑边沿停放重型机械或堆放渣土； 6. 监控监测设备缺失或失效		3. 安全投入不足； 4. 第三方检测单位无资质或资质不满足； 5. 监测方案不完善或未落实，未及时有效的对监测数据进行分析判断					
	始发井	物体打击	工器具、零部件	1. 现场作业人员未正确使用安全防护用品（安全帽等）； 2. 人员违章进入危险区域； 3. 管理人员违章指挥，强令冒险作业； 4. 作业人员身体健康状况异常、心理异常、感知异常（反应迟钝、辨识错误）； 5. 作业人员操作错误，违章作业（违章抛物）	1. 安全防护用品不合格（安全帽等）； 2. 现场无警示标识或标识破损（警戒区、标牌、反光锥等）； 3. 作业过程中产生的坠落物（飞石、工具、材料等）； 4. 材料堆放不合理	1. 强风、暴雨、大雪、大雾等不良天气； 2. 夜间施工照明不足； 3. 作业场地杂乱； 4. 道路坑洼不平	1. 安全教育、培训、交底、检查制度不完善或未落实； 2. 安全防护用品等未进行进场验收或验收不到位； 3. 安全投入不足； 4. 现场交叉作业管理缺陷		√	√	√	

续上表

分部工程	施工作业内容	典型风险事件	致害物	致险因素				风险事件后果类型				
				人的因素	物的因素	环境因素	管理因素	易导致受伤人员类型		人员伤亡		
								本人	他人	轻伤	重伤	死亡
工作井	始发井	车辆伤害	渣土运输车辆及其他运输车辆等	1. 人员违章进入危险区域； 2. 管理人员违章指挥，强令冒险作业（进入驾驶人员视野盲区等）； 3. 驾驶人员未持有效证件上岗； 4. 驾驶人员操作错误，违章作业（违规载人，酒后驾驶，超速、超限、超载作业）； 5. 驾驶人员身体健康状况异常、心理异常、感知异常（反应迟钝、辨识错误）； 6. 驾驶人员疲劳作业； 7. 现场作业人员未正确使用安全防护用品（反光背心、安全帽等）	1. 现场无警示标识或标识破损（警戒区、标牌、反光锥、反光贴等）； 2. 车辆带“病”作业（制动装置、喇叭、后视镜、警示灯等设施有缺陷）； 3. 车辆作业安全距离不足； 4. 安全防护用品不合格（反光背心、安全帽等）； 5. 通风排烟排尘设备故障或未使用； 6. 安全防护装置不可靠	1. 强风、暴雨、大雪、大雾等不良天气； 2. 作业场地狭窄、作业区杂乱无章、通道不畅、地面积水； 3. 夜间施工照明不足； 4. 通风不良，粉尘浓度大，能见度低	1. 未对车辆设备、安全防护用品等进行进场验收或验收不到位； 2. 车辆安全管理制度不完善或未落实（检查维护保养不到位）； 3. 安全操作规程不规范或未落实（作业前未对车辆周围环境进行检查）； 4. 安全教育、培训、交底、检查制度不完善或未落实； 5. 职业健康管理制度不完善或未落实； 6. 安全投入不足； 7. 通风排烟排尘制度未完善或未落实		√	√	√	

续上表

分部工程	施工作业内容	典型风险事件	致害物	致险因素				风险事件后果类型				
				人的因素	物的因素	环境因素	管理因素	易导致受伤人员类型		人员伤亡		
								本人	他人	轻伤	重伤	死亡
工作井	始发井	机械伤害	挖掘机、装载机、小型施工设备等机械设备	1. 人员违章进入危险区域（机械作业半径等）； 2. 管理人员违章指挥，强令冒险作业（机械作业半径等）； 3. 机械操作人员未持有效证件上岗； 4. 机械操作人员操作错误，违章作业（违规载人、酒后作业）； 5. 操作人员身体健康状况异常、心理异常、感知异常（反应迟钝、辨识错误）； 6. 现场作业人员未正确使用安全防护用品（反光背心、安全帽等）； 7. 机械操作人员疲劳作业	1. 现场无警示标识或标识破损（警戒区、标牌、反光贴等）； 2. 设备设施安全作业距离不足； 3. 设备带“病”作业（设备设施制动装置失效、运动或转动装置无防护或防护装置缺有陷等）； 4. 安全防护用品不合格（反光背心、安全帽、护目镜等）	1. 强风、暴雨、大雪、大雾等不良天气； 2. 作业场地狭窄、作业区杂乱无章、通道不畅、地面积水； 3. 夜间施工照明不足	1. 机械设备安全管理制度不完善或未落实（检查维护保养不到位）； 2. 未对机械设备、安全防护用品等进行进场验收或验收不到位； 3. 安全教育、培训、交底、检查制度不完善或未落实； 4. 机械设备安全操作规程不规范或未落实； 5. 安全投入不足	√	√	√	√	

续上表

分部工程	施工作业内容	典型风险事件	致害物	致险因素				风险事件后果类型				
				人的因素	物的因素	环境因素	管理因素	易导致受伤人员类型		人员伤亡		
								本人	他人	轻伤	重伤	死亡
工作井	始发井	起重伤害	起重设备、吊起的材料、吊具吊索	1. 人员违章进入危险区域； 2. 管理人员违章指挥，强令冒险作业（无司索信号工或指挥错误）； 3. 起重作业人员、司索信号工未持有效证件上岗； 4. 起重作业人员操作错误，违章作业（酒后作业，支腿未全部打开，支腿未支垫枕木等“十不吊”）； 5. 起重人员身体健康状况异常、心理异常、感知异常（反应迟钝、辨识错误）； 6. 现场作业人员未正确使用安全防护用品（反光背心、安全帽等）； 7. 指挥信号不清、错误	1. 现场无警示标识或标识破损（警戒区、标牌、反光锥等）； 2. 吊索吊具不合格或达到报废标准（钢丝绳、吊带、U形卸扣等）； 3. 支垫材料不合格（枕木、钢板等）； 4. 无防护或防护装置缺陷（防脱钩装置、限位装置等）； 5. 起重机带“病”作业（制动装置等）； 6. 安全防护用品不合格（反光背心、安全帽等）； 7. 构件强度不够	1. 雷雨大风（6级以上）、大雾、高温等恶劣天气； 2. 作业场地不平整、不坚实； 3. 夜间施工照明不足； 4. 噪声、粉尘、有毒气体影响	1. 起重吊装专项施工方案不完善或未落实； 2. 设备设施安全管理制度不完善或未落实（检查维护保养不到位）； 3. 起重吊装安全操作规程不规范或未落实； 4. 安全教育、培训、交底、检查制度不完善或未落实； 5. 未对机械设备、安全防护用品等进行进场验收或验收不到位； 6. 安全投入不足		√	√	√	√

续上表

分部工程	施工作业内容	典型风险事件	致害物	致险因素				风险事件后果类型				
				人的因素	物的因素	环境因素	管理因素	易导致受伤人员类型		人员伤亡		
								本人	他人	轻伤	重伤	死亡
工作井	始发井	触电	破损漏电的设备和电线	1. 作业人员未正确使用安全防护用品(绝缘鞋、绝缘手套等); 2. 作业人员操作错误或违章作业(带电检修维护); 3. 管理人员违章指挥、强令冒险作业,电工未持有效证件上岗; 4. 作业人员疲劳作业	1. 现场无警示标识或标识错误或破损(警戒区、标牌、反光锥等); 2. 电线老化、破损,电焊机等设备漏电; 3. 设备接地保护损坏、防雷措施失效; 4. 电线架设不当、拖地、与金属物接触; 5. 手持电动工具无漏洞保护装置; 6. 电器开关无防雨、防潮设施; 7. 安全距离不足	1. 强风、雷雨、大雪等不良天气; 2. 作业场地杂乱、潮湿或积水; 3. 作业场地照明不足	1. 临时用电方案不完善或未落实; 2. 发电机等安全操作规程不规范或未落实; 3. 电气设施材料等未进行进场验收; 4. 电工未对用电设施进行巡查或巡查不到位; 5. 机械设备安全管理制度未落实(发电机、振捣棒等机具检查维护保养不到位); 6. 安全教育、培训、交底、检查制度不完善或未落实; 7. 未实行“一机、一箱、一闸、一漏保”措施; 8. 安全投入不足	√		√	√	√

续上表

分部工程	施工作业内容	典型风险事件	致害物	致险因素				风险事件后果类型				
				人的因素	物的因素	环境因素	管理因素	易导致受伤人员类型		人员伤亡		
								本人	他人	轻伤	重伤	死亡
工作井	始发井	火灾	作业场所设施、设备、物料等易燃可燃物	1. 作业人员操作错误，违章作业(私拉乱接电线，违规进行动火作业)； 2. 管理人员违章指挥，强令冒险作业(违章指挥作业人员进行动火作业)； 3. 违反劳动纪律行为(吸烟等)	1. 未配置消防器材等防火设施或消防器材等防火设施失效； 2. 易燃材料存放，防火安全距离不足； 3. 现场无警示标识或标识破损(动火作业警戒区、禁火标牌等)； 4. 用电设备或电缆漏电、短路引起明火	1. 高温、干燥、大风天气； 2. 作业场地杂乱	1. 消防安全管理制度不完善或未落实(未定期进行消防检查)； 2. 未对消防器材等进行进场验收或验收不到位； 3. 安全教育、培训、交底制度不完善或未落实； 4. 安全投入不足； 5. 材料堆放制度不完善或未落实	√	√	√	√	
		高处坠落	无防护的高处作业	1. 管理人员违章指挥、强令冒险作业； 2. 人员身体健康状况异常、心理异常、感知异常(有高血压、恐高症等禁忌症，反应迟钝，辨识错误)，人员操作错误或违章作业(人员酒后作业)； 3. 作业人员未正确使用安全防护用品(安全带、防滑鞋等)； 4. 人员疲劳作业	1. 安全防护用品质量不合格，存在缺陷； 2. 现场无警示标识或标识破损； 3. 高处作业场所未设置安全防护等措施(安全绳索)； 4. 未设置人员上下安全爬梯或设置不规范	1. 作业环境不佳，场地湿滑、不平； 2. 6级以上大风、雷电、暴雨等恶劣天气； 3. 夜间施工照明不足	1. 安全教育、培训、交底、检查制度不完善或未落实； 2. 职业健康、安全管理制度不完善、未落实(定期体检)； 3. 安全投入不足； 4. 高处作业安全操作规程不规范或未落实； 5. 风险辨识、评估不到位	√		√	√	√

续上表

分部工程	施工作业内容	典型风险事件	致害物	致险因素				风险事件后果类型				
				人的因素	物的因素	环境因素	管理因素	易导致受伤人员类型		人员伤亡		
								本人	他人	轻伤	重伤	死亡
工作井	始发井	坍塌	不良地质或支护不到位	1. 管理人员违章指挥，强令冒险作业（防护、放坡不及时）； 2. 人员心理异常（冒险侥幸心理）； 3. 作业人员操作错误； 4. 有违章作业、违反劳动纪律的行为（管理人员脱岗）	1. 无警示信号或信号不清（紧急撤离信号）； 2. 现场无警示标识或标识破损（警戒区、标牌、反光锥等）； 3. 截排水设施不完善； 4. 防护形式错或防护材料不合格（材料强度不足等）； 5. 基坑边沿停放重型机械或堆放渣土	1. 存在滑坡、偏压等不良地质； 2. 作业场地照明不足； 3. 强风、暴雨、大雪等不良天气	1. 施工方案不完善或未落实（掏底开挖或上下重叠开挖，开挖完后未及时施工防护及排水）； 2. 安全教育、培训、交底、检查制度不完善或未落实； 3. 安全投入不足	√	√	√	√	√
		中毒窒息	毒性气体和氧含量不足	1. 现场作业人员未正确使用安全防护用品（防毒口罩等）； 2. 作业人员违章作业（违规使用明火取暖）； 3. 管理人员违章指挥，强令冒险作业； 4. 隧道通风无专人管理	1. 安全防护用品不合格（防毒口罩等）； 2. 无监测装置或装置失效，通风设施损坏，通风管长度不足； 3. 机械设备老化、不合格或设备损坏，产生有毒有害气体	1. 作业区域通风不良，氧含量不足； 2. 作业现场有害气体浓度超标； 3. 作业场地空间狭窄	1. 专项施工方案不完善或未落实（未进行有毒有害气体检测）； 2. 安全教育、培训、交底、检查制度不完善或未落实； 3. 安全投入不足	√	√	√	√	√

续上表

分部工程	施工作业内容	典型风险事件	致害物	致险因素				风险事件后果类型				
				人的因素	物的因素	环境因素	管理因素	易导致受伤人员类型		人员伤亡		
								本人	他人	轻伤	重伤	死亡
工作井	接收井	物体打击	工器具、零部件	1. 现场作业人员未正确使用安全防护用品(安全帽等); 2. 人员违章进入危险区域; 3. 管理人员违章指挥,强令冒险作业; 4. 作业人员身体健康状况异常、心理异常、感知异常(反应迟钝、辨识错误); 5. 作业人员操作错误,违章作业(违章抛物)	1. 安全防护用品不合格(安全帽等); 2. 现场无警示标识或标识破损(警戒区、标牌、反光锥等); 3. 作业过程中产生的坠落物(飞石、工具、材料等); 4. 材料堆放不合理	1. 强风、暴雨、大雪、大雾等不良天气; 2. 夜间施工照明不足; 3. 作业场地杂乱; 4. 道路坑洼不平	1. 安全教育、培训、交底、检查制度不完善或未落实; 2. 未对安全防护用品等进行进场验收或验收不到位; 3. 安全投入不足; 4. 现场交叉作业管理缺陷		√	√	√	
		车辆伤害	渣土运输车辆及其他运输车辆等	1. 人员违章进入危险区域; 2. 管理人员违章指挥,强令冒险作业(进入驾驶人员视野盲区等); 3. 驾驶人员未持有效证件上岗; 4. 驾驶人员操作错误,违章作业(违规载人,酒后驾驶,超速、超限、超载作业);	1. 现场无警示标识或标识破损(警戒区、标牌、反光锥、反光贴等); 2. 车辆带“病”作业(制动装置、喇叭、后视镜、警示灯等设施有缺陷); 3. 车辆作业安全距离不足; 4. 安全防护用品不合格(反光背心、安全帽等);	1. 强风、暴雨、大雪、大雾等不良天气; 2. 作业场地狭窄、不平整、道路湿滑; 3. 夜间施工照明不足; 4. 通风不良,粉尘浓度大,能见度低	1. 未对车辆设备、安全防护用品等进行进场验收或验收不到位; 2. 车辆安全管理制度不完善或未落实(检查维护保养不到位); 3. 安全操作规程不规范或未落实(作业前未对车辆周围环境进行检查);		√	√	√	

续上表

分部工程	施工作业内容	典型风险事件	致害物	致险因素				风险事件后果类型				
				人的因素	物的因素	环境因素	管理因素	易导致受伤人员类型		人员伤亡		
								本人	他人	轻伤	重伤	死亡
工作井	接收井	车辆伤害	渣土运输车辆及其他运输车辆等	5. 驾驶人员身体健康状况异常、心理异常、感知异常(反应迟钝、辨识错误)； 6. 驾驶人员疲劳作业； 7. 现场作业人员未正确使用安全防护用品(反光背心、安全帽等)	5. 通风排烟排尘设备故障或未使用； 6. 安全防护装置不可靠		4. 安全教育、培训、交底、检查制度不完善或未落实； 5. 职业健康管理制度不完善或未落实； 6. 安全投入不足； 7. 通风排烟排尘制度未完善或未落实					
		机械伤害	挖掘机、装载机、小型施工设备等机械设备	1. 人员违章进入危险区域(机械作业半径等)； 2. 管理人员违章指挥,强令冒险作业(机械作业半径等)； 3. 机械操作人员未持有效证件上岗； 4. 机械操作人员操作错误,违章作业(违规载人、酒后作业)； 5. 操作人员身体健康状况异常、心理异常、感知异常(反应迟钝、辨识错误)； 6. 现场作业人员未正确使用安全防护用品(反光背心、安全帽等)； 7. 机械操作人员疲劳作业	1. 现场无警示标识或标识破损(警戒区、标牌、反光贴等)； 2. 设备设施安全作业距离不足； 3. 设备带“病”作业(设备设施制动装置失效、运动或转动装置无防护或防护装置有缺陷等)； 4. 安全防护用品不合格(反光背心、安全帽、护目镜等)； 5. 通风排烟排尘设备故障或未使用	1. 强风、暴雨、大雪、大雾等不良天气； 2. 作业场地狭窄、作业区杂乱无章、通道不畅、地面积水； 3. 夜间施工照明不足； 4. 通风不良,粉尘浓度大,能见度低	1. 机械设备安全管理制度不完善或未落实(检查维护保养不到位)； 2. 未对机械设备、安全防护用品等进行进场验收或验收不到位； 3. 安全教育、培训、交底、检查制度不完善或未落实； 4. 机械设备安全操作规程不规范或未落实； 5. 安全投入不足； 6. 通风排烟排尘制度未完善或未落实	√	√	√	√	

续上表

分部工程	施工作业内容	典型风险事件	致害物	致险因素				风险事件后果类型				
				人的因素	物的因素	环境因素	管理因素	易导致受伤人员类型		人员伤亡		
								本人	他人	轻伤	重伤	死亡
工作井	接收井	起重伤害	起重设备、吊起的材料、吊具吊索	1. 人员违章进入危险区域； 2. 管理人员违章指挥,强令冒险作业(无司索信号工或指挥错误)； 3. 起重作业人员、司索信号工未持有效证件上岗； 4. 起重作业人员操作错误,违章作业(酒后作业,支腿未全部打开,支腿未支垫枕木等“十不吊”)； 5. 起重人员身体健康状况异常、心理异常、感知异常(反应迟钝、辨识错误)； 6. 现场作业人员未正确使用安全防护用品(反光背心、安全帽等)； 7. 指挥信号不清、错误	1. 现场无警示标识或标识破损(警戒区、标牌、反光锥等)； 2. 吊索吊具不合格或达到报废标准(钢丝绳、吊带、U形卸扣等)； 3. 支垫材料不合格(枕木、钢板等)； 4. 无防护或防护装置有缺陷(防脱钩装置、限位装置等)； 5. 起重机带“病”作业(制动装置等)； 6. 安全防护用品不合格(反光背心、安全帽等)； 7. 构件强度不够	1. 雷雨大风(6级以上)、大雾、高温等恶劣天气； 2. 作业场地不平整、不坚实； 3. 夜间施工照明不足； 4. 噪声、粉尘、有毒气体影响	1. 起重吊装专项施工方案不完善或未落实； 2. 设备设施安全管理制度不完善或未落实(检查维护保养不到位)； 3. 起重吊装安全操作规程不规范或未落实； 4. 安全教育、培训、交底、检查制度不完善或未落实； 5. 未对机械设备、安全防护用品等进行进场验收或验收不到位； 6. 安全投入不足		√	√	√	√

续上表

分部工程	施工作业内容	典型风险事件	致害物	致险因素				风险事件后果类型				
				人的因素	物的因素	环境因素	管理因素	易导致受伤人员类型		人员伤亡		
								本人	他人	轻伤	重伤	死亡
工作井	接收井	触电	破损漏电的设备和电线	1. 作业人员未正确使用安全防护用品（绝缘鞋、绝缘手套等）； 2. 作业人员操作错误或违章作业（带电检修维护）； 3. 管理人员违章指挥、强令冒险作业，电工未持有效证件上岗； 4. 作业人员疲劳作业	1. 现场无警示标识或标识错误或破损（警戒区、标牌、反光锥等）； 2. 电线老化、破损，电焊机等设备漏电； 3. 设备接地保护损坏、防雷措施失效； 4. 电线架设不当、拖地、与金属物接触； 5. 手持电动工具无漏洞保护装置； 6. 电器开关无防雨、防潮设施； 7. 安全距离不足	1. 强风、雷雨、大雪等不良天气； 2. 作业场地杂乱、潮湿或积水； 3. 作业场地照明不足	1. 临时用电方案不完善或未落实； 2. 发电机等安全操作规程不规范或未落实； 3. 电气设施材料等未进行进场验收； 4. 电工未对用电设施进行巡查或巡查不到位； 5. 机械设备安全管理制度未落实（发电机、振捣棒等机具检查维护保养不到位）； 6. 安全教育、培训、交底、检查制度不完善或未落实； 7. 未实行“一机、一箱、一闸、一漏保”措施； 8. 安全投入不足	√		√	√	√

续上表

分部工程	施工作业内容	典型风险事件	致害物	致险因素				风险事件后果类型				
				人的因素	物的因素	环境因素	管理因素	易导致受伤人员类型		人员伤亡		
								本人	他人	轻伤	重伤	死亡
工作井	接收井	火灾	作业场所设施、设备、物料等易燃可燃物	1. 作业人员操作错误、违章作业（私拉乱接电线，违规进行动火作业）； 2. 管理人员违章指挥，强令冒险作业（违章指挥作业人员进行动火作业）； 3. 有违反劳动纪律的行为（吸烟等）	1. 未配置消防器材等防火设施或消防器材等防火设施失效； 2. 易燃材料存放不合理，防火安全距离不足； 3. 现场无警示标识或标识破损（动火作业警戒区、禁火标牌等）； 4. 用电设备或电缆漏电、短路引起明火	1. 高温、干燥、大风天气； 2. 作业场地杂乱	1. 消防安全管理制度不完善或未落实（未定期进行消防检查）； 2. 未对消防器材等进行进场验收或验收不到位； 3. 安全教育、培训、交底制度不完善或未落实； 4. 安全投入不足； 5. 材料堆放制度不完善或未落实	√	√	√	√	
		高处坠落	无防护的高处作业	1. 管理人员违章指挥，强令冒险作业； 2. 人员身体健康状况异常、心理异常、感知异常（有高血压、恐高症等禁忌症，反应迟钝，辨识错误），人员操作错误或违章作业（人员酒后作业）； 3. 作业人员未正确使用安全防护用品（安全带、防滑鞋等）； 4. 人员疲劳作业	1. 安全防护用品质量不合格，存在缺陷； 2. 现场无警示标识或标识破损； 3. 高处作业场所未设置安全防护等措施（安全绳索）； 4. 未设置人员上下安全爬梯或设置不规范	1. 作业环境不佳，场地湿滑、不平； 2. 6级以上大风、雷电、暴雨等恶劣天气； 3. 夜间施工照明不足	1. 安全教育、培训、交底、检查制度不完善或未落实； 2. 职业健康、安全管理制度不完善、未落实（定期体检）； 3. 安全投入不足； 4. 高处作业安全操作规程不规范或未落实； 5. 风险辨识、评估不到位	√		√	√	√

续上表

分部工程	施工作业内容	典型风险事件	致害物	致险因素				风险事件后果类型				
				人的因素	物的因素	环境因素	管理因素	易导致受伤人员类型		人员伤亡		
								本人	他人	轻伤	重伤	死亡
工作井	接收井	坍塌	不良地质或支护不到位	1. 管理人员违章指挥，强令冒险作业（防护、放坡不及时）； 2. 人员心理异常（冒险侥幸心理）； 3. 作业人员操作错误； 4. 有违章作业、违反劳动纪律的行为（管理人员脱岗）	1. 无警示信号或信号不清（紧急撤离信号）； 2. 现场无警示标识或标识破损（警戒区、标牌、反光锥等）； 3. 截排水设施不完善； 4. 防护形式错或防护材料不合格（材料强度不足等）； 5. 基坑边沿停放重型机械或堆放渣土	1. 存在滑坡、偏压等不良地质； 2. 作业场地照明不足； 3. 强风、暴雨、大雪等不良天气	1. 施工方案不完善或未落实（掏底开挖或上下重叠开挖，开挖完后未及时施工防护及排水）； 2. 安全教育、培训、交底、检查制度不完善或未落实； 3. 安全投入不足； 4. 未实施有效的监控监测方案	√	√	√	√	√
		中毒窒息	毒性气体和氧含量不足	1. 现场作业人员未正确使用安全防护用品（防毒口罩等）； 2. 作业人员违章作业（违规使用明火取暖）； 3. 管理人员违章指挥，强令冒险作业； 4. 隧道通风无专人管理	1. 安全防护用品不合格（防毒口罩等）； 2. 无监测装置或装置失效，通风设施损坏，通风管长度不足； 3. 机械设备老化、不合格或设备损坏，产生有毒有害气体	1. 作业区域通风不良，氧含量不足； 2. 作业现场有害气体浓度超标； 3. 作业场地空间狭窄	1. 专项施工方案不完善或未落实（未进行有毒有害气体检测）； 2. 安全教育、培训、交底、检查制度不完善或未落实； 3. 安全投入不足	√	√	√	√	√

续上表

分部工程	施工作业内容	典型风险事件	致害物	致险因素				风险事件后果类型				
				人的因素	物的因素	环境因素	管理因素	易导致受伤人员类型		人员伤亡		
								本人	他人	轻伤	重伤	死亡
工作井	通风井	物体打击	工器具、零部件	1. 现场作业人员未正确使用安全防护用品（安全帽等）； 2. 人员违章进入危险区域； 3. 管理人员违章指挥，强令冒险作业； 4. 作业人员身体健康状况异常、心理异常、感知异常（反应迟钝、辨识错误）； 5. 作业人员操作错误，违章作业（违章抛物）	1. 安全防护用品不合格（安全帽等）； 2. 现场无警示标识或标识破损（警戒区、标牌、反光锥等）； 3. 作业过程中产生的坠落物（飞石、工具、材料等）； 4. 材料堆放不合理	1. 强风、暴雨、大雪、大雾等不良天气； 2. 夜间施工照明不足； 3. 作业场地杂乱； 4. 道路坑洼不平	1. 安全教育、培训、交底、检查制度不完善或未落实； 2. 未对安全防护用品等进行进场验收或验收不到位； 3. 安全投入不足； 4. 现场交叉作业管理缺陷		√	√	√	
		车辆伤害	渣土运输车辆及其他运输车辆等	1. 人员违章进入危险区域； 2. 管理人员违章指挥，强令冒险作业（进入驾驶人员视野盲区等）； 3. 驾驶人员未持有效证件上岗； 4. 驾驶人员操作错误，违章作业（违规载人、酒后驾驶、超速、超限、超载作业）；	1. 现场无警示标识或标识破损（警戒区、标牌、反光锥、反光贴等）； 2. 车辆带“病”作业（制动装置、喇叭、后视镜、警示灯等设施有缺陷）； 3. 车辆作业安全距离不足； 4. 安全防护用品不合格（反光背心、安全帽等）；	1. 强风、暴雨、大雪、大雾等不良天气； 2. 作业场地狭窄、不平整、道路湿滑； 3. 夜间施工照明不足； 4. 通风不良，粉尘浓度大，能见度低	1. 未对车辆设备、安全防护用品等进行进场验收或验收不到位； 2. 车辆安全管理制度不完善或未落实（检查维护保养不到位）； 3. 安全操作规程不规范或未落实（作业前未对车辆周围环境进行检查）；		√	√	√	

续上表

分部工程	施工作业内容	典型风险事件	致害物	致险因素				风险事件后果类型				
				人的因素	物的因素	环境因素	管理因素	易导致受伤人员类型		人员伤亡		
								本人	他人	轻伤	重伤	死亡
工作井	通风井	车辆伤害	渣土运输车辆及其他运输车辆等	5. 驾驶人员身体健康状况异常、心理异常、感知异常（反应迟钝、辨识错误）； 6. 驾驶人员疲劳作业； 7. 现场作业人员未正确使用安全防护用品（反光背心、安全帽等）	5. 通风排烟排尘设备故障或未使用； 6. 安全防护装置不可靠		4. 安全教育、培训、交底、检查制度不完善或未落实； 5. 职业健康管理制度不完善或未落实； 6. 安全投入不足； 7. 通风排烟排尘制度未完善或未落实					
		机械伤害	挖掘机、装载机、小型施工设备等机械设备	1. 人员违章进入危险区域（机械作业半径等）； 2. 管理人员违章指挥，强令冒险作业（机械作业半径等）； 3. 机械操作人员未持有效证件上岗； 4. 机械操作人员操作错误，违章作业（违规载人、酒后作业）； 5. 操作人员身体健康状况异常、心理异常、感知异常（反应迟钝、辨识错误）； 6. 现场作业人员未正确使用安全防护用品（反光背心、安全帽等）； 7. 机械操作人员疲劳作业	1. 现场无警示标识或标识破损（警戒区、标牌、反光贴等）； 2. 设备设施安全作业距离不足； 3. 设备带“病”作业（设备设施制动装置失效、运动或转动装置无防护或防护装置有缺陷等）； 4. 安全防护用品不合格（反光背心、安全帽、护目镜等）； 5. 通风排烟排尘设备故障或未使用	1. 强风、暴雨、大雪、大雾等不良天气； 2. 作业场地狭窄、作业区杂乱无章、通道不畅、地面积水； 3. 夜间施工照明不足； 4. 通风不良，粉尘浓度大，能见度低	1. 机械设备安全管理制度不完善或未落实（检查维护保养不到位）； 2. 未对机械设备、安全防护用品等进行进场验收或验收不到位； 3. 安全教育、培训、交底、检查制度不完善或未落实； 4. 机械设备安全操作规程不规范或未落实； 5. 安全投入不足； 6. 通风排烟排尘制度未完善或未落实	√	√	√	√	

续上表

分部工程	施工作业内容	典型风险事件	致害物	致险因素				风险事件后果类型				
				人的因素	物的因素	环境因素	管理因素	易导致受伤人员类型		人员伤亡		
								本人	他人	轻伤	重伤	死亡
工作井	通风井	起重伤害	起重设备、吊起的材料、吊具吊索	1. 人员违章进入危险区域； 2. 管理人员违章指挥，强令冒险作业（无司索信号工或指挥错误）； 3. 起重作业人员、司索信号工未持有效证件上岗； 4. 起重作业人员操作错误，违章作业（酒后作业，支腿未全部打开，支腿未支垫枕木等"十不吊"）； 5. 起重人员身体健康状况异常、心理异常、感知异常（反应迟钝、辨识错误）； 6. 现场作业人员未正确使用安全防护用品（反光背心、安全帽等）； 7. 指挥信号不清、错误	1. 现场无警示标识或标识破损（警戒区、标牌、反光锥等）； 2. 吊索吊具不合格或达到报废标准（钢丝绳、吊带、U形卸扣等）； 3. 支垫材料不合格（枕木、钢板等）； 4. 无防护或防护装置缺陷（防脱钩装置、限位装置等）； 5. 起重机带"病"作业（制动装置等）； 6. 安全防护用品不合格（反光背心、安全帽等）； 7. 指挥信号不清、错误； 8. 构件强度不够	1. 雷雨大风（6级以上）、大雾、高温等恶劣天气； 2. 作业场地不平整、不坚实； 3. 夜间施工照明不足； 4. 噪声、粉尘、有毒气体影响	1. 起重吊装专项施工方案不完善或未落实； 2. 设备设施安全管理制度不完善或未落实（检查维护保养不到位）； 3. 起重吊装安全操作规程不规范或未落实； 4. 安全教育、培训、交底、检查制度不完善或未落实； 5. 未对机械设备、安全防护用品等进行进场验收或验收不到位； 6. 安全投入不足		√	√	√	√

续上表

分部工程	施工作业内容	典型风险事件	致害物	致险因素				风险事件后果类型				
				人的因素	物的因素	环境因素	管理因素	易导致受伤人员类型		人员伤亡		
								本人	他人	轻伤	重伤	死亡
工作井	通风井	触电	破损漏电的设备和电线	1. 作业人员未正确使用安全防护用品（绝缘鞋、绝缘手套等）； 2. 作业人员操作错误或违章作业（带电检修维护）； 3. 管理人员违章指挥、强令冒险作业，电工未持有效证件上岗； 4. 作业人员疲劳作业	1. 现场无警示标识或标识错误或破损（警戒区、标牌、反光锥等）； 2. 电线老化、破损，电焊机等设备漏电； 3. 设备接地保护损坏、防雷措施失效； 4. 电线架设不当、拖地、与金属物接触； 5. 手持电动工具无漏洞保护装置； 6. 电器开关无防雨、防潮设施； 7. 安全距离不足	1. 强风、雷雨、大雪等不良天气； 2. 作业场地杂乱、潮湿或积水； 3. 作业场地照明不足	1. 临时用电方案不完善或未落实； 2. 发电机等安全操作规程不规范或未落实； 3. 电气设施材料等未进行进场验收； 4. 电工未对用电设施进行巡查或巡查不到位； 5. 机械设备安全管理制度未落实（发电机、振捣棒等机具检查维护保养不到位）； 6. 安全教育、培训、交底、检查制度不完善或未落实； 7. 未实行“一机、一箱、一闸、一漏保”措施； 8. 安全投入不足	√		√	√	√

续上表

分部工程	施工作业内容	典型风险事件	致害物	致险因素				风险事件后果类型				
				人的因素	物的因素	环境因素	管理因素	易导致受伤人员类型		人员伤亡		
								本人	他人	轻伤	重伤	死亡
工作井	通风井	火灾	作业场所设施、设备、物料等易燃可燃物	1. 作业人员操作错误、违章作业(私拉乱接电线,违规进行动火作业); 2. 管理人员违章指挥,强令冒险作业(违章指挥作业人员进行动火作业); 3. 有违反劳动纪律的行为(吸烟等)	1. 未配置消防器材等防火设施或消防器材等防火设施失效; 2. 易燃材料存放,防火安全距离不足; 3. 现场无警示标识或标识破损(动火作业警戒区、禁火标牌等); 4. 用电设备或电缆漏电、短路引起明火	1. 高温、干燥、大风天气; 2. 作业场地杂乱	1. 消防安全管理制度不完善或未落实(未定期进行消防检查); 2. 未对消防器材等进行进场验收或验收不到位; 3. 安全教育、培训、交底制度不完善或未落实; 4. 安全投入不足; 5. 材料堆放制度不完善或未落实	√	√	√	√	
		高处坠落	无防护的高处作业	1. 管理人员违章指挥、强令冒险作业; 2. 人员身体健康状况异常、心理异常、感知异常(有高血压、恐高症等禁忌症,反应迟钝,辨识错误),人员操作错误或违章作业(酒后作业); 3. 作业人员未正确使用安全防护用品(安全带、防滑鞋等); 4. 人员疲劳作业	1. 安全防护用品质量不合格,存在缺陷; 2. 现场无警示标识或标识破损; 3. 高处作业场所未设置安全防护等措施(安全绳索); 4. 未设置人员上下安全爬梯或设置不规范	1. 作业环境不佳,场地湿滑、不平; 2. 6级以上大风、雷电、暴雨等恶劣天气; 3. 夜间施工照明不足	1. 安全教育、培训、交底、检查制度不完善或未落实; 2. 职业健康、安全管理制度不完善、未落实(定期体检); 3. 安全投入不足; 4. 高处作业安全操作规程不规范或未落实; 5. 风险辨识、评估不到位	√		√	√	√

续上表

分部工程	施工作业内容	典型风险事件	致害物	致险因素				风险事件后果类型				
				人的因素	物的因素	环境因素	管理因素	易导致受伤人员类型		人员伤亡		
								本人	他人	轻伤	重伤	死亡
工作井	通风井	坍塌	不良地质或支护不到位	1. 管理人员违章指挥，强令冒险作业（防护、放坡不及时）； 2. 人员心理异常（冒险侥幸心理）； 3. 作业人员操作错误； 4. 有违章作业、违反劳动纪律的行为（管理人员脱岗）	1. 无警示信号或信号不清（紧急撤离信号）； 2. 现场无警示标识或标识破损（警戒区、标牌、反光锥等）； 3. 截排水设施不完善； 4. 防护形式错或防护材料不合格（材料强度不足等）； 5. 基坑边沿停放重型机械或堆放渣土	1. 存在滑坡、偏压等不良地质； 2. 作业场地照明不足； 3. 强风、暴雨、大雪等不良天气	1. 施工方案不完善或未落实（掏底开挖或上下重叠开挖，开挖完后未及时施工防护及排水）； 2. 安全教育、培训、交底、检查制度不完善或未落实； 3. 安全投入不足； 4. 未实施有效的监控监测方案	√	√	√	√	√
		中毒窒息	毒性气体和氧含量不足	1. 现场作业人员未正确使用安全防护用品（防毒口罩等）； 2. 作业人员违章作业（违规使用明火取暖）； 3. 管理人员违章指挥，强令冒险作业； 4. 隧道通风无专人管理	1. 安全防护用品不合格（防毒口罩等）； 2. 无监测装置或装置失效，通风设施损坏，通风管长度不足； 3. 机械设备老化、不合格或设备损坏，产生有毒有害气体	1. 作业区域通风不良，氧含量不足； 2. 作业现场有害气体浓度超标； 3. 作业场地空间狭窄	1. 专项施工方案不完善或未落实（未进行有毒有害气体检测）； 2. 安全教育、培训、交底、检查制度不完善或未落实； 3. 安全投入不足	√	√	√	√	√

续上表

分部工程	施工作业内容	典型风险事件	致害物	致险因素				风险事件后果类型				
				人的因素	物的因素	环境因素	管理因素	易导致受伤人员类型		人员伤亡		
								本人	他人	轻伤	重伤	死亡
盾构掘进与管片拼装	盾构掘进	触电	破损漏电的设备和电线	1. 作业人员未正确使用安全防护用品(绝缘鞋、绝缘手套等); 2. 作业人员操作错误或违章作业(带电检修维护); 3. 管理人员违章指挥、强令冒险作业,电工未持有效证件上岗; 4. 作业人员疲劳作业	1. 现场无警示标识或标识错误或破损(警戒区、标牌、反光锥等); 2. 电线老化、破损,电焊机等设备漏电; 3. 设备接地保护损坏、防雷措施失效; 4. 电线架设不当、拖地、与金属物接触; 5. 手持电动工具无漏洞保护装置; 6. 电器开关无防雨、防潮设施; 7. 安全距离不足	1. 作业场地杂乱、潮湿或积水; 2. 作业场地照明不足	1. 临时用电方案不完善或未落实; 2. 发电机等安全操作规程不规范或未落实; 3. 电气设施材料等未进行进场验收或验收不合格; 4. 电工未对用电设施进行巡查或巡查不到位; 5. 机械设备安全管理制度未落实(发电机、振捣棒等机具检查维护保养不到位); 6. 安全教育、培训、交底、检查制度不完善或未落实; 7. 未实行“一机、一箱、一闸、一漏保”措施; 8. 安全投入不足	√		√	√	√

续上表

分部工程	施工作业内容	典型风险事件	致害物	致险因素				风险事件后果类型				
				人的因素	物的因素	环境因素	管理因素	易导致受伤人员类型		人员伤亡		
								本人	他人	轻伤	重伤	死亡
盾构掘进与管片拼装	盾构掘进	火灾	作业场所设施、设备、物料等易燃可燃物	1. 作业人员操作错误、违章作业(私拉乱接电线,违规进行动火作业); 2. 管理人员违章指挥,强令冒险作业(违章指挥作业人员进行动火作业); 3. 有违反劳动纪律的行为(吸烟等)	1. 未配置消防器材等防火设施或消防器材等防火设施失效; 2. 易燃材料存放,防火安全距离不足; 3. 现场无警示标识或标识破损(动火作业警戒区、禁火标牌等); 4. 用电设备或电缆漏电、短路引起明火	1. 高温、干燥、大风天气; 2. 作业场地杂乱	1. 消防安全管理制度不完善或未落实(未定期进行消防检查); 2. 未对消防器材等进行进场验收或验收不到位; 3. 安全教育、培训、交底制度不完善或未落实; 4. 安全投入不足; 5. 材料堆放制度不完善或未落实	√	√	√	√	
		高处坠落	无防护的平台	1. 管理人员违章指挥,强令冒险作业; 2. 人员身体健康状况异常、心理异常、感知异常(有高血压、恐高症等禁忌症,反应迟钝,辨识错误),人员操作错误或违章作业(酒后作业); 3. 作业人员未正确使用安全防护用品(安全带、防滑鞋等); 4. 人员疲劳作业	1. 安全防护用品质量不合格,存在缺陷; 2. 现场无警示标识或标识破损; 3. 高处作业场所未设置安全防护等措施(安全绳索); 4. 未设置人员上下安全爬梯或设置不规范	1. 作业环境不佳,场地湿滑、不平; 2. 施工照明不足	1. 安全教育、培训、交底、检查制度不完善或未落实; 2. 职业健康、安全管理制度不完善、未落实(定期体检); 3. 安全投入不足; 4. 高处作业安全操作规程不规范或未落实; 5. 风险辨识、评估不到位	√		√	√	√

续上表

分部工程	施工作业内容	典型风险事件	致害物	致险因素				风险事件后果类型				
				人的因素	物的因素	环境因素	管理因素	易导致受伤人员类型		人员伤亡		
								本人	他人	轻伤	重伤	死亡
盾构掘进与管片拼装	盾构掘进	坍塌	不良地质或支护不到位	1. 管理人员违章指挥,强令冒险作业; 2. 人员心理异常(冒险侥幸心理); 3. 作业人员操作错误; 4. 有违章作业、违反劳动纪律的行为(管理人员脱岗)	1. 无警示信号或信号不清(紧急撤离信号); 2. 现场无警示标识或标识破损(警戒区、标牌、反光锥等); 3. 掘进压力设定不合理; 4. 支护材料不合格(材料强度不足等); 5. 盾构长时间停机,地层长时间扰动; 6. 监控监测设备缺失或失效	1. 地质条件差,如断裂带、岩层分界面等; 2. 工作面前遇流砂、涌砂或发生管涌; 3. 强风、暴雨、大雪等不良天气	1. 施工方案不完善或未落实; 2. 安全教育、培训、交底、检查制度不完善或未落实; 3. 安全投入不足; 4. 第三方检测单位无资质或资质不满足; 5. 监测方案不完善或未落实,未及时有效的对监测数据进行分析判断	√	√	√	√	√
		冒顶	不良地质	1. 管理人员违章指挥,强令冒险作业(超前加固处理措施不当、不及时); 2. 人员心理异常(冒险侥幸心理); 3. 作业人员操作错误,违章作业; 4. 有违反劳动纪律的行为(管理人员脱岗)	1. 监控监测设备缺失或失效; 2. 无警示信号或信号不清; 3. 支护不当(支护参数强度不足)	隧道存在不良地质(岩层稳定性差、应力释放、渗水严重)	1. 第三方检测单位无资质或资质不满足; 2. 开挖支护施工方案不完善或未落实(超挖、安全步距超标、支护不及时、初期支护孔洞不密实); 3. 监测方案不完善或未落实,未及时有效的对监测数据进行分析判断; 4. 安全教育、培训、交底、检查制度不完善或未落实; 5. 安全投入不足	√	√	√	√	√

续上表

分部工程	施工作业内容	典型风险事件	致害物	致险因素				风险事件后果类型				
				人的因素	物的因素	环境因素	管理因素	易导致受伤人员类型		人员伤亡		
								本人	他人	轻伤	重伤	死亡
盾构掘进与管片拼装	盾构掘进	涌水突泥	隧道存在不良地质或探测、疏导技术不足	1. 管理人员违章指挥,强令冒险作业(堵水排水处理措施不当、不及时); 2. 人员心理异常(冒险侥幸心理); 3. 作业人员操作错误,违章作业; 4. 有违反劳动纪律的行为(管理人员脱岗)	1. 监控监测设备缺失或失效; 2. 堵水材料(水泥浆等)不合格; 3. 无排水设施或排水设施失效; 4. 无警示信号或信号不清; 5. 防水物资不充足	1. 隧道洞内存在不良地质(如富水区域且为压力水); 2. 持续强降雨	1. 第三方检测单位无资质或资质不满足; 2. 安全教育、培训、交底、检查制度不完善或未落实; 3. 监测方案不完善或未落实,未及时有效的对监测数据进行分析判断; 4. 堵排水方案不完善或未落实	√	√	√	√	√
		中毒窒息	毒性气体和氧含量不足	1. 现场作业人员未正确使用安全防护用品(防毒口罩等); 2. 作业人员违章作业(违规使用明火取暖); 3. 管理人员违章指挥,强令冒险作业; 4. 隧道通风无专人管理	1. 安全防护用品不合格(防毒口罩等); 2. 无监测装置或装置失效,通风设施损坏,通风管长度不足; 3. 机械设备老化、不合格或设备损坏,产生有毒有害气体	1. 作业区域通风不良,氧含量不足; 2. 作业现场有害气体浓度超标; 3. 作业场地空间狭窄	1. 专项施工方案不完善或未落实(未进行有毒有害气体检测); 2. 安全教育、培训、交底、检查制度不完善或未落实; 3. 安全投入不足	√	√	√	√	√

续上表

分部工程	施工作业内容	典型风险事件	致害物	致险因素				风险事件后果类型				
				人的因素	物的因素	环境因素	管理因素	易导致受伤人员类型		人员伤亡		
								本人	他人	轻伤	重伤	死亡
盾构掘进与管片拼装	壁后注浆	机械伤害	各类施工机具	1. 人员违章进入危险区域（机械作业半径等）； 2. 管理人员违章指挥，强令冒险作业（机械作业半径等）； 3. 机械操作人员未持有效证件上岗； 4. 机械操作人员操作错误，违章作业（违规载人、酒后作业）； 5. 操作人员身体健康状况异常、心理异常、感知异常（反应迟钝、辨识错误）； 6. 现场作业人员未正确使用安全防护用品（反光背心、安全帽等）； 7. 机械操作人员疲劳作业	1. 现场无警示标识或标识破损（警戒区、标牌、反光贴等）； 2. 设备设施安全作业距离不足； 3. 设备带“病”作业（设备设施制动装置失效、运动或转动装置无防护或防护装置有缺陷等）； 4. 安全防护用品不合格（反光背心、安全帽、护目镜等）； 5. 通风排烟排尘设备故障或未使用	1. 作业场地狭窄、不平整、道路湿滑； 2. 施工照明不足； 3. 通风不良，粉尘浓度大，能见度低	1. 机械设备安全管理制度不完善或未落实（检查维护保养不到位）； 2. 未对机械设备、安全防护用品等进行进场验收或验收不到位； 3. 安全教育、培训、交底、检查制度不完善或未落实； 4. 机械设备安全操作规程不规范或未落实； 5. 安全投入不足； 6. 通风排烟排尘制度未完善或未落实	√	√	√	√	

续上表

分部工程	施工作业内容	典型风险事件	致害物	致险因素				风险事件后果类型				
				人的因素	物的因素	环境因素	管理因素	易导致受伤人员类型		人员伤亡		
								本人	他人	轻伤	重伤	死亡
盾构掘进与管片拼装	壁后注浆	触电	破损漏电的设备和电线	1. 作业人员未正确使用安全防护用品（绝缘鞋、绝缘手套等）； 2. 作业人员操作错误或违章作业（带电检修维护）； 3. 管理人员违章指挥、强令冒险作业，电工未持有效证件上岗； 4. 作业人员疲劳作业	1. 现场无警示标识或标识错误或破损（警戒区、标牌、反光锥等）； 2. 电线老化、破损，电焊机等设备漏电； 3. 设备接地保护损坏、防雷措施失效； 4. 电线架设不当、拖地、与金属物接触； 5. 手持电动工具无漏洞保护装置； 6. 电器开关无防雨、防潮设施； 7. 安全距离不足	1. 作业场地杂乱、潮湿或积水； 2. 作业场地照明不足	1. 临时用电方案不完善或未落实； 2. 发电机等安全操作规程不规范或未落实； 3. 电气设施材料等未进行进场验收； 4. 电工未对用电设施进行巡查或巡查不到位； 5. 机械设备安全管理制度未落实（发电机、振捣棒等机具检查维护保养不到位）； 6. 安全教育、培训、交底、检查制度不完善或未落实； 7. 未实行“一机、一箱、一闸、一漏保”措施； 8. 安全投入不足	√		√	√	√

续上表

分部工程	施工作业内容	典型风险事件	致害物	致险因素				风险事件后果类型				
				人的因素	物的因素	环境因素	管理因素	易导致受伤人员类型		人员伤亡		
								本人	他人	轻伤	重伤	死亡
盾构掘进与管片拼装	壁后注浆	高处坠落	无防护的作业平台	1. 管理人员违章指挥、强令冒险作业； 2. 人员身体健康状况异常、心理异常、感知异常(有高血压、恐高症等禁忌症，反应迟钝，辨识错误)，人员操作错误或违章作业(酒后作业)； 3. 作业人员未正确使用安全防护用品(安全带、防滑鞋等)； 4. 人员疲劳作业	1. 安全防护用品质量不合格，存在缺陷； 2. 现场无警示标识或标识破损； 3. 高处作业场所未设置安全防护等措施(安全绳索)； 4. 未设置人员上下安全爬梯或设置不规范	1. 作业环境不佳，场地湿滑、不平； 2. 6 级以上大风、雷电、暴雨等恶劣天气； 3. 施工照明不足	1. 安全教育、培训、交底、检查制度不完善或未落实； 2. 职业健康、安全管理制度不完善、未落实(定期体检)； 3. 安全投入不足； 4. 高处作业安全操作规程不规范或未落实； 5. 风险辨识、评估不到位	√		√	√	√
		坍塌	不良地质或支护不到位	1. 管理人员违章指挥，强令冒险作业； 2. 人员心理异常(冒险侥幸心理)； 3. 作业人员操作错误； 4. 有违章作业、违反劳动纪律的行为(管理人员脱岗)	1. 无警示信号或信号不清(紧急撤离信号)； 2. 现场无警示标识或标识破损(警戒区、标牌、反光锥等)； 3. 掘进压力设定不合理； 4. 支护材料不合格(材料强度不足等)； 5. 盾构长时间停机，地层长时间扰动； 6. 监控监测设备缺失或失效	1. 地质条件差，如断裂带、岩层分界面等； 2. 工作面前遇流砂、涌砂或发生管涌； 3. 强风、暴雨、大雪等不良天气	1. 施工方案不完善或未落实； 2. 安全教育、培训、交底、检查制度不完善或未落实； 3. 安全投入不足； 4. 第三方检测单位无资质或资质不满足； 5. 监测方案不完善或未落实，未及时有效的对监测数据进行分析判断	√	√	√	√	√

续上表

分部工程	施工作业内容	典型风险事件	致害物	致险因素				风险事件后果类型				
				人的因素	物的因素	环境因素	管理因素	易导致受伤人员类型		人员伤亡		
								本人	他人	轻伤	重伤	死亡
盾构掘进与管片拼装	壁后注浆	冒顶	不良地质	1. 管理人员违章指挥,强令冒险作业(超前加固处理措施不当、不及时); 2. 人员心理异常(冒险侥幸心理); 3. 作业人员操作错误,违章作业; 4. 有违反劳动纪律的行为(管理人员脱岗)	1. 监控监测设备缺失或失效; 2. 无警示信号或信号不清; 3. 支护不当(支护参数强度不足)	隧道存在不良地质(岩层稳定性差、应力释放、渗水严重)	1. 第三方检测单位无资质或资质不满足; 2. 开挖支护施工方案不完善或未落实(超挖、安全步距超标、支护不及时、初期支护孔洞不密实); 3. 监测方案不完善或未落实,未及时有效的对监测数据进行分析判断; 4. 安全教育、培训、交底、检查制度不完善或未落实; 5. 安全投入不足	√	√	√	√	√
		涌水突泥	隧道存在不良地质或探测、疏导技术不足	1. 管理人员违章指挥,强令冒险作业(堵水排水处理措施不当、不及时); 2. 人员心理异常(冒险侥幸心理); 3. 作业人员操作错误,违章作业; 4. 有违反劳动纪律的行为(管理人员脱岗)	1. 监控监测设备缺失或失效; 2. 堵水材料(水泥浆等)不合格; 3. 无排水设施或排水设施失效; 4. 无警示信号或信号不清	隧道洞内存在不良地质(如富水区域且为压力水)	1. 第三方检测单位无资质或资质不满足; 2. 安全教育、培训、交底、检查制度不完善或未落实; 3. 监测方案不完善或未落实,未及时有效地对监测数据进行分析判断; 4. 堵排水方案不完善或未落实	√	√	√	√	√

续上表

分部工程	施工作业内容	典型风险事件	致害物	致险因素				风险事件后果类型				
				人的因素	物的因素	环境因素	管理因素	易导致受伤人员类型		人员伤亡		
								本人	他人	轻伤	重伤	死亡
盾构掘进与管片拼装	管片制作	物体打击	作业平台上的工器具	1. 现场作业人员未正确使用安全防护用品(安全帽等); 2. 人员违章进入危险区域; 3. 管理人员违章指挥,强令冒险作业; 4. 作业人员身体健康状况异常、心理异常、感知异常(反应迟钝、辨识错误); 5. 作业人员操作错误,违章作业(违章抛物)	1. 安全防护用品不合格(安全帽等); 2. 现场无警示标识或标识破损(警戒区、标牌、反光锥等); 3. 作业过程中产生的坠落物(飞石、工具、材料等); 4. 材料堆放不合理	1. 强风、暴雨、大雪、大雾等不良天气; 2. 施工照明不足; 3. 作业场地杂乱	1. 安全教育、培训、交底、检查制度不完善或未落实; 2. 未对安全防护用品等进行进场验收或验收不到位; 3. 安全投入不足; 4. 现场交叉作业管理缺陷		√	√	√	
		车辆伤害	渣土运输车辆及其他运输车辆等	1. 人员违章进入危险区域; 2. 管理人员违章指挥,强令冒险作业(进入驾驶人员视野盲区等); 3. 驾驶人员未持有效证件上岗; 4. 驾驶人员操作错误,违章作业(违规载人、酒后驾驶、超速、超限、超载作业);	1. 现场无警示标识或标识破损(警戒区、标牌、反光锥、反光贴等); 2. 车辆带"病"作业(制动装置、喇叭、后视镜、警示灯等设施有缺陷); 3. 车辆作业安全距离不足;	1. 强风、暴雨、大雪、大雾等不良天气; 2. 作业场地狭窄、不平整、道路湿滑; 3. 施工照明不足; 4. 通风不良,粉尘浓度大,能见度低	1. 未对车辆设备、安全防护用品等进行进场验收或验收不到位; 2. 车辆安全管理制度不完善或未落实(检查维护保养不到位); 3. 安全操作规程不规范或未落实(作业前未对车辆周围环境进行检查);		√	√	√	

续上表

分部工程	施工作业内容	典型风险事件	致害物	致险因素				风险事件后果类型				
				人的因素	物的因素	环境因素	管理因素	易导致受伤人员类型		人员伤亡		
								本人	他人	轻伤	重伤	死亡
盾构掘进与管片拼装	管片制作	车辆伤害	渣土运输车辆及其他运输车辆等	5. 驾驶人员身体健康状况异常、心理异常、感知异常(反应迟钝、辨识错误); 6. 驾驶人员疲劳作业; 7. 现场作业人员未正确使用安全防护用品(反光背心、安全帽等)	4. 安全防护用品不合格(反光背心、安全帽等); 5. 通风排烟排尘设备故障或未使用; 6. 安全防护装置不可靠		4. 安全教育、培训、交底、检查制度不完善或未落实; 5. 职业健康管理制度不完善或未落实; 6. 安全投入不足; 7. 通风排烟排尘制度未完善或未落实					
		触电	破损漏电的设备和电线	1. 作业人员未正确使用安全防护用品(绝缘鞋、绝缘手套等); 2. 作业人员操作错误或违章作业(带电检修维护); 3. 管理人员违章指挥、强令冒险作业,电工未持有效证件上岗; 4. 作业人员疲劳作业	1. 现场无警示标识或标识错误或破损(警戒区、标牌、反光锥等); 2. 电线老化、破损,电焊机等设备漏电; 3. 设备接地保护损坏、防雷措施失效; 4. 电线架设不当、拖地、与金属物接触; 5. 手持电动工具无漏洞保护装置; 6. 电器开关无防雨、防潮设施; 7. 安全距离不足	1. 强风、雷雨、大雪等不良天气; 2. 作业场地杂乱、潮湿或积水; 3. 作业场地照明不足	1. 临时用电方案不完善或未落实; 2. 发电机等安全操作规程不规范或未落实; 3. 电气设施材料等未进行进场验收; 4. 电工未对用电设施进行巡查或巡查不到位; 5. 机械设备安全管理制度未落实(发电机、振捣棒等机具检查维护保养不到位); 6. 安全教育、培训、交底、检查制度不完善或未落实; 7. 未实行"一机、一箱、一闸、一漏保"措施; 8. 安全投入不足	√		√	√	√

续上表

分部工程	施工作业内容	典型风险事件	致害物	致险因素				风险事件后果类型				
				人的因素	物的因素	环境因素	管理因素	易导致受伤人员类型		人员伤亡		
								本人	他人	轻伤	重伤	死亡
盾构掘进与管片拼装	管片制作	高处坠落	无防护的作业平台	1. 管理人员违章指挥、强令冒险作业； 2. 人员身体健康状况异常、心理异常、感知异常(有高血压、恐高症等禁忌症，反应迟钝，辨识错误)，人员操作错误或违章作业(酒后作业)； 3. 作业人员未正确使用安全防护用品(安全带、防滑鞋等)； 4. 人员疲劳作业	1. 安全防护用品质量不合格，存在缺陷； 2. 现场无警示标识或标识破损； 3. 高处作业场所未设置安全防护等措施(安全绳索)； 4. 未设置人员上下安全爬梯或设置不规范	1. 作业环境不佳，场地湿滑、不平； 2. 6 级以上大风、雷电、暴雨等恶劣天气； 3. 施工照明不足	1. 安全教育、培训、交底、检查制度不完善或未落实； 2. 职业健康、安全管理制度不完善、未落实(定期体检)； 3. 安全投入不足； 4. 高处作业安全操作规程不规范或未落实； 5. 风险辨识、评估不到位	√		√	√	√
	管片拼装	物体打击	作业平台上的工器具	1. 现场作业人员未正确使用安全防护用品(安全帽等)； 2. 人员违章进入危险区域； 3. 管理人员违章指挥，强令冒险作业； 4. 作业人员身体健康状况异常、心理异常、感知异常(反应迟钝、辨识错误)； 5. 作业人员操作错误，违章作业(违章抛物)	1. 安全防护用品不合格(安全帽等)； 2. 现场无警示标识或标识破损(警戒区、标牌、反光锥等)； 3. 作业过程中产生的坠落物(飞石、工具、材料等)； 4. 材料堆放不合理	1. 施工照明不足； 2. 作业场地杂乱	1. 安全教育、培训、交底、检查制度不完善或未落实； 2. 安全防护用品等进行进场验收或验收不到位； 3. 安全投入不足； 4. 现场交叉作业管理有缺陷		√	√	√	

续上表

分部工程	施工作业内容	典型风险事件	致害物	致险因素				风险事件后果类型				
				人的因素	物的因素	环境因素	管理因素	易导致受伤人员类型		人员伤亡		
								本人	他人	轻伤	重伤	死亡
盾构掘进与管片拼装	管片拼装	车辆伤害	各类运输车辆	1. 人员违章进入危险区域； 2. 管理人员违章指挥，强令冒险作业（进入驾驶人员视野盲区等）； 3. 驾驶人员未持有效证件上岗； 4. 驾驶人员操作错误，违章作业（违规载人，酒后驾驶，超速、超限、超载作业）； 5. 驾驶人员身体健康状况异常、心理异常、感知异常（反应迟钝、辨识错误）； 6. 驾驶人员疲劳作业； 7. 现场作业人员未正确使用安全防护用品（反光背心、安全帽等）	1. 现场无警示标识或标识破损（警戒区、标牌、反光锥、反光贴等）； 2. 车辆带“病”作业（制动装置、喇叭、后视镜、警示灯等设施有缺陷）； 3. 车辆作业安全距离不足； 4. 安全防护用品不合格（反光背心、安全帽等）； 5. 通风排烟排尘设备故障或未使用； 6. 安全防护装置不可靠	1. 强风、暴雨、大雪、大雾等不良天气； 2. 作业场地狭窄、不平整、道路湿滑； 3. 夜间施工照明不足； 4. 通风不良，粉尘浓度大，能见度低	1. 未对车辆设备、安全防护用品等进行进场验收或验收不到位； 2. 车辆安全管理制度不完善或未落实（检查维护保养不到位）； 3. 安全操作规程不规范或未落实（作业前未对车辆周围环境进行检查）； 4. 安全教育、培训、交底、检查制度不完善或未落实； 5. 职业健康管理制度不完善或未落实； 6. 安全投入不足； 7. 通风排烟排尘制度未完善或未落实		√	√	√	

续上表

分部工程	施工作业内容	典型风险事件	致害物	致险因素				风险事件后果类型				
				人的因素	物的因素	环境因素	管理因素	易导致受伤人员类型		人员伤亡		
								本人	他人	轻伤	重伤	死亡
盾构掘进与管片拼装	管片拼装	机械伤害	各类施工机具	1. 人员违章进入危险区域（机械作业半径等）； 2. 管理人员违章指挥，强令冒险作业（机械作业半径等）； 3. 机械操作人员未持有效证件上岗； 4. 机械操作人员操作错误，违章作业（违规载人、酒后作业）； 5. 操作人员身体健康状况异常、心理异常、感知异常（反应迟钝、辨识错误）； 6. 现场作业人员未正确使用安全防护用品（反光背心、安全帽等）； 7. 机械操作人员疲劳作业	1. 现场无警示标识或标识破损（警戒区、标牌、反光贴等）； 2. 设备设施安全作业距离不足； 3. 设备带“病”作业（设备设施制动装置失效、运动或转动装置无防护或防护装置有缺陷等）； 4. 安全防护用品不合格（反光背心、安全帽、护目镜等）； 5. 通风排烟排尘设备故障或未使用	1. 强风、暴雨、大雪、大雾等不良天气； 2. 作业场地狭窄、不平整、道路湿滑； 3. 施工照明不足； 4. 通风不良，粉尘浓度大，能见度低	1. 机械设备安全管理制度不完善或未落实（检查维护保养不到位）； 2. 未对机械设备、安全防护用品等进行进场验收或验收不到位； 3. 安全教育、培训、交底、检查制度不完善或未落实； 4. 机械设备安全操作规程不规范或未落实； 5. 安全投入不足； 6. 通风排烟排尘制度未完善或未落实	√	√	√	√	

续上表

分部工程	施工作业内容	典型风险事件	致害物	致险因素				风险事件后果类型				
				人的因素	物的因素	环境因素	管理因素	易导致受伤人员类型		人员伤亡		
								本人	他人	轻伤	重伤	死亡
盾构掘进与管片拼装	管片拼装	起重伤害	汽车式起重机	1. 人员违章进入危险区域； 2. 管理人员违章指挥，强令冒险作业（无司索信号工或指挥错误）； 3. 起重作业人员、司索信号工未持有效证件上岗； 4. 起重作业人员操作错误，违章作业（酒后作业，支腿未全部打开，支腿未支垫枕木等“十不吊”）； 5. 起重人员身体健康状况异常、心理异常、感知异常（反应迟钝、辨识错误）； 6. 现场作业人员未正确使用安全防护用品（反光背心、安全帽等）； 7. 指挥信号不清、错误	1. 现场无警示标识或标识破损（警戒区、标牌、反光锥等）； 2. 吊索吊具不合格或达到报废标准（钢丝绳、吊带、U 形卸扣等）； 3. 支垫材料不合格（枕木、钢板等）； 4. 无防护或防护装置缺陷（防脱钩装置、限位装置等）； 5. 起重机带“病”作业（制动装置等）； 6. 安全防护用品不合格（反光背心、安全帽等）； 7. 构件强度不够	1. 雷雨大风（6 级以上）、大雾、高温等恶劣天气； 2. 作业场地不平整、不坚实； 3. 施工照明不足； 4. 噪声、粉尘、有毒气体影响	1. 起重吊装专项施工方案不完善或未落实； 2. 设备设施安全管理制度不完善或未落实（检查维护保养不到位）； 3. 起重吊装安全操作规程不规范或未落实； 4. 安全教育、培训、交底、检查制度不完善或未落实； 5. 未对机械设备、安全防护用品等进行进场验收或验收不到位； 6. 安全投入不足		√	√	√	√

续上表

分部工程	施工作业内容	典型风险事件	致害物	致险因素				风险事件后果类型				
				人的因素	物的因素	环境因素	管理因素	易导致受伤人员类型		人员伤亡		
								本人	他人	轻伤	重伤	死亡
盾构掘进与管片拼装	管片拼装	触电	破损漏电的设备和电线	1. 作业人员未正确使用安全防护用品(绝缘鞋、绝缘手套等); 2. 作业人员操作错误或违章作业(带电检修维护); 3. 管理人员违章指挥,强令冒险作业,电工未持有效证件上岗; 4. 作业人员疲劳作业	1. 现场无警示标识或标识错误或破损(警戒区、标牌、反光锥等); 2. 电线老化、破损,电焊机等设备漏电; 3. 设备接地保护损坏、防雷措施失效; 4. 电线架设不当、拖地、与金属物接触; 5. 手持电动工具无漏洞保护装置; 6. 电器开关无防雨、防潮设施; 7. 安全距离不足	1. 强风、雷雨、大雪等不良天气; 2. 作业场地杂乱、潮湿或积水; 3. 作业场地照明不足	1. 临时用电方案不完善或未落实; 2. 发电机等安全操作规程不规范或未落实; 3. 电气设施材料等未进行进场验收; 4. 电工未对用电设施进行巡查或巡查不到位; 5. 机械设备安全管理制度未落实(发电机、振捣棒等机具检查维护保养不到位); 6. 安全教育、培训、交底、检查制度不完善或未落实; 7. 未实行“一机、一箱、一闸、一漏保”措施; 8. 安全投入不足	√		√	√	√

续上表

分部工程	施工作业内容	典型风险事件	致害物	致险因素				风险事件后果类型				
				人的因素	物的因素	环境因素	管理因素	易导致受伤人员类型		人员伤亡		
								本人	他人	轻伤	重伤	死亡
盾构掘进与管片拼装	管片拼装	高处坠落	无防护的平台	1. 管理人员违章指挥,强令冒险作业; 2. 人员身体健康状况异常、心理异常、感知异常(有高血压、恐高症等禁忌症,反应迟钝,辨识错误),人员操作错误或违章作业(酒后作业); 3. 作业人员未正确使用安全防护用品(安全带、防滑鞋等); 4. 人员疲劳作业	1. 安全防护用品质量不合格,存在缺陷; 2. 现场无警示标识或标识破损; 3. 高处作业场所未设置安全防护等措施(安全绳索); 4. 未设置人员上下安全爬梯或设置不规范	1. 作业环境不佳,场地湿滑、不平; 2. 6 级以上大风、雷电、暴雨等恶劣天气; 3. 施工照明不足	1. 安全教育、培训、交底、检查制度不完善或未落实; 2. 职业健康、安全管理制度不完善、未落实(定期体检); 3. 安全投入不足; 4. 高处作业安全操作规程不规范或未落实; 5. 风险辨识、评估不到位	√		√	√	√
		坍塌	不良地质或支护不到位	1. 管理人员违章指挥,强令冒险作业; 2. 人员心理异常(冒险侥幸心理); 3. 作业人员操作错误; 4. 有违章作业、违反劳动纪律的行为(管理人员脱岗)	1. 无警示信号或信号不清(紧急撤离信号); 2. 现场无警示标识或标识破损(警戒区、标牌、反光锥等); 3. 掘进压力设定不合理; 4. 支护材料不合格(材料强度不足等); 5. 盾构长时间停机,地层长时间扰动; 6. 监控监测设备缺失或失效	1. 地质条件差,如断裂带、岩层分界面等; 2. 工作面前遇流砂、涌砂或发生管涌; 3. 强风、暴雨、大雪等不良天气	1. 施工方案不完善或未落实; 2. 安全教育、培训、交底、检查制度不完善或未落实; 3. 安全投入不足; 4. 第三方检测单位无资质或资质不满足; 5. 监测方案不完善或未落实,未及时有效的对监测数据进行分析判断	√	√	√	√	√

续上表

分部工程	施工作业内容	典型风险事件	致害物	致险因素				风险事件后果类型				
				人的因素	物的因素	环境因素	管理因素	易导致受伤人员类型		人员伤亡		
								本人	他人	轻伤	重伤	死亡
盾构掘进与管片拼装	管片拼装	冒顶	不良地质	1. 管理人员违章指挥,强令冒险作业(超前加固处理措施不当、不及时); 2. 人员心理异常(冒险侥幸心理); 3. 作业人员操作错误,违章作业; 4. 有违反劳动纪律的行为(管理人员脱岗)	1. 监控监测设备缺失或失效; 2. 无警示信号或信号不清; 3. 支护不当(支护参数强度不足)	隧道存在不良地质(岩层稳定性差、应力释放、渗水严重)	1. 第三方检测单位无资质或资质不满足; 2. 开挖支护施工方案不完善或未落实(超挖、安全步距超标、支护不及时、初期支护孔洞不密实); 3. 监测方案不完善或未落实,未及时有效的对监测数据进行分析判断; 4. 安全教育、培训、交底、检查制度不完善或未落实; 5. 安全投入不足	√	√	√	√	√
		涌水突泥	隧道存在不良地质或探测、疏导技术不足	1. 管理人员违章指挥,强令冒险作业(堵水排水处理措施不当、不及时); 2. 人员心理异常(冒险侥幸心理); 3. 作业人员操作错误,违章作业; 4. 有违反劳动纪律的行为(管理人员脱岗)	1. 监控监测设备缺失或失效; 2. 堵水材料(水泥浆等)不合格; 3. 无排水设施或排水设施失效; 4. 无警示信号或信号不清	隧道洞内存在不良地质(如富水区域且为压力水)	1. 第三方检测单位无资质或资质不满足; 2. 安全教育、培训、交底、检查制度不完善或未落实; 3. 监测方案不完善或未落实,未及时有效的对监测数据进行分析判断; 4. 堵排水方案不完善或未落实	√	√	√	√	√

续上表

分部工程	施工作业内容	典型风险事件	致害物	致险因素				风险事件后果类型				
				人的因素	物的因素	环境因素	管理因素	易导致受伤人员类型		人员伤亡		
								本人	他人	轻伤	重伤	死亡
盾构掘进与管片拼装	管片防水	火灾	作业场所设施、设备、物料等易燃可燃物	1. 作业人员操作错误,违章作业(私拉乱接电线,违规进行动火作业); 2. 管理人员违章指挥,强令冒险作业(违章指挥作业人员进行动火作业); 3. 有违反劳动纪律的行为(吸烟等)	1. 未配置消防器材等防火设施或消防器材等防火设施失效; 2. 易燃材料存放,防火安全距离不足; 3. 现场无警示标识或标识破损(动火作业警戒区、禁火标牌等); 4. 用电设备或电缆漏电、短路引起明火	1. 高温干燥天气; 2. 作业场地杂乱	1. 消防安全管理制度不完善或未落实(未定期进行消防检查); 2. 未对消防器材等进行进场验收或验收不到位; 3. 安全教育、培训、交底制度不完善或未落实; 4. 安全投入不足; 5. 材料堆放制度不完善或未落实	√	√	√	√	
		高处坠落	不稳定的支架	1. 管理人员违章指挥,强令冒险作业; 2. 人员身体健康状况异常、心理异常、感知异常(有高血压、恐高症等禁忌症,反应迟钝,辨识错误),人员操作错误或违章作业(酒后作业); 3. 作业人员未正确使用安全防护用品(安全带、防滑鞋等); 4. 人员疲劳作业	1. 安全防护用品质量不合格,存在缺陷; 2. 现场无警示标识或标识破损; 3. 高处作业场所未设置安全防护等措施(安全绳索); 4. 未设置人员上下安全爬梯或设置不规范	1. 作业环境不佳,场地湿滑、不平; 2. 施工照明不足	1. 安全教育、培训、交底、检查制度不完善或未落实; 2. 职业健康、安全管理制度不完善、未落实(定期体检); 3. 安全投入不足; 4. 高处作业安全操作规程不规范或未落实; 5. 风险辨识、评估不到位	√		√	√	√

续上表

分部工程	施工作业内容	典型风险事件	致害物	致险因素				风险事件后果类型				
				人的因素	物的因素	环境因素	管理因素	易导致受伤人员类型		人员伤亡		
								本人	他人	轻伤	重伤	死亡
盾构掘进与管片拼装	管片防水	坍塌	不良地质或支护不到位	1. 管理人员违章指挥,强令冒险作业; 2. 人员心理异常(冒险侥幸心理); 3. 作业人员操作错误; 4. 有违章作业、违反劳动纪律的行为(管理人员脱岗)	1. 无警示信号或信号不清(紧急撤离信号); 2. 现场无警示标识或标识破损(警戒区、标牌、反光锥等); 3. 掘进压力设定不合理; 4. 支护材料不合格(材料强度不足等); 5. 盾构长时间停机,地层长时间扰动; 6. 监控监测设备缺失或失效	1. 地质条件差,如断裂带、岩层分界面等; 2. 工作面前遇流砂、涌砂或发生管涌; 3. 强风、暴雨、大雪等不良天气	1. 施工方案不完善或未落实; 2. 安全教育、培训、交底、检查制度不完善或未落实; 3. 安全投入不足; 4. 第三方检测单位无资质或资质不满足; 5. 监测方案不完善或未落实,未及时有效的对监测数据进行分析判断	√	√	√	√	√
		冒顶	不良地质	1. 管理人员违章指挥,强令冒险作业(超前加固处理措施不当、不及时); 2. 人员心理异常(冒险侥幸心理); 3. 作业人员操作错误,违章作业; 4. 有违反劳动纪律的行为(管理人员脱岗)	1. 监控监测设备缺失或失效; 2. 无警示信号或信号不清; 3. 支护不当(支护参数强度不足)	隧道存在不良地质(岩层稳定性差、应力释放、渗水严重)	1. 第三方检测单位无资质或资质不满足; 2. 开挖支护施工方案不完善或未落实(超挖、安全步距超标、支护不及时、初期支护孔洞不密实); 3. 监测方案不完善或未落实,未及时有效的对监测数据进行分析判断; 4. 安全教育、培训、交底、检查制度不完善或未落实; 5. 安全投入不足	√	√	√	√	√

续上表

分部工程	施工作业内容	典型风险事件	致害物	致险因素				风险事件后果类型				
				人的因素	物的因素	环境因素	管理因素	易导致受伤人员类型		人员伤亡		
								本人	他人	轻伤	重伤	死亡
盾构掘进与管片拼装	管片防水	涌水突泥	隧道存在不良地质或探测、疏导技术不足	1. 管理人员违章指挥,强令冒险作业(堵水排水处理措施不当、不及时); 2. 人员心理异常(冒险侥幸心理); 3. 作业人员操作错误,违章作业; 4. 有违反劳动纪律的行为(管理人员脱岗)	1. 监控监测设备缺失或失效; 2. 堵水材料(水泥浆等)不合格; 3. 无排水设施或排水设施失效; 4. 无警示信号或信号不清	隧道洞内存在不良地质(如富水区域且为压力水)	1. 第三方检测单位无资质或资质不满足; 2. 安全教育、培训、交底、检查制度不完善或未落实; 3. 监测方案不完善或未落实,未及时有效的对监测数据进行分析判断; 4. 堵排水方案不完善或未落实	√	√	√	√	√
口子件安装	口子件安装	物体打击	作业平台上的工器具	1. 现场作业人员未正确使用安全防护用品(安全帽等); 2. 人员违章进入危险区域; 3. 管理人员违章指挥,强令冒险作业; 4. 作业人员身体健康状况异常、心理异常、感知异常(反应迟钝、辨识错误); 5. 作业人员操作错误,违章作业(违章抛物)	1. 安全防护用品不合格(安全帽等); 2. 现场无警示标识或标识破损(警戒区、标牌、反光锥等); 3. 作业过程中产生的坠落物(飞石、工具、材料等); 4. 材料堆放不合理	1. 施工照明不足; 2. 作业场地杂乱	1. 安全教育、培训、交底、检查制度不完善或未落实; 2. 安全防护用品等进行进场验收或验收不到位; 3. 安全投入不足; 4. 现场交叉作业管理缺陷		√	√	√	

续上表

分部工程	施工作业内容	典型风险事件	致害物	致险因素				风险事件后果类型				
				人的因素	物的因素	环境因素	管理因素	易导致受伤人员类型		人员伤亡		
								本人	他人	轻伤	重伤	死亡
口子件安装	口子件安装	车辆伤害	各类运输车辆	1. 人员违章进入危险区域； 2. 管理人员违章指挥，强令冒险作业（进入驾驶人员视野盲区等）； 3. 驾驶人员未持有效证件上岗； 4. 驾驶人员操作错误，违章作业（违规载人，酒后驾驶，超速、超限、超载作业）； 5. 驾驶人员身体健康状况异常、心理异常、感知异常（反应迟钝、辨识错误）； 6. 驾驶人员疲劳作业； 7. 现场作业人员未正确使用安全防护用品（反光背心、安全帽等）	1. 现场无警示标识或标识破损（警戒区、标牌、反光锥、反光贴等）； 2. 车辆带“病”作业（制动装置、喇叭、后视镜、警示灯等设施有缺陷）； 3. 车辆作业安全距离不足； 4. 安全防护用品不合格（反光背心、安全帽等）； 5. 通风排烟排尘设备故障或未使用	1. 强风、暴雨、大雪、大雾等不良天气； 2. 作业场地狭窄、不平整、道路湿滑； 3. 施工照明不足； 4. 通风不良，粉尘浓度大，能见度低	1. 未对车辆设备、安全防护用品等进行进场验收或验收不到位； 2. 车辆安全管理制度不完善或未落实（检查维护保养不到位）； 3. 安全操作规程不规范或未落实（作业前未对车辆周围环境进行检查）； 4. 安全教育、培训、交底、检查制度不完善或未落实； 5. 职业健康管理制度不完善或未落实； 6. 安全投入不足； 7. 通风排烟排尘制度未完善或未落实		√	√	√	

续上表

分部工程	施工作业内容	典型风险事件	致害物	致险因素				风险事件后果类型				
				人的因素	物的因素	环境因素	管理因素	易导致受伤人员类型		人员伤亡		
								本人	他人	轻伤	重伤	死亡
口子件安装	口子件安装	机械伤害	各类施工机具	1. 人员违章进入危险区域（机械作业半径等）； 2. 管理人员违章指挥，强令冒险作业（机械作业半径等）； 3. 机械操作人员未持有效证件上岗； 4. 机械操作人员操作错误，违章作业（违规载人、酒后作业）； 5. 操作人员身体健康状况异常、心理异常、感知异常（反应迟钝、辨识错误）； 6. 现场作业人员未正确使用安全防护用品（反光背心、安全帽等）； 7. 机械操作人员疲劳作业	1. 现场无警示标识或标识破损（警戒区、标牌、反光贴等）； 2. 设备设施安全作业距离不足； 3. 设备带“病”作业（设备设施制动装置失效、运动或转动装置无防护或防护装置有缺陷等）； 4. 安全防护用品不合格（反光背心、安全帽、护目镜等）； 5. 通风排烟排尘设备故障或未使用	1. 强风、暴雨、大雪、大雾等不良天气； 2. 作业场地狭窄、不平整、道路湿滑； 3. 施工照明不足； 4. 通风不良，粉尘浓度大，能见度低	1. 机械设备安全管理制度不完善或未落实（检查维护保养不到位）； 2. 未对机械设备、安全防护用品等进行进场验收或验收不到位； 3. 安全教育、培训、交底、检查制度不完善或未落实； 4. 机械设备安全操作规程不规范或未落实； 5. 安全投入不足； 6. 通风排烟排尘制度未完善或未落实	√	√	√	√	

续上表

分部工程	施工作业内容	典型风险事件	致害物	致险因素				风险事件后果类型				
				人的因素	物的因素	环境因素	管理因素	易导致受伤人员类型		人员伤亡		
								本人	他人	轻伤	重伤	死亡
口子件安装	口子件安装	起重伤害	汽车式起重机	1. 人员违章进入危险区域； 2. 管理人员违章指挥，强令冒险作业（无司索信号工或指挥错误）； 3. 起重作业人员、司索信号工未持有效证件上岗； 4. 起重作业人员操作错误，违章作业（酒后作业，支腿未全部打开，支腿未支垫枕木等“十不吊”）； 5. 起重人员身体健康状况异常、心理异常、感知异常（反应迟钝、辨识错误）； 6. 现场作业人员未正确使用安全防护用品（反光背心、安全帽等）； 7. 指挥信号不清、错误	1. 现场无警示标识或标识破损（警戒区、标牌、反光锥等）； 2. 吊索吊具不合格或达到报废标准（钢丝绳、吊带、U形卸扣等）； 3. 支垫材料不合格（枕木、钢板等）； 4. 无防护或防护装置缺陷（防脱钩装置、限位装置等）； 5. 起重机带“病”作业（制动装置等）； 6. 安全防护用品不合格（反光背心、安全帽等）； 7. 构件强度不够	1. 雷雨大风（6级以上）、大雾、高温等恶劣天气； 2. 作业场地不平整、不坚实； 3. 施工照明不足； 4. 噪声、粉尘、有毒气体影响	1. 起重吊装专项施工方案不完善或未落实； 2. 设备设施安全管理制度不完善或未落实（检查维护保养不到位）； 3. 起重吊装安全操作规程不规范或未落实； 4. 安全教育、培训、交底、检查制度不完善或未落实； 5. 未对机械设备、安全防护用品等进行进场验收或验收不到位； 6. 安全投入不足		√	√	√	√

续上表

分部工程	施工作业内容	典型风险事件	致害物	致险因素				风险事件后果类型				
				人的因素	物的因素	环境因素	管理因素	易导致受伤人员类型		人员伤亡		
								本人	他人	轻伤	重伤	死亡
烟道板安装	烟道板安装	物体打击	作业平台上的工器具	1. 现场作业人员未正确使用安全防护用品(安全帽等)； 2. 人员违章进入危险区域； 3. 管理人员违章指挥,强令冒险作业； 4. 作业人员身体健康状况异常、心理异常、感知异常(反应迟钝、辨识错误)； 5. 作业人员操作错误,违章作业(违章抛物)	1. 安全防护用品不合格(安全帽等)； 2. 现场无警示标识或标识破损(警戒区、标牌、反光锥等)； 3. 作业过程中产生的坠落物(飞石、工具、材料等)； 4. 材料堆放不合理	1. 施工照明不足； 2. 作业场地杂乱	1. 安全教育、培训、交底、检查制度不完善或未落实； 2. 安全防护用品等进行进场验收或验收不到位； 3. 安全投入不足； 4. 现场交叉作业管理缺陷		√	√	√	

续上表

分部工程	施工作业内容	典型风险事件	致害物	致险因素				风险事件后果类型				
				人的因素	物的因素	环境因素	管理因素	易导致受伤人员类型		人员伤亡		
								本人	他人	轻伤	重伤	死亡
烟道板安装	烟道板安装	车辆伤害	各类运输车辆	1. 人员违章进入危险区域； 2. 管理人员违章指挥，强令冒险作业（进入驾驶人员视野盲区等）； 3. 驾驶人员未持有效证件上岗； 4. 驾驶人员操作错误，违章作业（违规载人，酒后驾驶，超速、超限、超载作业）； 5. 驾驶人员身体健康状况异常、心理异常、感知异常（反应迟钝、辨识错误）； 6. 驾驶人员疲劳作业； 7. 现场作业人员未正确使用安全防护用品（反光背心、安全帽等）	1. 现场无警示标识或标识破损（警戒区、标牌、反光锥、反光贴等）； 2. 车辆带“病”作业（制动装置、喇叭、后视镜、警示灯等设施有缺陷）； 3. 车辆作业安全距离不足； 4. 安全防护用品不合格（反光背心、安全帽等）； 5. 通风排烟排尘设备故障或未使用； 6. 安全防护装置不可靠	1. 强风、暴雨、大雪、大雾等不良天气； 2. 作业场地狭窄、不平整、道路湿滑； 3. 施工照明不足； 4. 通风不良，粉尘浓度大，能见度低	1. 未对车辆设备、安全防护用品等进行进场验收或验收不到位； 2. 车辆安全管理制度不完善或未落实（检查维护保养不到位）； 3. 安全操作规程不规范或未落实（作业前未对车辆周围环境进行检查）； 4. 安全教育、培训、交底、检查制度不完善或未落实； 5. 职业健康管理制度不完善或未落实； 6. 安全投入不足； 7. 通风排烟排尘制度未完善或未落实		√	√	√	

续上表

分部工程	施工作业内容	典型风险事件	致害物	致险因素				风险事件后果类型				
				人的因素	物的因素	环境因素	管理因素	易导致受伤人员类型		人员伤亡		
								本人	他人	轻伤	重伤	死亡
烟道板安装	烟道板安装	起重伤害	汽车式起重机	1. 人员违章进入危险区域； 2. 管理人员违章指挥，强令冒险作业（无司索信号工或指挥错误）； 3. 起重作业人员、司索信号工未持有效证件上岗； 4. 起重作业人员操作错误，违章作业（酒后作业，支腿未全部打开，支腿未支垫枕木等“十不吊”）； 5. 起重人员身体健康状况异常、心理异常、感知异常（反应迟钝、辨识错误）； 6. 现场作业人员未正确使用安全防护用品（反光背心、安全帽等）； 7. 指挥信号不清、错误	1. 现场无警示标识或标识破损（警戒区、标牌、反光锥等）； 2. 吊索吊具不合格或达到报废标准（钢丝绳、吊带、U形卸扣等）； 3. 支垫材料不合格（枕木、钢板等）； 4. 无防护或防护装置缺陷（防脱钩装置、限位装置等）； 5. 起重机带“病”作业（制动装置等）； 6. 安全防护用品不合格（反光背心、安全帽等）； 7. 构件强度不够	1. 雷雨大风（6级以上）、大雾、高温等恶劣天气； 2. 作业场地不平整、不坚实； 3. 施工照明不足； 4. 噪声、粉尘、有毒气体影响	1. 起重吊装专项施工方案不完善或未落实； 2. 设备设施安全管理制度不完善或未落实（检查维护保养不到位）； 3. 起重吊装安全操作规程不规范或未落实； 4. 安全教育、培训、交底、检查制度不完善或未落实； 5. 未对机械设备、安全防护用品等进行进场验收或验收不到位； 6. 安全投入不足		√	√	√	√

续上表

分部工程	施工作业内容	典型风险事件	致害物	致险因素				风险事件后果类型				
				人的因素	物的因素	环境因素	管理因素	易导致受伤人员类型		人员伤亡		
								本人	他人	轻伤	重伤	死亡
烟道板安装	烟道板安装	高处坠落	不稳定的支架	1. 管理人员违章指挥、强令冒险作业； 2. 人员身体健康状况异常、心理异常、感知异常（有高血压、恐高症等禁忌症，反应迟钝，辨识错误），人员操作错误或违章作业（酒后作业）； 3. 作业人员未正确使用安全防护用品（安全带、防滑鞋等）； 4. 人员疲劳作业	1. 安全防护用品质量不合格，存在缺陷； 2. 现场无警示标识或标识破损； 3. 高处作业场所未设置安全防护等措施（安全绳索）； 4. 未设置人员上下安全爬梯或设置不规范	1. 作业环境不佳，场地湿滑、不平； 2. 6 级以上大风、雷电、暴雨等恶劣天气； 3. 施工照明不足	1. 安全教育、培训、交底、检查制度不完善或未落实； 2. 职业健康、安全管理制度不完善、未落实（定期体检）； 3. 安全投入不足； 4. 高处作业安全操作规程不规范或未落实； 5. 风险辨识、评估不到位	√		√	√	√
现浇结构	混凝土回填	物体打击	作业平台上的工器具	1. 现场作业人员未正确使用安全防护用品（安全帽等）； 2. 人员违章进入危险区域； 3. 管理人员违章指挥，强令冒险作业； 4. 作业人员身体健康状况异常、心理异常、感知异常（反应迟钝、辨识错误）； 5. 作业人员操作错误，违章作业（违章抛物）	1. 安全防护用品不合格（安全帽等）； 2. 现场无警示标识或标识破损（警戒区、标牌、反光锥等）； 3. 作业过程中产生的坠落物（飞石、工具、材料等）； 4. 材料堆放不合理	1. 施工照明不足； 2. 作业场地杂乱	1. 安全教育、培训、交底、检查制度不完善或未落实； 2. 未对安全防护用品等进行进场验收或验收不到位； 3. 安全投入不足； 4. 现场交叉作业管理缺陷		√	√	√	

续上表

分部工程	施工作业内容	典型风险事件	致害物	致险因素				风险事件后果类型				
				人的因素	物的因素	环境因素	管理因素	易导致受伤人员类型		人员伤亡		
								本人	他人	轻伤	重伤	死亡
现浇结构	混凝土回填	机械伤害	各类施工机具	1. 人员违章进入危险区域（机械作业半径等）； 2. 管理人员违章指挥，强令冒险作业（机械作业半径等）； 3. 机械操作人员未持有效证件上岗； 4. 机械操作人员操作错误，违章作业（违规载人、酒后作业）； 5. 操作人员身体健康状况异常、心理异常、感知异常（反应迟钝、辨识错误）； 6. 现场作业人员未正确使用安全防护用品（反光背心、安全帽等）； 7. 机械操作人员疲劳作业	1. 现场无警示标识或标识破损（警戒区、标牌、反光贴等）； 2. 设备设施安全作业距离不足； 3. 设备带"病"作业（设备设施制动装置失效、运动或转动装置无防护或防护装置有缺陷等）； 4. 安全防护用品不合格（反光背心、安全帽、护目镜等）； 5. 通风排烟排尘设备故障或未使用	1. 作业场地狭窄、不平整、道路湿滑； 2. 施工照明不足； 3. 通风不良，粉尘浓度大，能见度低	1. 机械设备安全管理制度不完善或未落实（检查维护保养不到位）； 2. 未对机械设备、安全防护用品等进行进场验收或验收不到位； 3. 安全教育、培训、交底、检查制度不完善或未落实； 4. 机械设备安全操作规程不规范或未落实； 5. 安全投入不足； 6. 通风排烟排尘制度未完善或未落实	√	√	√	√	

续上表

分部工程	施工作业内容	典型风险事件	致害物	致险因素				风险事件后果类型				
				人的因素	物的因素	环境因素	管理因素	易导致受伤人员类型		人员伤亡		
								本人	他人	轻伤	重伤	死亡
现浇结构	混凝土回填	触电	破损漏电的设备和电线	1. 作业人员未正确使用安全防护用品（绝缘鞋、绝缘手套等）； 2. 作业人员操作错误或违章作业（带电检修维护）； 3. 管理人员违章指挥、强令冒险作业，电工未持有效证件上岗； 4. 作业人员疲劳作业	1. 现场无警示标识或标识错误或破损（警戒区、标牌、反光锥等）； 2. 电线老化、破损，电焊机等设备漏电； 3. 设备接地保护损坏、防雷措施失效； 4. 电线架设不当、拖地、与金属物接触； 5. 手持电动工具无漏洞保护装置； 6. 电器开关无防雨、防潮设施； 7. 安全距离不足	1. 作业场地杂乱、潮湿或积水； 2. 作业场地照明不足	1. 临时用电方案不完善或未落实； 2. 发电机等安全操作规程不规范或未落实； 3. 电气设施材料等未进行进场验收； 4. 电工未对用电设施进行巡查或巡查不到位； 5. 机械设备安全管理制度未落实（发电机、振捣棒等机具检查维护保养不到位）； 6. 安全教育、培训、交底、检查制度不完善或未落实； 7. 未实行“一机、一箱、一闸、一漏保”措施； 8. 安全投入不足	√		√	√	√

续上表

分部工程	施工作业内容	典型风险事件	致害物	致险因素				风险事件后果类型				
				人的因素	物的因素	环境因素	管理因素	易导致受伤人员类型		人员伤亡		
								本人	他人	轻伤	重伤	死亡
现浇结构	混凝土回填	高处坠落	围挡不到位或不稳定的支架	1. 管理人员违章指挥、强令冒险作业； 2. 人员身体健康状况异常、心理异常、感知异常(有高血压、恐高症等禁忌症，反应迟钝，辨识错误)，作业人员操作错误或违章作业(酒后作业)； 3. 作业人员未正确使用安全防护用品(安全带、防滑鞋等)； 4. 人员疲劳作业	1. 安全防护用品质量不合格，存在缺陷； 2. 现场无警示标识或标识破损； 3. 高处作业场所未设置安全防护等措施(安全绳索)； 4. 未设置人员上下安全爬梯或设置不规范	1. 作业环境不佳，场地湿滑、不平； 2. 施工照明不足	1. 安全教育、培训、交底、检查制度不完善或未落实； 2. 职业健康、安全管理制度不完善、未落实(定期体检)； 3. 安全投入不足； 4. 高处作业安全操作规程不规范或未落实； 5. 风险辨识、评估不到位	√		√	√	√
	现浇行车道板	物体打击	作业平台上的工器具	1. 现场作业人员未正确使用安全防护用品(安全帽等)； 2. 人员违章进入危险区域； 3. 管理人员违章指挥，强令冒险作业； 4. 作业人员身体健康状况异常、心理异常、感知异常(反应迟钝、辨识错误)； 5. 作业人员操作错误，违章作业(违章抛物)	1. 安全防护用品不合格(安全帽等)； 2. 现场无警示标识或标识破损(警戒区、标牌、反光锥等)； 3. 作业过程中产生的坠落物(飞石、工具、材料等)； 4. 材料堆放不合理	1. 施工照明不足； 2. 作业场地杂乱	1. 安全教育、培训、交底、检查制度不完善或未落实； 2. 未对安全防护用品等进行进场验收或验收不到位； 3. 安全投入不足； 4. 现场交叉作业管理有缺陷		√	√	√	

续上表

分部工程	施工作业内容	典型风险事件	致害物	致险因素				风险事件后果类型				
				人的因素	物的因素	环境因素	管理因素	易导致受伤人员类型		人员伤亡		
								本人	他人	轻伤	重伤	死亡
现浇结构	现浇行车道板	机械伤害	各类施工机具	1. 人员违章进入危险区域（机械作业半径等）； 2. 管理人员违章指挥，强令冒险作业（机械作业半径等）； 3. 机械操作人员未持有效证件上岗； 4. 机械操作人员操作错误，违章作业（违规载人、酒后作业）； 5. 操作人员身体健康状况异常、心理异常、感知异常（反应迟钝、辨识错误）； 6. 现场作业人员未正确使用安全防护用品（反光背心、安全帽等）； 7. 机械操作人员疲劳作业	1. 现场无警示标识或标识破损（警戒区、标牌、反光贴等）； 2. 设备设施安全作业距离不足； 3. 设备带“病”作业（设备设施制动装置失效、运动或转动装置无防护或防护装置有缺陷等）； 4. 安全防护用品不合格（反光背心、安全帽、护目镜等）； 5. 通风排烟排尘设备故障或未使用	1. 作业场地狭窄、不平整、道路湿滑； 2. 施工照明不足； 3. 通风不良，粉尘浓度大，能见度低	1. 机械设备安全管理制度不完善或未落实（检查维护保养不到位）； 2. 未对机械设备、安全防护用品等进行进场验收或验收不到位； 3. 安全教育、培训、交底、检查制度不完善或未落实； 4. 机械设备安全操作规程不规范或未落实； 5. 安全投入不足； 6. 通风排烟排尘制度未完善或未落实	√	√	√	√	

续上表

分部工程	施工作业内容	典型风险事件	致害物	致险因素				风险事件后果类型				
				人的因素	物的因素	环境因素	管理因素	易导致受伤人员类型		人员伤亡		
								本人	他人	轻伤	重伤	死亡
现浇结构	现浇行车道板	触电	破损漏电的设备和电线	1. 作业人员未正确使用安全防护用品（绝缘鞋、绝缘手套等）； 2. 作业人员操作错误或违章作业（带电检修维护）； 3. 管理人员违章指挥、强令冒险作业，电工未持有效证件上岗； 4. 作业人员疲劳作业	1. 现场无警示标识或标识错误或破损（警戒区、标牌、反光锥等）； 2. 电线老化、破损，电焊机等设备漏电； 3. 设备接地保护损坏、防雷措施失效； 4. 电线架设不当、拖地、与金属物接触； 5. 手持电动工具无漏洞保护装置； 6. 电器开关无防雨、防潮设施； 7. 安全距离不足	1. 作业场地杂乱、潮湿或积水； 2. 作业场地照明不足	1. 临时用电方案不完善或未落实； 2. 发电机等安全操作规程不规范或未落实； 3. 电气设施材料等未进行进场验收； 4. 电工未对用电设施进行巡查或巡查不到位； 5. 机械设备安全管理制度未落实（发电机、振捣棒等机具检查维护保养不到位）； 6. 安全教育、培训、交底、检查制度不完善或未落实； 7. 未实行“一机、一箱、一闸、一漏保”措施； 8. 安全投入不足	√		√	√	√

续上表

分部工程	施工作业内容	典型风险事件	致害物	致险因素				风险事件后果类型				
				人的因素	物的因素	环境因素	管理因素	易导致受伤人员类型		人员伤亡		
								本人	他人	轻伤	重伤	死亡
现浇结构	现浇行车道板	高处坠落	围挡不到位或不稳定的支架	1. 管理人员违章指挥、强令冒险作业； 2. 人员身体健康状况异常、心理异常、感知异常（有高血压、恐高症等禁忌症，反应迟钝，辨识错误），人员操作错误或违章作业（酒后作业）； 3. 作业人员未正确使用安全防护用品（安全带、防滑鞋等）； 4. 人员疲劳作业	1. 安全防护用品质量不合格，存在缺陷； 2. 现场无警示标识或标识破损； 3. 高处作业场所未设置安全防护等措施（安全绳索）； 4. 未设置人员上下安全爬梯或设置不规范	1. 作业环境不佳，场地湿滑、不平； 2. 施工照明不足	1. 安全教育、培训、交底、检查制度不完善或未落实； 2. 职业健康、安全管理制度不完善、未落实（定期体检）； 3. 安全投入不足； 4. 高处作业安全操作规程不规范或未落实； 5. 风险辨识、评估不到位	√		√	√	√
	现浇防撞墙	物体打击	作业平台上的工器具	1. 现场作业人员未正确使用安全防护用品（安全帽等）； 2. 人员违章进入危险区域； 3. 管理人员违章指挥，强令冒险作业； 4. 作业人员身体健康状况异常、心理异常、感知异常（反应迟钝、辨识错误）； 5. 作业人员操作错误，违章作业（违章抛物）	1. 安全防护用品不合格（安全帽等）； 2. 现场无警示标识或标识破损（警戒区、标牌、反光锥等）； 3. 作业过程中产生的坠落物（飞石、工具、材料等）； 4. 材料堆放不合理	1. 施工照明不足； 2. 作业场地杂乱	1. 安全教育、培训、交底、检查制度不完善或未落实； 2. 未对安全防护用品等进行进场验收或验收不到位； 3. 安全投入不足； 4. 现场交叉作业管理有缺陷		√	√	√	

续上表

分部工程	施工作业内容	典型风险事件	致害物	致险因素				风险事件后果类型				
				人的因素	物的因素	环境因素	管理因素	易导致受伤人员类型		人员伤亡		
								本人	他人	轻伤	重伤	死亡
现浇结构	现浇防撞墙	机械伤害	各类施工机具	1. 人员违章进入危险区域(机械作业半径等); 2. 管理人员违章指挥,强令冒险作业(机械作业半径等); 3. 机械操作人员未持有效证件上岗; 4. 机械操作人员操作错误,违章作业(违规载人、酒后作业); 5. 操作人员身体健康状况异常、心理异常、感知异常(反应迟钝、辨识错误); 6. 现场作业人员未正确使用安全防护用品(反光背心、安全帽等); 7. 机械操作人员疲劳作业	1. 现场无警示标识或标识破损(警戒区、标牌、反光贴等); 2. 设备设施安全作业距离不足; 3. 设备带"病"作业(设备设施制动装置失效、运动或转动装置无防护或防护装置有缺陷等); 4. 安全防护用品不合格(反光背心、安全帽、护目镜等); 5. 通风排烟排尘设备故障或未使用	1. 作业场地狭窄、不平整、道路湿滑; 2. 施工照明不足; 3. 通风不良,粉尘浓度大,能见度低	1. 机械设备安全管理制度不完善或未落实(检查维护保养不到位); 2. 未对机械设备、安全防护用品等进行进场验收或验收不到位; 3. 安全教育、培训、交底、检查制度不完善或未落实; 4. 机械设备安全操作规程不规范或未落实; 5. 安全投入不足; 6. 通风排烟排尘制度未完善或未落实	√	√	√	√	

续上表

分部工程	施工作业内容	典型风险事件	致害物	致险因素				风险事件后果类型				
				人的因素	物的因素	环境因素	管理因素	易导致受伤人员类型		人员伤亡		
								本人	他人	轻伤	重伤	死亡
现浇结构	现浇防撞墙	触电	破损漏电的设备和电线	1. 作业人员未正确使用安全防护用品（绝缘鞋、绝缘手套等）； 2. 作业人员操作错误或违章作业（带电检修维护）； 3. 管理人员违章指挥、强令冒险作业，电工未持有效证件上岗； 4. 作业人员疲劳作业	1. 现场无警示标识或标识错误或破损（警戒区、标牌、反光锥等）； 2. 电线老化、破损，电焊机等设备漏电； 3. 设备接地保护损坏、防雷措施失效； 4. 电线架设不当、拖地、与金属物接触； 5. 手持电动工具无漏洞保护装置； 6. 电器开关无防雨、防潮设施； 7. 安全距离不足	1. 作业场地杂乱、潮湿或积水； 2. 作业场地照明不足	1. 临时用电方案不完善或未落实； 2. 发电机等安全操作规程不规范或未落实； 3. 电气设施材料等未进行进场验收； 4. 电工未对用电设施进行巡查或巡查不到位； 5. 机械设备安全管理制度未落实（发电机、振捣棒等机具检查维护保养不到位）； 6. 安全教育、培训、交底、检查制度不完善或未落实； 7. 未实行“一机、一箱、一闸、一漏保”措施； 8. 安全投入不足	√		√	√	√

续上表

分部工程	施工作业内容	典型风险事件	致害物	致险因素				风险事件后果类型				
				人的因素	物的因素	环境因素	管理因素	易导致受伤人员类型		人员伤亡		
								本人	他人	轻伤	重伤	死亡
现浇结构	现浇防撞墙	高处坠落	围挡不到位或不稳定的支架	1. 管理人员违章指挥、强令冒险作业； 2. 人员身体健康状况异常、心理异常、感知异常(有高血压、恐高症等禁忌症，反应迟钝，辨识错误)，人员操作错误或违章作业(酒后作业)； 3. 作业人员未正确使用安全防护用品(安全带、防滑鞋等)； 4. 人员疲劳作业	1. 安全防护用品质量不合格，存在缺陷； 2. 现场无警示标识或标识破损； 3. 高处作业场所未设置安全防护等措施(安全绳索)； 4. 未设置人员上下安全爬梯或设置不规范	1. 作业环境不佳，场地湿滑、不平； 2. 施工照明不足	1. 安全教育、培训、交底、检查制度不完善或未落实； 2. 职业健康、安全管理制度不完善、未落实(定期体检)； 3. 安全投入不足； 4. 高处作业安全操作规程不规范或未落实； 5. 风险辨识、评估不到位	√		√	√	√
	现浇铺装层	物体打击	作业平台上的工器具	1. 现场作业人员未正确使用安全防护用品(安全帽等)； 2. 人员违章进入危险区域； 3. 管理人员违章指挥，强令冒险作业； 4. 作业人员身体健康状况异常、心理异常、感知异常(反应迟钝、辨识错误)； 5. 作业人员操作错误，违章作业(违章抛物)	1. 安全防护用品不合格(安全帽等)； 2. 现场无警示标识或标识破损(警戒区、标牌、反光锥等)； 3. 作业过程中产生的坠落物(飞石、工具、材料等)； 4. 材料堆放不合理	1. 施工照明不足； 2. 作业场地杂乱	1. 安全教育、培训、交底、检查制度不完善或未落实； 2. 未对安全防护用品等进行进场验收或验收不到位； 3. 安全投入不足； 4. 现场交叉作业管理有缺陷		√	√	√	

续上表

分部工程	施工作业内容	典型风险事件	致害物	致险因素				风险事件后果类型				
				人的因素	物的因素	环境因素	管理因素	易导致受伤人员类型		人员伤亡		
								本人	他人	轻伤	重伤	死亡
现浇结构	现浇铺装层	机械伤害	各类施工机具	1. 人员违章进入危险区域（机械作业半径等）； 2. 管理人员违章指挥，强令冒险作业（机械作业半径等）； 3. 机械操作人员未持有效证件上岗； 4. 机械操作人员操作错误，违章作业（违规载人、酒后作业）； 5. 操作人员身体健康状况异常、心理异常、感知异常（反应迟钝、辨识错误）； 6. 现场作业人员未正确使用安全防护用品（反光背心、安全帽等）； 7. 机械操作人员疲劳作业	1. 现场无警示标识或标识破损（警戒区、标牌、反光贴等）； 2. 设备设施安全作业距离不足； 3. 设备带“病”作业（设备设施制动装置失效、运动或转动装置无防护或防护装置有缺陷等）； 4. 安全防护用品不合格（反光背心、安全帽、护目镜等）； 5. 通风排烟排尘设备故障或未使用	1. 作业场地狭窄、不平整、道路湿滑； 2. 施工照明不足； 3. 通风不良，粉尘浓度大，能见度低	1. 机械设备安全管理制度不完善或未落实（检查维护保养不到位）； 2. 未对机械设备、安全防护用品等进行进场验收或验收不到位； 3. 安全教育、培训、交底、检查制度不完善或未落实； 4. 机械设备安全操作规程不规范或未落实； 5. 安全投入不足； 6. 通风排烟排尘制度未完善或未落实	√	√	√	√	

续上表

分部工程	施工作业内容	典型风险事件	致害物	致险因素				风险事件后果类型				
				人的因素	物的因素	环境因素	管理因素	易导致受伤人员类型		人员伤亡		
								本人	他人	轻伤	重伤	死亡
现浇结构	现浇铺装层	触电	破损漏电的设备和电线	1. 作业人员未正确使用安全防护用品(绝缘鞋、绝缘手套等); 2. 作业人员操作错误或违章作业(带电检修维护); 3. 管理人员违章指挥、强令冒险作业,电工未持有效证件上岗; 4. 作业人员疲劳作业	1. 现场无警示标识或标识错误或破损(警戒区、标牌、反光锥等); 2. 电线老化、破损,电焊机等设备漏电; 3. 设备接地保护损坏、防雷措施失效; 4. 电线架设不当、拖地、与金属物接触; 5. 手持电动工具无漏洞保护装置; 6. 电器开关无防雨、防潮设施; 7. 安全距离不足	1. 作业场地杂乱、潮湿或积水; 2. 作业场地照明不足	1. 临时用电方案不完善或未落实; 2. 发电机等安全操作规程不规范或未落实; 3. 电气设施材料等未进行进场验收; 4. 电工未对用电设施进行巡查或巡查不到位; 5. 机械设备安全管理制度未落实(发电机、振捣棒等机具检查维护保养不到位); 6. 安全教育、培训、交底、检查制度不完善或未落实; 7. 未实行"一机、一箱、一闸、一漏保"措施; 8. 安全投入不足	√		√	√	√

续上表

分部工程	施工作业内容	典型风险事件	致害物	致险因素				风险事件后果类型				
				人的因素	物的因素	环境因素	管理因素	易导致受伤人员类型		人员伤亡		
								本人	他人	轻伤	重伤	死亡
现浇结构	现浇铺装层	高处坠落	围挡不到位或不稳定的支架	1. 管理人员违章指挥、强令冒险作业； 2. 人员身体健康状况异常、心理异常、感知异常(有高血压、恐高症等禁忌症,反应迟钝,辨识错误),人员操作错误或违章作业(酒后作业)； 3. 作业人员未正确使用安全防护用品(安全带、防滑鞋等)； 4. 人员疲劳作业	1. 安全防护用品质量不合格,存在缺陷； 2. 现场无警示标识或标识破损； 3. 高处作业场所未设置安全防护等措施(安全绳索)； 4. 未设置人员上下安全爬梯或设置不规范	1. 作业环境不佳,场地湿滑、不平； 2. 施工照明不足	1. 安全教育、培训、交底、检查制度不完善或未落实； 2. 职业健康、安全管理制度不完善、未落实(定期体检)； 3. 安全投入不足； 4. 高处作业安全操作规程不规范或未落实； 5. 风险辨识、评估不到位	√		√	√	√
洞内附属工程	废水泵房	物体打击	作业平台上的工器具	1. 现场作业人员未正确使用安全防护用品(安全帽等)； 2. 人员违章进入危险区域； 3. 管理人员违章指挥,强令冒险作业； 4. 作业人员身体健康状况异常、心理异常、感知异常(反应迟钝、辨识错误)； 5. 作业人员操作错误,违章作业(违章抛物)	1. 安全防护用品不合格(安全帽等)； 2. 现场无警示标识或标识破损(警戒区、标牌、反光锥等)； 3. 作业过程中产生的坠落物(飞石、工具、材料等)； 4. 材料堆放不合理	1. 施工照明不足； 2. 作业场地杂乱	1. 安全教育、培训、交底、检查制度不完善或未落实； 2. 未对安全防护用品等进行进场验收或验收不到位； 3. 安全投入不足； 4. 现场交叉作业管理有缺陷		√	√	√	

续上表

分部工程	施工作业内容	典型风险事件	致害物	致险因素				风险事件后果类型				
				人的因素	物的因素	环境因素	管理因素	易导致受伤人员类型		人员伤亡		
								本人	他人	轻伤	重伤	死亡
洞内附属工程	废水泵房	机械伤害	各类施工机具	1. 人员违章进入危险区域（机械作业半径等）； 2. 管理人员违章指挥，强令冒险作业（机械作业半径等）； 3. 机械操作人员未持有效证件上岗； 4. 机械操作人员操作错误，违章作业（违规载人、酒后作业）； 5. 操作人员身体健康状况异常、心理异常、感知异常（反应迟钝、辨识错误）； 6. 现场作业人员未正确使用安全防护用品（反光背心、安全帽等）； 7. 机械操作人员疲劳作业	1. 现场无警示标识或标识破损（警戒区、标牌、反光贴等）； 2. 设备设施安全作业距离不足； 3. 设备带“病”作业（设备设施制动装置失效、运动或转动装置无防护或防护装置有缺陷等）； 4. 安全防护用品不合格（反光背心、安全帽、护目镜等）； 5. 通风排烟排尘设备故障或未使用	1. 作业场地狭窄、不平整、道路湿滑； 2. 施工照明不足； 3. 通风不良，粉尘浓度大，能见度低	1. 机械设备安全管理制度不完善或未落实（检查维护保养不到位）； 2. 未对机械设备、安全防护用品等进行进场验收或验收不到位； 3. 安全教育、培训、交底、检查制度不完善或未落实； 4. 机械设备安全操作规程不规范或未落实； 5. 安全投入不足； 6. 通风排烟排尘制度未完善或未落实	√	√	√	√	

续上表

分部工程	施工作业内容	典型风险事件	致害物	致险因素				风险事件后果类型				
				人的因素	物的因素	环境因素	管理因素	易导致受伤人员类型		人员伤亡		
								本人	他人	轻伤	重伤	死亡
洞内附属工程	废水泵房	起重伤害	汽车式起重机	1. 人员违章进入危险区域； 2. 管理人员违章指挥，强令冒险作业（无司索信号工或指挥错误）； 3. 起重作业人员、司索信号工未持有效证件上岗； 4. 起重作业人员操作错误，违章作业（酒后作业，支腿未全部打开，支腿未支垫枕木等“十不吊”）； 5. 起重人员身体健康状况异常、心理异常、感知异常（反应迟钝、辨识错误）； 6. 现场作业人员未正确使用安全防护用品（反光背心、安全帽等）； 7. 指挥信号不清、错误	1. 现场无警示标识或标识破损（警戒区、标牌、反光锥等）； 2. 吊索吊具不合格或达到报废标准（钢丝绳、吊带、U形卸扣等）； 3. 支垫材料不合格（枕木、钢板等）； 4. 无防护或防护装置缺陷（防脱钩装置、限位装置等）； 5. 起重机带“病”作业（制动装置等）； 6. 安全防护用品不合格（反光背心、安全帽等）； 7. 构件强度不够	1. 作业场地承载不足； 2. 作业场地不平整、不坚实； 3. 施工照明不足； 4. 噪声、粉尘、有毒气体影响	1. 起重吊装专项施工方案不完善或未落实； 2. 设备设施安全管理制度不完善或未落实（检查维护保养不到位）； 3. 起重吊装安全操作规程不规范或未落实； 4. 安全教育、培训、交底、检查制度不完善或未落实； 5. 未对机械设备、安全防护用品等进行进场验收或验收不到位； 6. 安全投入不足		√	√	√	√

续上表

分部工程	施工作业内容	典型风险事件	致害物	致险因素				风险事件后果类型				
				人的因素	物的因素	环境因素	管理因素	易导致受伤人员类型		人员伤亡		
								本人	他人	轻伤	重伤	死亡
洞内附属工程	废水泵房	触电	破损漏电的设备和电线	1. 作业人员未正确使用安全防护用品（绝缘鞋、绝缘手套等）； 2. 作业人员操作错误或违章作业（带电检修维护）； 3. 管理人员违章指挥、强令冒险作业，电工未持有效证件上岗； 4. 作业人员疲劳作业	1. 现场无警示标识或标识错误或破损（警戒区、标牌、反光锥等）； 2. 电线老化、破损，电焊机等设备漏电； 3. 设备接地保护损坏、防雷措施失效； 4. 电线架设不当、拖地、与金属物接触； 5. 手持电动工具无漏洞保护装置； 6. 电器开关无防雨、防潮设施； 7. 安全距离不足	1. 作业场地杂乱、潮湿或积水； 2. 作业场地照明不足	1. 临时用电方案不完善或未落实； 2. 发电机等安全操作规程不规范或未落实； 3. 电气设施材料等未进行进场验收； 4. 电工未对用电设施进行巡查或巡查不到位； 5. 机械设备安全管理制度未落实（发电机、振捣棒等机具检查维护保养不到位）； 6. 安全教育、培训、交底、检查制度不完善或未落实； 7. 未实行“一机、一箱、一闸、一漏保”措施； 8. 安全投入不足	√		√	√	√

续上表

分部工程	施工作业内容	典型风险事件	致害物	致险因素				风险事件后果类型				
				人的因素	物的因素	环境因素	管理因素	易导致受伤人员类型		人员伤亡		
								本人	他人	轻伤	重伤	死亡
洞内附属工程	废水泵房	高处坠落	围挡不到位或不稳定的支架	1. 管理人员违章指挥,强令冒险作业; 2. 人员身体健康状况异常、心理异常、感知异常(有高血压、恐高症等禁忌症,反应迟钝,辨识错误),人员操作错误或违章作业(酒后作业); 3. 作业人员未正确使用安全防护用品(安全带、防滑鞋等); 4. 人员疲劳作业	1. 安全防护用品质量不合格,存在缺陷; 2. 现场无警示标识或标识破损; 3. 高处作业场所未设置安全防护等措施(安全绳索); 4. 未设置人员上下安全爬梯或设置不规范	1. 作业环境不佳,场地湿滑、不平; 2. 施工照明不足	1. 安全教育、培训、交底、检查制度不完善或未落实; 2. 职业健康、安全管理制度不完善、未落实(定期体检); 3. 安全投入不足; 4. 高处作业安全操作规程不规范或未落实; 5. 风险辨识、评估不到位	√		√	√	√
	疏散楼梯	物体打击	作业平台上的工器具	1. 现场作业人员未正确使用安全防护用品(安全帽等); 2. 人员违章进入危险区域; 3. 管理人员违章指挥,强令冒险作业; 4. 作业人员身体健康状况异常、心理异常、感知异常(反应迟钝、辨识错误); 5. 作业人员操作错误,违章作业(违章抛物)	1. 安全防护用品不合格(安全帽等); 2. 现场无警示标识或标识破损(警戒区、标牌、反光锥等); 3. 作业过程中产生的坠落物(飞石、工具、材料等); 4. 材料堆放不合理	1. 施工照明不足; 2. 作业场地杂乱	1. 安全教育、培训、交底、检查制度不完善或未落实; 2. 未对安全防护用品等进行进场验收或验收不到位; 3. 安全投入不足; 4. 现场交叉作业管理有缺陷		√	√	√	

续上表

分部工程	施工作业内容	典型风险事件	致害物	致险因素				风险事件后果类型				
				人的因素	物的因素	环境因素	管理因素	易导致受伤人员类型		人员伤亡		
								本人	他人	轻伤	重伤	死亡
洞内附属工程	疏散楼梯	触电	破损漏电的设备和电线	1. 作业人员未正确使用安全防护用品（绝缘鞋、绝缘手套等）； 2. 作业人员操作错误或违章作业（带电检修维护）； 3. 管理人员违章指挥、强令冒险作业电工未持有效证件上岗； 4. 作业人员疲劳作业	1. 现场无警示标识或标识错误或破损（警戒区、标牌、反光锥等）； 2. 电线老化、破损，电焊机等设备漏电； 3. 设备接地保护损坏、防雷措施失效； 4. 电线架设不当、拖地、与金属物接触； 5. 手持电动工具无漏洞保护装置； 6. 电器开关无防雨、防潮设施； 7. 安全距离不足	1. 作业场地杂乱、潮湿或积水； 2. 作业场地照明不足	1. 临时用电方案不完善或未落实； 2. 发电机等安全操作规程不规范或未落实； 3. 电气设施材料等未进行进场验收； 4. 电工未对用电设施进行巡查或巡查不到位； 5. 机械设备安全管理制度未落实（发电机、振捣棒等机具检查维护保养不到位）； 6. 安全教育、培训、交底、检查制度不完善或未落实； 7. 未实行“一机、一箱、一闸、一漏保”措施； 8. 安全投入不足	√		√	√	√

续上表

分部工程	施工作业内容	典型风险事件	致害物	致险因素				风险事件后果类型				
				人的因素	物的因素	环境因素	管理因素	易导致受伤人员类型		人员伤亡		
								本人	他人	轻伤	重伤	死亡
洞内附属工程	疏散楼梯	高处坠落	始发井围挡不到位或不稳定的支架	1. 管理人员违章指挥、强令冒险作业； 2. 人员身体健康状况异常、心理异常、感知异常（有高血压、恐高症等禁忌症，反应迟钝，辨识错误），人员操作错误或违章作业（酒后作业）； 3. 作业人员未正确使用安全防护用品（安全带、防滑鞋等）； 4. 人员疲劳作业	1. 安全防护用品质量不合格，存在缺陷； 2. 现场无警示标识或标识破损； 3. 高处作业场所未设置安全防护等措施（安全绳索）； 4. 未设置人员上下安全爬梯或设置不规范	1. 作业环境不佳，场地湿滑、不平； 2. 施工照明不足	1. 安全教育、培训、交底、检查制度不完善或未落实； 2. 职业健康、安全管理制度不完善、未落实（定期体检）； 3. 安全投入不足； 4. 高处作业安全操作规程不规范或未落实； 5. 风险辨识、评估不到位	√		√	√	√
	防淹门安装	物体打击	作业平台上的工器具	1. 现场作业人员未正确使用安全防护用品（安全帽等）； 2. 人员违章进入危险区域； 3. 管理人员违章指挥，强令冒险作业； 4. 作业人员身体健康状况异常、心理异常、感知异常（反应迟钝、辨识错误）； 5. 作业人员操作错误，违章作业（违章抛物）	1. 安全防护用品不合格（安全帽等）； 2. 现场无警示标识或标识破损（警戒区、标牌、反光锥等）； 3. 作业过程中产生的坠落物（飞石、工具、材料等）； 4. 材料堆放不合理	1. 施工照明不足； 2. 作业场地杂乱	1. 安全教育、培训、交底、检查制度不完善或未落实； 2. 未对安全防护用品等进行进场验收或验收不到位； 3. 安全投入不足； 4. 现场交叉作业管理有缺陷		√	√	√	

续上表

分部工程	施工作业内容	典型风险事件	致害物	致险因素				风险事件后果类型				
				人的因素	物的因素	环境因素	管理因素	易导致受伤人员类型		人员伤亡		
								本人	他人	轻伤	重伤	死亡
洞内附属工程	防淹门安装	触电	破损漏电的设备和电线	1. 作业人员未正确使用安全防护用品（绝缘鞋、绝缘手套等）； 2. 作业人员操作错误或违章作业（带电检修维护）； 3. 管理人员违章指挥、强令冒险作业，电工未持有效证件上岗； 4. 作业人员疲劳作业	1. 现场无警示标识或标识错误或破损（警戒区、标牌、反光锥等）； 2. 电线老化、破损，电焊机等设备漏电； 3. 设备接地保护损坏、防雷措施失效； 4. 电线架设不当、拖地、与金属物接触； 5. 手持电动工具无漏洞保护装置； 6. 电器开关无防雨、防潮设施； 7. 安全距离不足	1. 作业场地杂乱、潮湿或积水； 2. 作业场地照明不足	1. 临时用电方案不完善或未落实； 2. 发电机等安全操作规程不规范或未落实； 3. 电气设施材料等未进行进场验收； 4. 电工未对用电设施进行巡查或巡查不到位； 5. 机械设备安全管理制度未落实（发电机、振捣棒等机具检查维护保养不到位）； 6. 安全教育、培训、交底、检查制度不完善或未落实； 7. 未实行“一机、一箱、一闸、一漏保”措施； 8. 安全投入不足	√		√	√	√

续上表

分部工程	施工作业内容	典型风险事件	致害物	致险因素				风险事件后果类型				
				人的因素	物的因素	环境因素	管理因素	易导致受伤人员类型		人员伤亡		
								本人	他人	轻伤	重伤	死亡
洞内附属工程	防淹门安装	高处坠落	围挡不到位或不稳定的支架	1. 管理人员违章指挥、强令冒险作业； 2. 人员身体健康状况异常、心理异常、感知异常(有高血压、恐高症等禁忌症，反应迟钝，辨识错误)，人员操作错误或违章作业(酒后作业)； 3. 作业人员未正确使用安全防护用品(安全带、防滑鞋等)； 4. 人员疲劳作业	1. 安全防护用品质量不合格，存在缺陷； 2. 现场无警示标识或标识破损； 3. 高处作业场所未设置安全防护等措施(安全绳索)； 4. 未设置人员上下安全爬梯或设置不规范	1. 作业环境不佳，场地湿滑、不平； 2. 施工照明不足	1. 安全教育、培训、交底、检查制度不完善或未落实； 2. 职业健康、安全管理制度不完善、未落实(定期体检)； 3. 安全投入不足； 4. 高处作业安全操作规程不规范或未落实； 5. 风险辨识、评估不到位	√		√	√	√
洞门工程	洞门结构	物体打击	作业平台上的工器具	1. 现场作业人员未正确使用安全防护用品(安全帽等)； 2. 人员违章进入危险区域； 3. 管理人员违章指挥，强令冒险作业； 4. 作业人员身体健康状况异常、心理异常、感知异常(反应迟钝、辨识错误)； 5. 作业人员操作错误，违章作业(违章抛物)	1. 安全防护用品不合格(安全帽等)； 2. 现场无警示标识或标识破损(警戒区、标牌、反光锥等)； 3. 作业过程中产生的坠落物(飞石、工具、材料等)； 4. 材料堆放不合理	1. 强风、暴雨、大雪、大雾等不良天气； 2. 夜间施工照明不足； 3. 作业场地杂乱	1. 安全教育、培训、交底、检查制度不完善或未落实； 2. 未对安全防护用品等进行进场验收或验收不到位； 3. 安全投入不足； 4. 现场交叉作业管理有缺陷		√	√	√	

续上表

分部工程	施工作业内容	典型风险事件	致害物	致险因素				风险事件后果类型				
				人的因素	物的因素	环境因素	管理因素	易导致受伤人员类型		人员伤亡		
								本人	他人	轻伤	重伤	死亡
洞门工程	洞门结构	机械伤害	各类施工机具	1. 人员违章进入危险区域（机械作业半径等）； 2. 管理人员违章指挥，强令冒险作业（机械作业半径等）； 3. 机械操作人员未持有效证件上岗； 4. 机械操作人员操作错误，违章作业（违规载人、酒后作业）； 5. 操作人员身体健康状况异常、心理异常、感知异常（反应迟钝、辨识错误）； 6. 现场作业人员未正确使用安全防护用品（反光背心、安全帽等）； 7. 机械操作人员疲劳作业	1. 现场无警示标识或标识破损（警戒区、标牌、反光贴等）； 2. 设备设施安全作业距离不足； 3. 设备带“病”作业（设备设施制动装置失效、运动或转动装置无防护或防护装置有缺陷等）； 4. 安全防护用品不合格（反光背心、安全帽、护目镜等）； 5. 通风排烟排尘设备故障或未使用	1. 强风、暴雨、大雪、大雾等不良天气； 2. 作业场地狭窄、不平整、道路湿滑； 3. 夜间施工照明不足； 4. 通风不良，粉尘浓度大，能见度低	1. 机械设备安全管理制度不完善或未落实（检查维护保养不到位）； 2. 未对机械设备、安全防护用品等进行进场验收或验收不到位； 3. 安全教育、培训、交底、检查制度不完善或未落实； 4. 机械设备安全操作规程不规范或未落实； 5. 安全投入不足； 6. 通风排烟排尘制度未完善或未落实	√	√	√	√	

续上表

分部工程	施工作业内容	典型风险事件	致害物	致险因素				风险事件后果类型				
				人的因素	物的因素	环境因素	管理因素	易导致受伤人员类型		人员伤亡		
								本人	他人	轻伤	重伤	死亡
洞门工程	洞门结构	起重伤害	汽车起重机	1. 人员违章进入危险区域； 2. 管理人员违章指挥，强令冒险作业(无司索信号工或指挥错误)； 3. 起重作业人员、司索信号工未持有效证件上岗； 4. 起重作业人员操作错误，违章作业(酒后作业，支腿未全部打开，支腿未支垫枕木等“十不吊”)； 5. 起重人员身体健康状况异常、心理异常、感知异常(反应迟钝、辨识错误)； 6. 现场作业人员未正确使用安全防护用品(反光背心、安全帽等)； 7. 指挥信号不清、错误	1. 现场无警示标识或标识破损(警戒区、标牌、反光锥等)； 2. 吊索吊具不合格或达到报废标准(钢丝绳、吊带、U形卸扣等)； 3. 支垫材料不合格(枕木、钢板等)； 4. 无防护或防护装置缺陷(防脱钩装置、限位装置等)； 5. 起重机带“病”作业(制动装置等)； 6. 安全防护用品不合格(反光背心、安全帽等)； 7. 构件强度不够	1. 雷雨大风(6级以上)、大雾、高温等恶劣天气； 2. 作业场地不平整、不坚实； 3. 夜间施工照明不足； 4. 噪声、粉尘、有毒气体影响	1. 起重吊装专项施工方案不完善或未落实； 2. 设备设施安全管理制度不完善或未落实(检查维护保养不到位)； 3. 起重吊装安全操作规程不规范或未落实； 4. 安全教育、培训、交底、检查制度不完善或未落实； 5. 未对机械设备、安全防护用品等进行进场验收或验收不到位； 6. 安全投入不足		√	√	√	√

续上表

分部工程	施工作业内容	典型风险事件	致害物	致险因素				风险事件后果类型				
				人的因素	物的因素	环境因素	管理因素	易导致受伤人员类型		人员伤亡		
								本人	他人	轻伤	重伤	死亡
洞门工程	洞门结构	触电	破损漏电的设备和电线	1. 作业人员未正确使用安全防护用品（绝缘鞋、绝缘手套等）； 2. 作业人员操作错误或违章作业（带电检修维护）； 3. 管理人员违章指挥、强令冒险作业，电工未持有效证件上岗； 4. 作业人员疲劳作业	1. 现场无警示标识或标识错误或破损（警戒区、标牌、反光锥等）； 2. 电线老化、破损，电焊机等设备漏电； 3. 设备接地保护损坏、防雷措施失效； 4. 电线架设不当、拖地、与金属物接触； 5. 手持电动工具无漏洞保护装置； 6. 电器开关无防雨、防潮设施； 7. 安全距离不足	1. 强风、雷雨、大雪等不良天气； 2. 作业场地杂乱、潮湿或积水； 3. 作业场地照明不足	1. 临时用电方案不完善或未落实； 2. 发电机等安全操作规程不规范或未落实； 3. 电气设施材料等未进行进场验收； 4. 电工未对用电设施进行巡查或巡查不到位； 5. 机械设备安全管理制度未落实（发电机、振捣棒等机具检查维护保养不到位）； 6. 安全教育、培训、交底、检查制度不完善或未落实； 7. 未实行“一机、一箱、一闸、一漏保”措施； 8. 安全投入不足	√		√	√	√

续上表

分部工程	施工作业内容	典型风险事件	致害物	致险因素				风险事件后果类型				
				人的因素	物的因素	环境因素	管理因素	易导致受伤人员类型		人员伤亡		
								本人	他人	轻伤	重伤	死亡
洞门工程	洞门结构	高处坠落	围挡不到位或不稳定的支架	1. 管理人员违章指挥、强令冒险作业； 2. 人员身体健康状况异常、心理异常、感知异常（有高血压、恐高症等禁忌症，反应迟钝，辨识错误），人员操作错误或违章作业（酒后作业）； 3. 作业人员未正确使用安全防护用品（安全带、防滑鞋等）； 4. 人员疲劳作业	1. 安全防护用品质量不合格，存在缺陷； 2. 现场无警示标识或标识破损； 3. 高处作业场所未设置安全防护等措施（安全绳索）； 4. 未设置人员上下安全爬梯或设置不规范	1. 作业环境不佳，场地湿滑、不平； 2. 6 级以上大风、雷电、暴雨等恶劣天气； 3. 夜间施工照明不足	1. 安全教育、培训、交底、检查制度不完善或未落实； 2. 职业健康、安全管理制度不完善、未落实（定期体检）； 3. 安全投入不足； 4. 高处作业安全操作规程不规范或未落实； 5. 风险辨识、评估不到位	√		√	√	√
		坍塌	不良地质或支护不到位	1. 管理人员违章指挥，强令冒险作业（防护、放坡不及时）； 2. 人员心理异常（冒险侥幸心理）； 3. 作业人员操作错误； 4. 有违章作业、违反劳动纪律的行为（管理人员脱岗）	1. 无警示信号或信号不清（紧急撤离信号）； 2. 现场无警示标识或标识破损（警戒区、标牌、反光锥等）； 3. 截（排）水设施不完善； 4. 防护形式错或防护材料不合格（材料强度不足等）；	1. 存在滑坡、偏压、顺层、富水等不良地质； 2. 强风、暴雨、大雪等不良天气	1. 施工方案不完善或未落实（掏底开挖或上下重叠开挖，开挖完后未及时施工防护及排水）； 2. 安全教育、培训、交底、检查制度不完善或未落实； 3. 安全投入不足；	√	√	√	√	√

续上表

分部工程	施工作业内容	典型风险事件	致害物	致险因素				风险事件后果类型				
				人的因素	物的因素	环境因素	管理因素	易导致受伤人员类型		人员伤亡		
								本人	他人	轻伤	重伤	死亡
洞门工程	洞门结构	坍塌	不良地质或支护不到位		5. 监控监测设备缺失或失效		4. 第三方检测单位无资质或资质不满足； 5. 监测方案不完善或未落实，未及时有效地对监测数据进行分析判断					
	洞门防水	物体打击	作业平台的工器具	1. 现场作业人员未正确使用安全防护用品（安全帽等）； 2. 人员违章进入危险区域； 3. 管理人员违章指挥，强令冒险作业； 4. 作业人员身体健康状况异常、心理异常、感知异常（反应迟钝、辨识错误）； 5. 作业人员操作错误，违章作业（违章抛物）	1. 安全防护用品不合格（安全帽等）； 2. 现场无警示标识或标识破损（警戒区、标牌、反光锥等）； 3. 作业过程中产生的坠落物（飞石、工具、材料等）； 4. 材料堆放不合理	1. 强风、暴雨、大雪、大雾等不良天气； 2. 夜间施工照明不足； 3. 作业场地杂乱	1. 安全教育、培训、交底、检查制度不完善或未落实； 2. 未对安全防护用品等进行进场验收或验收不到位； 3. 安全投入不足； 4. 现场交叉作业管理有缺陷		√	√	√	

续上表

分部工程	施工作业内容	典型风险事件	致害物	致险因素				风险事件后果类型				
				人的因素	物的因素	环境因素	管理因素	易导致受伤人员类型		人员伤亡		
								本人	他人	轻伤	重伤	死亡
洞门工程	洞门防水	机械伤害	各类施工机具	1. 人员违章进入危险区域（机械作业半径等）； 2. 管理人员违章指挥，强令冒险作业（机械作业半径等）； 3. 机械操作人员未持有效证件上岗； 4. 机械操作人员操作错误，违章作业（违规载人、酒后作业）； 5. 操作人员身体健康状况异常、心理异常、感知异常（反应迟钝、辨识错误）； 6. 现场作业人员未正确使用安全防护用品（反光背心、安全帽等）； 7. 机械操作人员疲劳作业	1. 现场无警示标识或标识破损（警戒区、标牌、反光贴等）； 2. 设备设施安全作业距离不足； 3. 设备带“病”作业（设备设施制动装置失效、运动或转动装置无防护或防护装置有缺陷等）； 4. 安全防护用品不合格（反光背心、安全帽、护目镜等）； 5. 通风排烟排尘设备故障或未使用	1. 强风、暴雨、大雪、大雾等不良天气； 2. 作业场地狭窄、不平整、道路湿滑； 3. 夜间施工照明不足； 4. 通风不良，粉尘浓度大，能见度低	1. 机械设备安全管理制度不完善或未落实（检查维护保养不到位）； 2. 未对机械设备、安全防护用品等进行进场验收或验收不到位； 3. 安全教育、培训、交底、检查制度不完善或未落实； 4. 机械设备安全操作规程不规范或未落实； 5. 安全投入不足； 6. 通风排烟排尘制度未完善或未落实	√	√	√	√	

续上表

分部工程	施工作业内容	典型风险事件	致害物	致险因素				风险事件后果类型				
				人的因素	物的因素	环境因素	管理因素	易导致受伤人员类型		人员伤亡		
								本人	他人	轻伤	重伤	死亡
洞门工程	洞门防水	火灾	作业场所设施、设备、物料等易燃可燃物	1. 作业人员操作错误，违章作业（私拉乱接电线，违规进行动火作业）； 2. 管理人员违章指挥，强令冒险作业（违章指挥作业人员进行动火作业）； 3. 有违反劳动纪律的行为（吸烟等）	1. 未配置消防器材等防火设施或消防器材等防火设施失效； 2. 易燃材料存放，防火安全距离不足； 3. 现场无警示标识或标识破损（动火作业警戒区、禁火标牌等）； 4. 用电设备或电缆漏电、短路引起明火	1. 高温、干燥、大风天气； 2. 作业场地杂乱	1. 消防安全管理制度不完善或未落实（未定期进行消防检查）； 2. 未对消防器材等进行进场验收或验收不到位； 3. 安全教育、培训、交底制度不完善或未落实； 4. 安全投入不足； 5. 材料堆放制度不完善或未落实	√	√	√	√	
		高处坠落	围挡不到位或不稳定的支架	1. 管理人员违章指挥、强令冒险作业； 2. 人员身体健康状况异常、心理异常、感知异常（有高血压、恐高症等禁忌症，反应迟钝，辨识错误），人员操作错误或违章作业（酒后作业）； 3. 作业人员未正确使用安全防护用品（安全带、防滑鞋等）； 4. 人员疲劳作业	1. 安全防护用品质量不合格，存在缺陷； 2. 现场无警示标识或标识破损； 3. 高处作业场所未设置安全防护等措施（安全绳索）； 4. 未设置人员上下安全爬梯或设置不规范	1. 作业环境不佳，场地湿滑、不平； 2. 6级以上大风、雷电、暴雨等恶劣天气； 3. 夜间施工照明不足	1. 安全教育、培训、交底、检查制度不完善或未落实； 2. 职业健康、安全管理制度不完善、未落实（定期体检）； 3. 安全投入不足； 4. 高处作业安全操作规程不规范或未落实； 5. 风险辨识、评估不到位	√		√	√	√

续上表

分部工程	施工作业内容	典型风险事件	致害物	致险因素				风险事件后果类型				
				人的因素	物的因素	环境因素	管理因素	易导致受伤人员类型		人员伤亡		
								本人	他人	轻伤	重伤	死亡
装饰装修工程	装饰装修	物体打击	作业平台上的工器具	1. 现场作业人员未正确使用安全防护用品(安全帽等)； 2. 人员违章进入危险区域； 3. 管理人员违章指挥，强令冒险作业； 4. 作业人员身体健康状况异常、心理异常、感知异常(反应迟钝、辨识错误)； 5. 作业人员操作错误，违章作业(违章抛物)	1. 安全防护用品不合格(安全帽等)； 2. 现场无警示标识或标识破损(警戒区、标牌、反光锥等)； 3. 作业过程中产生的坠落物(飞石、工具、材料等)； 4. 材料堆放不合理	1. 夜间施工照明不足； 2. 作业场地杂乱	1. 安全教育、培训、交底、检查制度不完善或未落实； 2. 未对安全防护用品等进行进场验收或验收不到位； 3. 安全投入不足； 4. 现场交叉作业管理有缺陷		√	√	√	
		触电	破损漏电的设备和电线	1. 作业人员未正确使用安全防护用品(绝缘鞋、绝缘手套等)； 2. 作业人员操作错误或违章作业(带电检修维护)；	1. 现场无警示标识或标识错误或破损(警戒区、标牌、反光锥等)； 2. 电线老化、破损，电焊机等设备漏电； 3. 设备接地保护损坏、防雷措施失效； 4. 电线架设不当、拖地、与金属物接触；	1. 作业场地杂乱、潮湿或积水； 2. 作业场地照明不足	1. 临时用电方案不完善或未落实； 2. 发电机等安全操作规程不规范或未落实； 3. 电气设施材料等未进行进场验收； 4. 电工未对用电设施进行巡查或巡查不到位；	√		√	√	√

续上表

分部工程	施工作业内容	典型风险事件	致害物	致险因素				风险事件后果类型				
				人的因素	物的因素	环境因素	管理因素	易导致受伤人员类型		人员伤亡		
								本人	他人	轻伤	重伤	死亡
装饰装修工程	装饰装修	触电	破损漏电的设备和电线	3. 管理人员违章指挥、强令冒险作业，电工未持有效证件上岗； 4. 作业人员疲劳作业	5. 手持电动工具无漏洞保护装置； 6. 电器开关无防雨、防潮设施； 7. 安全距离不足		5. 机械设备安全管理制度未落实（发电机、振捣棒等机具检查维护保养不到位）； 6. 安全教育、培训、交底、检查制度不完善或未落实； 7. 未实行“一机、一箱、一闸、一漏保”措施； 8. 安全投入不足					
		火灾	作业场所设施、设备、物料等易燃可燃物	1. 作业人员操作错误，违章作业（私拉乱接电线，违规进行动火作业）； 2. 管理人员违章指挥，强令冒险作业（违章指挥作业人员进行动火作业）； 3. 有违反劳动纪律的行为（吸烟等）	1. 未配置消防器材等防火设施或消防器材等防火设施失效； 2. 易燃材料存放，防火安全距离不足； 3. 现场无警示标识或标识破损（动火作业警戒区、禁火标牌等）； 4. 用电设备或电缆漏电、短路引起明火	1. 高温、干燥、大风天气； 2. 作业场地杂乱	1. 消防安全管理制度不完善或未落实（未定期进行消防检查）； 2. 未对消防器材等进行进场验收或验收不到位； 3. 安全教育、培训、交底制度不完善或未落实； 4. 安全投入不足； 5. 材料堆放制度不完善或未落实	√	√	√	√	

续上表

分部工程	施工作业内容	典型风险事件	致害物	致险因素				风险事件后果类型				
				人的因素	物的因素	环境因素	管理因素	易导致受伤人员类型		人员伤亡		
								本人	他人	轻伤	重伤	死亡
装饰装修工程	装饰装修	高处坠落	无防护的高处作业	1. 管理人员违章指挥、强令冒险作业； 2. 人员身体健康状况异常、心理异常、感知异常（有高血压、恐高症等禁忌症，反应迟钝，辨识错误），人员操作错误或违章作业（酒后作业）； 3. 作业人员未正确使用安全防护用品（安全带、防滑鞋等）； 4. 人员疲劳作业	1. 安全防护用品质量不合格，存在缺陷； 2. 现场无警示标识或标识破损； 3. 高处作业场所未设置安全防护等措施（安全绳索）； 4. 未设置人员上下安全爬梯或设置不规范	1. 作业环境不佳，场地湿滑、不平； 2. 6 级以上大风、雷电、暴雨等恶劣天气； 3. 夜间施工照明不足	1. 安全教育、培训、交底、检查制度不完善或未落实； 2. 职业健康、安全管理制度不完善、未落实（定期体检）； 3. 安全投入不足； 4. 高处作业安全操作规程不规范或未落实； 5. 风险辨识、评估不到位	√		√	√	√
机电安装工程	监控设施	起重伤害	起重设备、吊起的材料、吊具吊索	1. 人员违章进入危险区域； 2. 管理人员违章指挥，强令冒险作业（无司索信号工或指挥错误）； 3. 起重作业人员、司索信号工未持有效证件上岗；	1. 现场无警示标识或标识破损（警戒区、标牌、反光锥等）； 2. 吊索吊具不合格或达到报废标准（钢丝绳、吊带、U 形卸扣等）； 3. 支垫材料不合格（枕木、钢板等）；	1. 作业场地承载不足； 2. 作业场地不平整、不坚实； 3. 夜间施工照明不足； 4. 噪声、粉尘、有毒气体影响	1. 起重吊装专项施工方案不完善或未落实； 2. 设备设施安全管理制度不完善或未落实（检查维护保养不到位）；		√	√	√	√

续上表

分部工程	施工作业内容	典型风险事件	致害物	致险因素				风险事件后果类型				
				人的因素	物的因素	环境因素	管理因素	易导致受伤人员类型		人员伤亡		
								本人	他人	轻伤	重伤	死亡
机电安装工程	监控设施	起重伤害	起重设备、吊起的材料、吊具吊索	4. 起重作业人员操作错误，违章作业（酒后作业，支腿未全部打开，支腿未支垫枕木等“十不吊”）； 5. 起重人员身体健康状况异常、心理异常、感知异常（反应迟钝、辨识错误）； 6. 现场作业人员未正确使用安全防护用品（反光背心、安全帽等）； 7. 指挥信号不清、错误	4. 无防护或防护装置缺陷（防脱钩装置、限位装置等）； 5. 起重机带“病”作业（制动装置等）； 6. 安全防护用品不合格（反光背心、安全帽等）； 7. 构件强度不够		3. 起重吊装安全操作规程不规范或未落实； 4. 安全教育、培训、交底、检查制度不完善或未落实； 5. 未对机械设备、安全防护用品等进行进场验收或验收不到位； 6. 安全投入不足					
		触电	破损漏电的设备和电线	1. 作业人员未正确使用安全防护用品（绝缘鞋、绝缘手套等）； 2. 作业人员操作错误或违章作业（带电检修维护）；	1. 现场无警示标识或标识错误或破损（警戒区、标牌、反光锥等）； 2. 电线老化、破损，电焊机等设备漏电； 3. 设备接地保护损坏、防雷措施失效；	1. 作业场地杂乱、潮湿或积水； 2. 作业场地照明不足	1. 临时用电方案不完善或未落实； 2. 发电机等安全操作规程不规范或未落实； 3. 电气设施材料等未进行进场验收； 4. 电工未对用电设施进行巡查或巡查不到位；	√		√	√	√

续上表

分部工程	施工作业内容	典型风险事件	致害物	致险因素				风险事件后果类型				
				人的因素	物的因素	环境因素	管理因素	易导致受伤人员类型		人员伤亡		
								本人	他人	轻伤	重伤	死亡
机电安装工程	监控设施	触电	破损漏电的设备和电线	3. 管理人员违章指挥、强令冒险作业，电工未持有效证件上岗； 4. 作业人员疲劳作业	4. 电线架设不当、拖地、与金属物接触； 5. 手持电动工具无漏洞保护装置； 6. 电器开关无防雨、防潮设施； 7. 安全距离不足		5. 机械设备安全管理制度未落实（发电机、振捣棒等机具检查维护保养不到位）； 6. 安全教育、培训、交底、检查制度不完善或未落实； 7. 未实行“一机、一箱、一闸、一漏保”措施； 8. 安全投入不足					
		高处坠落	无防护的高处作业	1. 管理人员违章指挥、强令冒险作业； 2. 人员身体健康状况异常、心理异常、感知异常（有高血压、恐高症等禁忌症，反应迟钝，辨识错误）人员操作错误或违章作业（酒后作业）； 3. 作业人员未正确使用安全防护用品（安全带、防滑鞋等）； 4. 人员疲劳作业	1. 安全防护用品质量不合格，存在缺陷； 2. 现场无警示标识或标识破损； 3. 高处作业场所未设置安全防护等措施（安全绳索）； 4. 未设置人员上下安全爬梯或设置不规范	1. 作业环境不佳，场地湿滑、不平； 2. 夜间施工照明不足	1. 安全教育、培训、交底、检查制度不完善或未落实； 2. 职业健康、安全管理制度不完善、未落实（定期体检）； 3. 安全投入不足； 4. 高处作业安全操作规程不规范或未落实； 5. 风险辨识、评估不到位	√		√	√	√

续上表

分部工程	施工作业内容	典型风险事件	致害物	致险因素				风险事件后果类型				
				人的因素	物的因素	环境因素	管理因素	易导致受伤人员类型		人员伤亡		
								本人	他人	轻伤	重伤	死亡
机电安装工程	通信设施	触电	破损漏电的设备和电线	1. 作业人员未正确使用安全防护用品（绝缘鞋、绝缘手套等）； 2. 作业人员操作错误或违章作业（带电检修维护）； 3. 管理人员违章指挥、强令冒险作业，电工未持有效证件上岗； 4. 作业人员疲劳作业	1. 现场无警示标识或标识错误或破损（警戒区、标牌、反光锥等）； 2. 电线老化、破损，电焊机等设备漏电； 3. 设备接地保护损坏、防雷措施失效； 4. 电线架设不当、拖地、与金属物接触； 5. 手持电动工具无漏洞保护装置； 6. 电器开关无防雨、防潮设施； 7. 安全距离不足	1. 作业场地杂乱、潮湿或积水； 2. 作业场地照明不足	1. 临时用电方案不完善或未落实； 2. 发电机等安全操作规程不规范或未落实； 3. 电气设施材料等未进行进场验收； 4. 电工未对用电设施进行巡查或巡查不到位； 5. 机械设备安全管理制度未落实（发电机、振捣棒等机具检查维护保养不到位）； 6. 安全教育、培训、交底、检查制度不完善或未落实； 7. 未实行“一机、一箱、一闸、一漏保”措施； 8. 安全投入不足	√		√	√	√

续上表

分部工程	施工作业内容	典型风险事件	致害物	致险因素				风险事件后果类型				
				人的因素	物的因素	环境因素	管理因素	易导致受伤人员类型		人员伤亡		
								本人	他人	轻伤	重伤	死亡
机电安装工程	照明设施	起重伤害	起重设备、吊起的材料、吊具吊索	1. 人员违章进入危险区域； 2. 管理人员违章指挥，强令冒险作业（无司索信号工或指挥错误）； 3. 起重作业人员、司索信号工未持有效证件上岗； 4. 起重作业人员操作错误，违章作业（酒后作业，支腿未全部打开，支腿未支垫枕木等“十不吊”）； 5. 起重人员身体健康状况异常、心理异常、感知异常（反应迟钝、辨识错误）； 6. 现场作业人员未正确使用安全防护用品（反光背心、安全帽等）； 7. 指挥信号不清、错误	1. 现场无警示标识或标识破损（警戒区、标牌、反光锥等）； 2. 吊索吊具不合格或达到报废标准（钢丝绳、吊带、U形卸扣等）； 3. 支垫材料不合格（枕木、钢板等）； 4. 无防护或防护装置缺陷（防脱钩装置、限位装置等）； 5. 起重机带“病”作业（制动装置等）； 6. 安全防护用品不合格（反光背心、安全帽等）； 7. 构件强度不够	1. 作业场地承载不足； 2. 作业场地不平整、不坚实； 3. 夜间施工照明不足； 4. 噪声、粉尘、有毒气体影响	1. 起重吊装专项施工方案不完善或未落实； 2. 设备设施安全管理制度不完善或未落实（检查维护保养不到位）； 3. 起重吊装安全操作规程不规范或未落实； 4. 安全教育、培训、交底、检查制度不完善或未落实； 5. 未对机械设备、安全防护用品等进行进场验收或验收不到位； 6. 安全投入不足		√	√	√	√

续上表

<table>
<tr><th rowspan="3">分部工程</th><th rowspan="3">施工作业内容</th><th rowspan="3">典型风险事件</th><th rowspan="3">致害物</th><th colspan="4">致险因素</th><th colspan="5">风险事件后果类型</th></tr>
<tr><th rowspan="2">人的因素</th><th rowspan="2">物的因素</th><th rowspan="2">环境因素</th><th rowspan="2">管理因素</th><th colspan="2">易导致受伤人员类型</th><th colspan="3">人员伤亡</th></tr>
<tr><th>本人</th><th>他人</th><th>轻伤</th><th>重伤</th><th>死亡</th></tr>
<tr><td>机电安装工程</td><td>照明设施</td><td>触电</td><td>破损漏电的设备和电线</td><td>1. 作业人员未正确使用安全防护用品(绝缘鞋、绝缘手套等);
2. 作业人员操作错误或违章作业(带电检修维护);
3. 管理人员违章指挥、强令冒险作业,电工未持有效证件上岗;
4. 作业人员疲劳作业</td><td>1. 现场无警示标识或标识错误或破损(警戒区、标牌、反光锥等);
2. 电线老化、破损,电焊机等设备漏电;
3. 设备接地保护损坏、防雷措施失效;
4. 电线架设不当、拖地、与金属物接触;
5. 手持电动工具无漏洞保护装置;
6. 电器开关无防雨、防潮设施;
7. 安全距离不足</td><td>1. 作业场地杂乱、潮湿或积水;
2. 作业场地照明不足</td><td>1. 临时用电方案不完善或未落实;
2. 发电机等安全操作规程不规范或未落实;
3. 电气设施材料等未进行进场验收;
4. 电工未对用电设施进行巡查或巡查不到位;
5. 机械设备安全管理制度未落实(发电机、振捣棒等机具检查维护保养不到位);
6. 安全教育、培训、交底、检查制度不完善或未落实;
7. 未实行“一机、一箱、一闸、一漏保”措施;
8. 安全投入不足</td><td>√</td><td></td><td>√</td><td>√</td><td>√</td></tr>
</table>

续上表

分部工程	施工作业内容	典型风险事件	致害物	致险因素				风险事件后果类型				
				人的因素	物的因素	环境因素	管理因素	易导致受伤人员类型		人员伤亡		
								本人	他人	轻伤	重伤	死亡
机电安装工程	照明设施	高处坠落	无防护的高处作业	1. 管理人员违章指挥，强令冒险作业； 2. 人员身体健康状况异常、心理异常、感知异常（有高血压、恐高症等禁忌症，反应迟钝，辨识错误），人员操作错误或违章作业（酒后作业）； 3. 作业人员未正确使用安全防护用品（安全带、防滑鞋等）； 4. 人员疲劳作业	1. 安全防护用品质量不合格，存在缺陷； 2. 现场无警示标识或标识破损； 3. 高处作业场所未设置安全防护等措施（安全绳索）； 4. 未设置人员上下安全爬梯或设置不规范	1. 作业环境不佳，场地湿滑、不平； 2. 夜间施工照明不足	1. 安全教育、培训、交底、检查制度不完善或未落实； 2. 职业健康、安全管理制度不完善、未落实（定期体检）； 3. 安全投入不足； 4. 高处作业安全操作规程不规范或未落实； 5. 风险辨识、评估不到位	√		√	√	√

第二节　隧道工程（钻爆法）施工的主要安全风险分析

隧道工程（钻爆法）施工主要涉及临时工程、洞口边坡工程、洞身开挖、二次衬砌、其他工程等施工内容；典型风险事件主要有物体打击、高处坠落、触电、起重伤害、瓦斯爆炸、冒顶片帮、涌水突泥、爆炸、火灾、机械伤害、车辆伤害、坍塌、中毒窒息等；致害物主要包含了火工品、爆破引起的飞石和冲击波，渣土运输车辆，作业场所设施、设备、物料等易燃可燃物，损坏漏电的设备和电线，毒性气体和氧含量不足，存在瓦斯或富水等不良地质条件，不稳定土体、砌体、结构物等。风险事件的发生常常是因为人的因素、物的因素、环境因素、管理因素的管理、维护、设置等不到位而导致，具体风险分析见表 5-2。

隧道工程（钻爆法）施工的主要安全风险分析　　表 5-2

分部工程	施工作业内容	典型风险事件	致害物	致险因素				风险事件后果类型				
				人的因素	物的因素	环境因素	管理因素	易导致受伤人员类型		人员伤亡		
								本人	他人	轻伤	重伤	死亡
临时工程	场地平整	物体打击	工器具、零部件、滚石	1. 现场作业人员未正确使用安全防护用品（安全帽等）； 2. 人员违章进入危险区域； 3. 管理人员违章指挥，强令冒险作业； 4. 作业人员身体健康状况异常、心理异常、感知异常（反应迟钝、辨识错误）； 5. 作业人员操作错误，违章作业（违章抛物）	1. 安全防护用品不合格（安全帽等）； 2. 现场无警示标识或标识破损（警戒区、标牌、反光锥等）； 3. 作业过程中产生的坠落物（飞石、工具、材料等）； 4. 材料堆放不合理	1. 强风、暴雨、大雪、大雾等不良天气； 2. 夜间施工照明不足； 3. 作业场地杂乱； 4. 道路坑洼不平	1. 安全教育、培训、交底、检查制度不完善或未落实； 2. 安全防护用品等进行进场验收或验收不到位； 3. 现场交叉作业管理缺陷； 4. 安全投入不足		√	√	√	

续上表

分部工程	施工作业内容	典型风险事件	致害物	致险因素				风险事件后果类型				
				人的因素	物的因素	环境因素	管理因素	易导致受伤人员类型		人员伤亡		
								本人	他人	轻伤	重伤	死亡
临时工程	场地平整	高处坠落	无防护的平台	1. 管理人员违章指挥、强令冒险作业； 2. 作业人员身体健康状况异常、心理异常、感知异常（有高血压、心血管疾病、恐高症等禁忌症，反应迟钝，辨识错误）； 3. 作业人员操作错误或违章作业（人员酒后作业）； 4. 作业人员未正确使用安全防护用品（安全带、防滑鞋等）； 5. 人员疲劳作业	1. 高处作业场所未设置安全防护等措施（安全绳索、防坠器）； 2. 未设置安全警示标志或标识破损； 3. 安全防护用品质量不合格，存在缺陷； 4. 未设置人员上下安全爬梯及临边或设置不规范	1. 大风、雷电、大雪、暴雨等恶劣天气； 2. 夜间施工照明不足； 3. 作业场地不平整、湿滑	1. 安全教育、培训、交底、检查制度不完善或未落实； 2. 职业健康、安全管理制度不完善、未落实（定期体检）； 3. 高处作业安全操作规程不规范或未落实； 4. 安全防护用品等进行进场验收或验收不到位； 5. 安全投入不足	√		√	√	√

续上表

分部工程	施工作业内容	典型风险事件	致害物	致险因素				风险事件后果类型				
				人的因素	物的因素	环境因素	管理因素	易导致受伤人员类型		人员伤亡		
								本人	他人	轻伤	重伤	死亡
临时工程	场地平整	触电	破损漏电的设备和电线	1. 作业人员未正确使用安全防护用品(绝缘鞋、绝缘手套等); 2. 作业人员操作错误或违章作业(带电检修维护); 3. 管理人员违章指挥、强令冒险作业,电工未持有效证件上岗; 4. 作业人员疲劳作业	1. 现场无警示标识或标识错误或破损(警戒区、标牌、反光锥等); 2. 电线老化、破损,电焊机等设备漏电; 3. 设备接地保护损坏、防雷措施失效; 4. 电线架设不当、拖地、与金属物接触; 5. 手持电动工具无漏洞保护装置; 6. 电器开关无防雨、防潮设施; 7. 安全距离不足	1. 强风、雷雨、大雪等不良天气; 2. 作业场地杂乱、潮湿或积水; 3. 作业场地照明不足	1. 临时用电方案不完善或未落实; 2. 发电机等安全操作规程不规范或未落实; 3. 电气设施材料等未进行进场验收; 4. 电工未对用电设施进行巡查或巡查不到位; 5. 机械设备安全管理制度未落实(发电机、振捣棒等机具检查维护保养不到位); 6. 安全教育、培训、交底、检查制度不完善或未落实; 7. 未实行“一机、一箱、一闸、一漏保”措施; 8. 安全投入不足	√		√	√	√

续上表

分部工程	施工作业内容	典型风险事件	致害物	致险因素				风险事件后果类型				
				人的因素	物的因素	环境因素	管理因素	易导致受伤人员类型		人员伤亡		
								本人	他人	轻伤	重伤	死亡
临时工程	场地平整	机械伤害	挖掘机、装载机、小型施工设备等机械设备	1. 人员违章进入危险区域（机械作业半径等）； 2. 管理人员违章指挥，强令冒险作业（机械作业半径等）； 3. 机械操作人员未持有效证件上岗； 4. 机械操作人员操作错误，违章作业（违规载人、酒后作业）； 5. 操作人员身体健康状况异常、心理异常、感知异常（反应迟钝、辨识错误）； 6. 现场作业人员未正确使用安全防护用品（反光背心、安全帽等）； 7. 机械操作人员疲劳作业	1. 现场无警示标识或标识破损（警戒区、标牌、反光贴等）； 2. 设备设施安全作业距离不足； 3. 设备带“病”作业（设备设施制动装置失效、运动或转动装置无防护或防护装置有缺陷等）； 4. 安全防护用品不合格（反光背心、安全帽、护目镜等）； 5. 洒水降尘设备故障或未使用； 6. 开关布局不合理	1. 强风、暴雨、大雪、大雾等不良天气； 2. 作业场地狭窄、作业区杂乱无章、通道不畅、地面积水； 3. 夜间施工照明不足； 4. 工作面扬尘，能见度低	1. 机械设备安全管理制度不完善或未落实（检查维护保养不到位）； 2. 未对机械设备、安全防护用品等进行进场验收或验收不到位； 3. 安全教育、培训、交底、检查制度不完善或未落实； 4. 机械设备安全操作规程不规范或未落实； 5. 洒水降尘制度未完善或未落实； 6. 安全投入不足	√	√	√	√	

续上表

分部工程	施工作业内容	典型风险事件	致害物	致险因素				风险事件后果类型				
				人的因素	物的因素	环境因素	管理因素	易导致受伤人员类型		人员伤亡		
								本人	他人	轻伤	重伤	死亡
临时工程	场地平整	车辆伤害	渣土运输车辆及其他运输车辆等	1. 人员违章进入危险区域； 2. 管理人员违章指挥，强令冒险作业（进入驾驶人员视野盲区等）； 3. 驾驶人员未持有效证件上岗； 4. 驾驶人员操作错误，违章作业（违规载人，酒后驾驶，超速、超限、超载作业）； 5. 驾驶人员身体健康状况异常、心理异常、感知异常（反应迟钝、辨识错误）； 6. 驾驶人员疲劳作业； 7. 现场作业人员未正确使用安全防护用品（反光背心、安全帽等）	1. 现场无警示标识或标识破损（警戒区、标牌、反光锥、反光贴等）； 2. 车辆带“病”作业（制动装置、喇叭、后视镜、警示灯等设施有缺陷）； 3. 车辆作业安全距离不足； 4. 安全防护用品不合格（反光背心、安全帽等）； 5. 洒水降尘设备故障或未使用； 6. 安全防护装置不可靠	1. 强风、暴雨、大雪、大雾等不良天气； 2. 作业场地狭窄、不平整、道路湿滑； 3. 夜间施工照明不足； 4. 工作面扬尘，能见度低	1. 未对车辆设备、安全防护用品等进行进场验收或验收不到位； 2. 车辆安全管理制度不完善或未落实（检查维护保养不到位）； 3. 安全操作规程不规范或未落实（作业前未对车辆周围环境进行检查）； 4. 安全教育、培训、交底、检查制度不完善或未落实； 5. 职业健康管理制度不完善或未落实； 6. 洒水降尘制度未完善或未落实； 7. 安全投入不足		√	√	√	

续上表

分部工程	施工作业内容	典型风险事件	致害物	致险因素				风险事件后果类型				
				人的因素	物的因素	环境因素	管理因素	易导致受伤人员类型		人员伤亡		
								本人	他人	轻伤	重伤	死亡
临时工程	施工场地布置	物体打击	工器具、零部件、滚石	1. 现场作业人员未正确使用安全防护用品（安全帽等）； 2. 人员违章进入危险区域； 3. 管理人员违章指挥，强令冒险作业； 4. 作业人员身体健康状况异常、心理异常、感知异常（反应迟钝、辨识错误）； 5. 作业人员操作错误，违章作业（违章抛物）	1. 安全防护用品不合格（安全帽等）； 2. 现场无警示标识或标识破损（警戒区、标牌、反光锥等）； 3. 作业过程中产生的坠落物（飞石、工具、材料等）； 4. 材料堆放不合理	1. 强风、暴雨、大雪、大雾等不良天气； 2. 夜间施工照明不足； 3. 作业场地杂乱； 4. 道路坑洼不平	1. 安全教育、培训、交底、检查制度不完善或未落实； 2. 安全防护用品等进行进场验收或验收不到位； 3. 现场交叉作业管理缺陷； 4. 安全投入不足		√	√	√	
		高处坠落	无防护的平台	1. 管理人员违章指挥，强令冒险作业； 2. 作业人员身体健康状况异常、心理异常、感知异常（有高血压、心血管疾病、恐高症等禁忌症，反应迟钝，辨识错误）； 3. 作业人员操作错误或违章作业（人员酒后作业）； 4. 作业人员未正确使用安全防护用品（安全带、防滑鞋等）； 5. 人员疲劳作业	1. 高处作业场所未设置安全防护等措施（安全绳索）； 2. 未设置安全警示标志或标识破损； 3. 安全防护用品质量不合格，存在缺陷； 4. 未设置人员上下安全爬梯或设置不规范	1. 大风、雷电、大雪、暴雨等恶劣天气； 2. 夜间施工照明不足； 3. 作业场地不平整、湿滑	1. 安全教育、培训、交底、检查制度不完善或未落实； 2. 职业健康、安全管理制度不完善、未落实（定期体检）； 3. 高处作业安全操作规程不规范或未落实； 4. 安全防护用品等进行进场验收或验收不到位； 5. 安全投入不足	√		√	√	√

续上表

分部工程	施工作业内容	典型风险事件	致害物	致险因素				风险事件后果类型				
				人的因素	物的因素	环境因素	管理因素	易导致受伤人员类型		人员伤亡		
								本人	他人	轻伤	重伤	死亡
临时工程	施工场地布置	触电	破损漏电的设备和电线	1. 作业人员未正确使用安全防护用品(绝缘鞋、绝缘手套等); 2. 作业人员操作错误或违章作业(带电检修维护); 3. 管理人员违章指挥、强令冒险作业,电工未持有效证件上岗; 4. 作业人员疲劳作业	1. 现场无警示标识或标识错误或破损(警戒区、标牌、反光锥等); 2. 电线老化、破损,电焊机等设备漏电; 3. 设备接地保护损坏、防雷措施失效; 4. 电线架设不当、拖地、与金属物接触; 5. 手持电动工具无漏洞保护装置; 6. 电器开关无防雨、防潮设施; 7. 安全距离不足	1. 强风、雷雨、大雪等不良天气; 2. 作业场地杂乱、潮湿或积水; 3. 作业场地照明不足	1. 临时用电方案不完善或未落实; 2. 发电机等安全操作规程不规范或未落实; 3. 电气设施材料等未进行进场验收; 4. 电工未对用电设施进行巡查或巡查不到位; 5. 机械设备安全管理制度未落实(发电机、振捣棒等机具检查维护保养不到位); 6. 安全教育、培训、交底、检查制度不完善或未落实; 7. 未实行“一机、一箱、一闸、一漏保”措施; 8. 安全投入不足	√		√	√	√

续上表

分部工程	施工作业内容	典型风险事件	致害物	致险因素				风险事件后果类型				
				人的因素	物的因素	环境因素	管理因素	易导致受伤人员类型		人员伤亡		
								本人	他人	轻伤	重伤	死亡
临时工程	施工场地布置	起重伤害	起重设备、吊起的材料、吊具吊索	1. 人员违章进入危险区域； 2. 管理人员违章指挥，强令冒险作业（无司索信号工或指挥错误）； 3. 起重作业人员、司索信号工未持有效证件上岗； 4. 起重作业人员操作错误，违章作业（酒后作业，支腿未全部打开，支腿未支垫枕木等“十不吊”）； 5. 起重人员身体健康状况异常、心理异常、感知异常（反应迟钝、辨识错误）； 6. 现场作业人员未正确使用安全防护用品（反光背心、安全帽等）； 7. 指挥信号不清、错误	1. 现场无警示标识或标识破损（警戒区、标牌、反光锥等）； 2. 吊索吊具不合格或达到报废标准（钢丝绳、吊带、U 形卸扣等）； 3. 支垫材料不合格（枕木、钢板等）； 4. 无防护或防护装置缺陷（防脱钩装置、限位装置等）； 5. 起重机带“病”作业（制动装置等）； 6. 安全防护用品不合格（反光背心、安全帽等）； 7. 构件强度不够	1. 雷雨大风（6 级以上）、大雾、高温等恶劣天气； 2. 作业场地不平整、不坚实； 3. 夜间施工照明不足； 4. 噪声、粉尘、有毒气体影响	1. 起重吊装专项施工方案不完善或未落实； 2. 设备设施安全管理制度不完善或未落实（检查维护保养不到位）； 3. 起重吊装安全操作规程不规范或未落实； 4. 安全教育、培训、交底、检查制度不完善或未落实； 5. 未对机械设备、安全防护用品等进行进场验收或验收不到位； 6. 安全投入不足		√	√	√	√

续上表

分部工程	施工作业内容	典型风险事件	致害物	致险因素				风险事件后果类型				
				人的因素	物的因素	环境因素	管理因素	易导致受伤人员类型		人员伤亡		
								本人	他人	轻伤	重伤	死亡
临时工程	施工场地布置	机械伤害	挖掘机、装载机、小型施工设备等机械设备	1. 人员违章进入危险区域(机械作业半径等); 2. 管理人员违章指挥,强令冒险作业(机械作业半径等); 3. 机械操作人员未持有效证件上岗; 4. 机械操作人员操作错误,违章作业(违规载人、酒后作业); 5. 操作人员身体健康状况异常、心理异常、感知异常(反应迟钝、辨识错误); 6. 现场作业人员未正确使用安全防护用品(反光背心、安全帽等); 7. 机械操作人员疲劳作业	1. 现场无警示标识或标识破损(警戒区、标牌、反光贴等); 2. 设备设施安全作业距离不足; 3. 设备带“病”作业(设备设施制动装置失效、运动或转动装置无防护或防护装置有缺陷等); 4. 安全防护用品不合格(反光背心、安全帽、护目镜等); 5. 洒水降尘设备故障或未使用; 6. 开关布局不合理	1. 强风、暴雨、大雪、大雾等不良天气; 2. 作业场地狭窄、作业区杂乱无章、通道不畅、地面积水; 3. 夜间施工照明不足; 4. 工作面扬尘,能见度低	1. 机械设备安全管理制度不完善或未落实(检查维护保养不到位); 2. 未对机械设备、安全防护用品等进行进场验收或验收不到位; 3. 安全教育、培训、交底、检查制度不完善或未落实; 4. 机械设备安全操作规程不规范或未落实; 5. 洒水降尘制度未完善或未落实; 6. 安全投入不足	√	√	√	√	

续上表

分部工程	施工作业内容	典型风险事件	致害物	致险因素				风险事件后果类型				
				人的因素	物的因素	环境因素	管理因素	易导致受伤人员类型		人员伤亡		
								本人	他人	轻伤	重伤	死亡
临时工程	施工场地布置	车辆伤害	渣土运输车辆及其他运输车辆等	1. 人员违章进入危险区域； 2. 管理人员违章指挥，强令冒险作业（进入驾驶人员视野盲区等）； 3. 驾驶人员未持有效证件上岗； 4. 驾驶人员操作错误，违章作业（违规载人，酒后驾驶，超速、超限、超载作业）； 5. 驾驶人员身体健康状况异常、心理异常、感知异常（反应迟钝、辨识错误）； 6. 驾驶人员疲劳作业； 7. 现场作业人员未正确使用安全防护用品（反光背心、安全帽等）	1. 现场无警示标识或标识破损（警戒区、标牌、反光锥、反光贴等）； 2. 车辆带“病”作业（制动装置、喇叭、后视镜、警示灯等设施有缺陷）； 3. 车辆作业安全距离不足； 4. 安全防护用品不合格（反光背心、安全帽等）； 5. 洒水降尘设备故障或未使用； 6. 安全防护装置不可靠	1. 强风、暴雨、大雪、大雾等不良天气； 2. 作业场地狭窄、不平整、道路湿滑； 3. 夜间施工照明不足； 4. 工作面扬尘，能见度低	1. 未对车辆设备、安全防护用品等进行进场验收或验收不到位； 2. 车辆安全管理制度不完善或未落实（检查维护保养不到位）； 3. 安全操作规程不规范或未落实（作业前未对车辆周围环境进行检查）； 4. 安全教育、培训、交底、检查制度不完善或未落实； 5. 职业健康管理制度不完善或未落实； 6. 洒水降尘制度未完善或未落实； 7. 安全投入不足		√	√	√	

续上表

分部工程	施工作业内容	典型风险事件	致害物	致险因素				风险事件后果类型				
				人的因素	物的因素	环境因素	管理因素	易导致受伤人员类型		人员伤亡		
								本人	他人	轻伤	重伤	死亡
临时工程	辅助斜井	物体打击	工器具、零部件、滚石	1. 现场作业人员未正确使用安全防护用品(安全帽等); 2. 人员违章进入危险区域; 3. 管理人员违章指挥,强令冒险作业; 4. 作业人员身体健康状况异常、心理异常、感知异常(反应迟钝、辨识错误); 5. 作业人员操作错误,违章作业(违章抛物)	1. 安全防护用品不合格(安全帽等); 2. 现场无警示标识或标识破损(警戒区、标牌、反光锥等); 3. 作业过程中产生的坠落物(飞石、工具、材料等); 4. 材料堆放不合理	1. 作业场地照明不足; 2. 作业场地杂乱; 3. 道路坑洼不平	1. 安全教育、培训、交底、检查制度不完善或未落实; 2. 安全防护用品等进行进场验收或验收不到位; 3. 现场交叉作业管理缺陷; 4. 安全投入不足		√	√	√	
		高处坠落	无防护的高处作业	1. 管理人员违章指挥,强令冒险作业; 2. 人员身体健康状况异常、心理异常、感知异常(有高血压、心血管疾病、恐高症等禁忌症,反应迟钝,辨识错误),作业人员操作错误或违章作业(人员酒后作业); 3. 作业人员未正确使用安全防护用品(安全带、防滑鞋等); 4. 人员疲劳作业	1. 安全防护用品质量不合格,存在缺陷; 2. 现场无警示标识或标识破损; 3. 高处作业场所未设置安全防护等措施(安全绳索); 4. 未设置人员上下安全爬梯或设置不规范	1. 作业环境不佳,场地湿滑、不平; 2. 作业场地照明不足	1. 安全教育、培训、交底、检查制度不完善或未落实; 2. 职业健康、安全管理制度不完善、未落实(定期体检); 3. 高处作业安全操作规程不规范或未落实; 4. 安全投入不足	√		√	√	√

续上表

分部工程	施工作业内容	典型风险事件	致害物	致险因素				风险事件后果类型				
				人的因素	物的因素	环境因素	管理因素	易导致受伤人员类型		人员伤亡		
								本人	他人	轻伤	重伤	死亡
临时工程	辅助斜井	触电	破损漏电的设备和电线	1. 作业人员未正确使用安全防护用品（绝缘鞋、绝缘手套等）； 2. 作业人员操作错误或违章作业（带电检修维护）； 3. 管理人员违章指挥、强令冒险作业，电工未持有效证件上岗； 4. 作业人员疲劳作业	1. 现场无警示标识或标识错误或破损（警戒区、标牌、反光锥等）； 2. 电线老化、破损，电焊机等设备漏电； 3. 设备接地保护损坏、防雷措施失效； 4. 电线架设不当、拖地、与金属物接触； 5. 手持电动工具无漏洞保护装置； 6. 电器开关无防雨、防潮设施； 7. 安全距离不足	1. 作业场地照明不足； 2. 作业场地杂乱、潮湿或积水	1. 临时用电方案不完善或未落实； 2. 发电机等安全操作规程不规范或未落实； 3. 电气设施材料等未进行进场验收； 4. 电工未对用电设施进行巡查或巡查不到位； 5. 机械设备安全管理制度未落实（发电机、振捣棒等机具检查维护保养不到位）； 6. 安全教育、培训、交底、检查制度不完善或未落实； 7. 未实行“一机、一箱、一闸、一漏保”措施； 8. 安全投入不足	√		√	√	√

续上表

分部工程	施工作业内容	典型风险事件	致害物	致险因素				风险事件后果类型				
				人的因素	物的因素	环境因素	管理因素	易导致受伤人员类型		人员伤亡		
								本人	他人	轻伤	重伤	死亡
临时工程	辅助斜井	瓦斯爆炸	存在瓦斯等不良地质条件	1. 管理人员违章指挥，强令冒险作业（带电、无风作业等）； 2. 作业人员操作错误，违章作业（机械器具碰撞火花、电缆明接头、简化放炮程序等）； 3. 有违反劳动纪律的行为（抽烟等）	1. 监控监测设备缺失或失效； 2. 未使用防爆的照明等电器设施； 3. 隧道施工违规出现明火施工； 4. 爆破施工未使用煤矿许可用炸药及煤矿许用顺发雷管，爆破母线未使用铜芯绝缘线； 5. 通风系统、压风供水自救系统不完善或故障	1. 隧道存在瓦斯不良地质； 2. 工作面无风或风量不足	1. 第三方检测单位无资质或资质不满足； 2. 监测方案不完善或未落实，未及时有效地对监测数据进行分析判断； 3. 安全教育、培训、交底、检查制度不完善或未落实； 4. 瓦斯检测设备定期校验制度未落实； 5. 通风管理制度不完善； 6. 安全投入不足	√	√	√	√	√
		冒顶片帮	隧道顶部及侧壁存在不良地质	1. 管理人员违章指挥，强令冒险作业（超前加固处理措施不当、不及时）； 2. 人员心理异常（冒险侥幸心理）；	1. 监控监测设备缺失或失效； 2. 无警示信号或信号不清； 3. 支护不当（支护参数强度不足）	1. 隧道存在不良地质（岩层稳定性差、应力释放、渗水严重）； 2. 持续强降雨，土体自重增加	1. 第三方检测单位无资质或资质不满足； 2. 开挖支护施工方案不完善或未落实（超挖、安全步距超标、支护不及时、初期支护孔洞不密实）；	√	√	√	√	√

续上表

分部工程	施工作业内容	典型风险事件	致害物	致险因素				风险事件后果类型				
				人的因素	物的因素	环境因素	管理因素	易导致受伤人员类型		人员伤亡		
								本人	他人	轻伤	重伤	死亡
临时工程	辅助斜井	冒顶片帮	隧道顶部及侧壁存在不良地质	3. 作业人员操作错误,违章作业; 4. 有违反劳动纪律的行为(管理人员脱岗)			3. 监测方案不完善或未落实,未及时有效地对监测数据进行分析判断; 4. 安全教育、培训、交底、检查制度不完善或未落实; 5. 安全投入不足					
		涌水突泥	隧道存在不良地质或探测、疏导技术不足	1. 管理人员违章指挥,强令冒险作业(堵水排水处理措施不当、不及时); 2. 人员心理异常(冒险侥幸心理); 3. 作业人员操作错误,违章作业; 4. 有违反劳动纪律的行为(管理人员脱岗)	1. 监控监测设备缺失或失效; 2. 堵水材料(水泥浆等)不合格; 3. 无排水设施或排水设施失效; 4. 无警示信号或信号不清	隧道洞内存在不良地质(如富水区域且为压力水)	1. 第三方检测单位无资质或资质不满足; 2. 安全教育、培训、交底、检查制度不完善或未落实; 3. 监测方案不完善或未落实,未及时有效地对监测数据进行分析判断; 4. 堵排水方案不完善或未落实	√	√	√	√	√

续上表

分部工程	施工作业内容	典型风险事件	致害物	致险因素				风险事件后果类型				
				人的因素	物的因素	环境因素	管理因素	易导致受伤人员类型		人员伤亡		
								本人	他人	轻伤	重伤	死亡
临时工程	辅助斜井	放炮	火工品、爆破引起的飞石和冲击波	1. 爆破相关作业人员未持有效证件上岗； 2. 作业人员操作错误或违章作业； 3. 现场作业人员未正确使用安全防护用品（防静电服等）； 4. 管理人员违章指挥，强令冒险作业； 5. 作业人员疲劳作业； 6. 作业人员身体健康状况异常、心理异常、感知异常（反应迟钝、辨识错误）； 7. 警戒人员现场警戒不到位（有脱岗等违反劳动纪律的行为）； 8. 人员违章进入爆破区域	1. 现场无警示标识或标识破损（爆破警戒区、爆破公告等）； 2. 爆破无指挥信号或信号不清； 3. 爆破器材不合格或发生故障； 4. 爆破的安全距离不足； 5. 爆破产生的飞溅物	1. 作业环境不良； 2. 周边存在建（构）筑物或公共设施	1. 爆破专项施工方案不完善或未落实（爆破方法及用药量未按方案实施、盲炮未及时排查处理、人员机械未撤离至安全区域）； 2. 安全教育、培训、交底、检查制度不完善或未落实； 3. 火工品管理制度不完善或未落实； 4. 未对爆破施工队伍、作业人员进行资质审查； 5. 爆破作业安全操作规程不规范或未落实； 6. 安全投入不足	√	√	√	√	√

续上表

分部工程	施工作业内容	典型风险事件	致害物	致险因素				风险事件后果类型				
				人的因素	物的因素	环境因素	管理因素	易导致受伤人员类型		人员伤亡		
								本人	他人	轻伤	重伤	死亡
临时工程	辅助斜井	火灾	作业场所设施、设备、物料等易燃可燃物	1. 作业人员操作错误、违章作业(私拉乱接电线,违规进行动火作业); 2. 管理人员违章指挥,强令冒险作业(违章指挥作业人员进行动火作业); 3. 有违反劳动纪律的行为(吸烟等)	1. 未配置消防器材等防火设施或消防器材等防火设施失效; 2. 易燃材料存放,防火安全距离不足; 3. 现场无警示标识或标识破损(动火作业警戒区、禁火标牌等); 4. 用电设备或电缆漏电、短路引起明火	1. 高温、干燥、大风天气; 2. 作业场地杂乱; 3. 作业场地照明不足	1. 消防安全管理制度不完善或未落实(未定期进行消防检查); 2. 未对消防器材等进行进场验收或验收不到位; 3. 安全教育、培训、交底制度不完善或未落实; 4. 材料堆放制度不完善或未落实; 5. 安全投入不足	√	√	√	√	
		机械伤害	挖掘机、装载机、小型施工设备等机械设备	1. 人员违章进入危险区域(机械作业半径等); 2. 管理人员违章指挥,强令冒险作业(机械作业半径等); 3. 机械操作人员未持有效证件上岗; 4. 机械操作人员操作错误,违章作业(违规载人、酒后作业); 5. 操作人员身体健康状况异常、心理异常、感知异常(反应迟钝、辨识错误);	1. 现场无警示标识或标识破损(警戒区、标牌、反光贴等); 2. 设备设施安全作业距离不足; 3. 设备带"病"作业(设备设施制动装置失效、运动或转动装置无防护或防护装置有缺陷等);	1. 作业场地照明不足; 2. 作业场地狭窄、作业区杂乱无章、通道不畅、地面积水; 3. 通风不良,粉尘浓度大,能见度低	1. 机械设备安全管理制度不完善或未落实(检查维护保养不到位); 2. 未对机械设备、安全防护用品等进行进场验收或验收不到位; 3. 安全教育、培训、交底、检查制度不完善或未落实;	√	√	√	√	

续上表

分部工程	施工作业内容	典型风险事件	致害物	致险因素				风险事件后果类型				
				人的因素	物的因素	环境因素	管理因素	易导致受伤人员类型		人员伤亡		
								本人	他人	轻伤	重伤	死亡
临时工程	辅助斜井	机械伤害	挖掘机、装载机、小型施工设备等机械设备	6.现场作业人员未正确使用安全防护用品(反光背心、安全帽等)； 7.机械操作人员疲劳作业	4.安全防护用品不合格(反光背心、安全帽、护目镜等)； 5.通风排烟排尘设备故障或未使用		4.机械设备安全操作规程不规范或未落实； 5.通风排烟排尘制度未完善或未落实； 6.安全投入不足					
		车辆伤害	渣土运输车辆及其他运输车辆等	1.人员违章进入危险区域； 2.管理人员违章指挥,强令冒险作业(进入驾驶人员视野盲区等)； 3.驾驶人员未持有效证件上岗； 4.驾驶人员操作错误,违章作业(违规载人,酒后驾驶,超速、超限、超载作业)； 5.驾驶人员身体健康状况异常、心理异常、感知异常(反应迟钝、辨识错误)； 6.驾驶人员疲劳作业； 7.现场作业人员未正确使用安全防护用品(反光背心、安全帽等)	1.现场无警示标识或标识破损(警戒区、标牌、反光锥、反光贴等)； 2.车辆带“病”作业(制动装置、喇叭、后视镜、警示灯等设施有缺陷)； 3.车辆作业安全距离不足； 4.安全防护用品不合格(反光背心、安全帽等)； 5.通风排烟排尘设备故障或未使用； 6.安全防护装置不可靠	1.作业场地照明不足； 2.作业场地狭窄、不平整、道路湿滑； 3.通风不良,粉尘浓度大,能见度低	1.未对车辆设备、安全防护用品等进行进场验收或验收不到位； 2.车辆安全管理制度不完善或未落实(检查维护保养不到位)； 3.安全操作规程不规范或未落实(作业前未对车辆周围环境进行检查)； 4.安全教育、培训、交底、检查制度不完善或未落实； 5.职业健康管理制度不完善或未落实； 6.通风排烟排尘制度未完善或未落实； 7.安全投入不足		√	√	√	

续上表

分部工程	施工作业内容	典型风险事件	致害物	致险因素				风险事件后果类型				
				人的因素	物的因素	环境因素	管理因素	易导致受伤人员类型		人员伤亡		
								本人	他人	轻伤	重伤	死亡
临时工程	辅助斜井	坍塌	不稳定土体、砌体、结构物等	1. 管理人员违章指挥,强令冒险作业(开挖进尺大、支护不及时); 2. 人员心理异常(冒险侥幸心理); 3. 作业人员操作错误; 4. 有违章作业、违反劳动纪律的行为(管理人员脱岗)	1. 无警示信号或信号不清(紧急撤离信号); 2. 现场无警示标识或标识破损(警戒区、标牌、反光锥等); 3. 截排水设施不完善; 4. 支护形式错或支护材料不合格(材料强度不足等); 5. 监控监测设备缺失或失效	存在滑坡、偏压、顺层、富水区域且为压力水等不良地质	1. 施工方案不完善或未落实; 2. 安全教育、培训、交底、检查制度不完善或未落实; 3. 第三方检测单位无资质或资质不满足,超前地质预报工作不足; 4. 监测方案不完善或未落实,未及时有效地对监测数据进行分析判断; 5. 安全投入不足	√	√	√	√	√
		中毒窒息	毒性气体和氧含量不足	1. 现场作业人员未正确使用安全防护用品(防毒口罩等); 2. 作业人员违章作业(违规使用明火取暖); 3. 管理人员违章指挥,强令冒险作业; 4. 隧道通风无专人管理	1. 安全防护用品不合格(防毒口罩等); 2. 无监测装置或装置失效,通风设施损坏,通风管长度不足; 3. 机械设备老化、不合格或设备损坏,产生有毒有害气体	1. 作业区域通风不良,氧含量不足; 2. 作业现场有害气体浓度超标; 3. 作业场地空间狭窄	1. 专项施工方案不完善或未落实(未进行有毒有害气体检测); 2. 安全教育、培训、交底、检查制度不完善或未落实; 3. 安全投入不足	√	√	√	√	√

续上表

分部工程	施工作业内容	典型风险事件	致害物	致险因素				风险事件后果类型				
				人的因素	物的因素	环境因素	管理因素	易导致受伤人员类型		人员伤亡		
								本人	他人	轻伤	重伤	死亡
临时工程	辅助竖井	物体打击	工器具、零部件、滚石	1. 现场作业人员未正确使用安全防护用品（安全帽等）； 2. 人员违章进入危险区域； 3. 管理人员违章指挥，强令冒险作业； 4. 作业人员身体健康状况异常、心理异常、感知异常（反应迟钝、辨识错误）； 5. 作业人员操作错误，违章作业（违章抛物）	1. 安全防护用品不合格（安全帽等）； 2. 现场无警示标识或标识破损（警戒区、标牌、反光锥等）； 3. 作业过程中产生的坠落物（飞石、工具、材料等）； 4. 材料堆放不合理	1. 作业场地照明不足； 2. 作业场地狭小且杂乱； 3. 道路坑洼不平	1. 安全教育、培训、交底、检查制度不完善或未落实； 2. 安全防护用品等进行进场验收或验收不到位； 3. 现场交叉作业管理缺陷； 4. 安全投入不足		√	√	√	
		高处坠落	无防护的高处作业	1. 管理人员违章指挥、强令冒险作业； 2. 人员身体健康状况异常、心理异常、感知异常（有高血压、恐高症等禁忌症，反应迟钝，辨识错误，作业人员操作错误或违章作业（人员酒后作业）； 3. 作业人员未正确使用安全防护用品（安全带、防滑鞋等）； 4. 人员疲劳作业	1. 安全防护用品质量不合格，存在缺陷； 2. 现场无警示标识或标识破损； 3. 高处作业场所未设置安全防护等措施（安全绳索）； 4. 未设置人员上下安全爬梯或设置不规范	1. 作业环境不佳，场地湿滑、不平； 2. 6 级以上大风、雷电、暴雨等恶劣天气； 3. 作业场地照明不足	1. 安全教育、培训、交底、检查制度不完善或未落实； 2. 职业健康、安全管理制度不完善、未落实（定期体检）； 3. 高处作业安全操作规程不规范或未落实； 4. 安全投入不足	√		√	√	√

续上表

分部工程	施工作业内容	典型风险事件	致害物	致险因素				风险事件后果类型				
				人的因素	物的因素	环境因素	管理因素	易导致受伤人员类型		人员伤亡		
								本人	他人	轻伤	重伤	死亡
临时工程	辅助竖井	起重伤害	起重设备、吊起的材料、吊具吊索	1. 人员违章进入危险区域； 2. 管理人员违章指挥，强令冒险作业（无司索信号工或指挥错误）； 3. 起重作业人员、司索信号工未持有效证件上岗； 4. 起重作业人员操作错误，违章作业（酒后作业，支腿未全部打开，支腿未支垫枕木等“十不吊”）； 5. 起重人员身体健康状况异常、心理异常、感知异常（反应迟钝、辨识错误）； 6. 现场作业人员未正确使用安全防护用品（反光背心、安全帽等）； 7. 指挥信号不清、错误	1. 现场无警示标识或标识破损（警戒区、标牌、反光锥等）； 2. 吊索吊具不合格或达到报废标准（钢丝绳、吊带、U 形卸扣等）； 3. 支垫材料不合格（枕木、钢板等）； 4. 无防护或防护装置缺陷（防脱钩装置、限位装置等）； 5. 起重机带“病”作业（制动装置等）； 6. 安全防护用品不合格（反光背心、安全帽等）； 7. 构件强度不够	1. 雷雨大风（6 级以上）、大雾、高温等恶劣天气； 2. 作业场地承载不足、作业场地不平整； 3. 作业场地照明不足； 4. 噪声、粉尘、有毒气体影响	1. 起重吊装专项施工方案不完善或未落实； 2. 设备设施安全管理制度不完善或未落实（检查维护保养不到位）； 3. 起重吊装安全操作规程不规范或未落实； 4. 安全教育、培训、交底、检查制度不完善或未落实； 5. 未对机械设备、安全防护用品等进行进场验收或验收不到位； 6. 安全投入不足		√	√	√	√

续上表

分部工程	施工作业内容	典型风险事件	致害物	致险因素				风险事件后果类型				
				人的因素	物的因素	环境因素	管理因素	易导致受伤人员类型		人员伤亡		
								本人	他人	轻伤	重伤	死亡
临时工程	辅助竖井	瓦斯爆炸	存在瓦斯等不良地质条件	1. 管理人员违章指挥,强令冒险作业(超前加固处理措施不当、不及时); 2. 人员心理异常(冒险侥幸心理); 3. 作业人员操作错误,违章作业; 4. 有违反劳动纪律的行为(管理人员脱岗)	1. 监控监测设备缺失或失效; 2. 无警示信号或信号不清; 3. 使用不防爆的电器设施; 4. 隧道施工违规出现明火施工; 5. 支护不当(支护参数强度不足)	1. 隧道存在瓦斯不良地质; 2. 作业场地照明不足	1. 第三方检测单位无资质或资质不满足; 2. 监测方案不完善或未落实,未及时有效地对监测数据进行分析判断; 3. 安全教育、培训、交底、检查制度不完善或未落实; 4. 安全投入不足	√	√	√	√	√
		冒顶片帮	隧道顶部及侧壁存在不良地质	1. 管理人员违章指挥,强令冒险作业(超前加固处理措施不当、不及时); 2. 人员心理异常(冒险侥幸心理); 3. 作业人员操作错误,违章作业; 4. 有违反劳动纪律的行为(管理人员脱岗)	1. 监控监测设备缺失或失效; 2. 无警示信号或信号不清; 3. 支护不当(支护参数强度不足)	1. 隧道存在不良地质(岩层稳定性差、应力释放、渗水严重); 2. 持续强降雨,土体自重增加	1. 第三方检测单位无资质或资质不满足; 2. 开挖支护施工方案不完善或未落实(超挖、安全步距超标、支护不及时、初期支护孔洞不密实); 3. 监测方案不完善或未落实,未及时有效地对监测数据进行分析判断; 4. 安全教育、培训、交底、检查制度不完善或未落实; 5. 安全投入不足	√	√	√	√	√

续上表

分部工程	施工作业内容	典型风险事件	致害物	致险因素				风险事件后果类型				
				人的因素	物的因素	环境因素	管理因素	易导致受伤人员类型		人员伤亡		
								本人	他人	轻伤	重伤	死亡
临时工程	辅助竖井	涌水突泥	隧道存在不良地质或探测、疏导技术不足	1. 管理人员违章指挥，强令冒险作业(堵水排水处理措施不当、不及时)； 2. 人员心理异常(冒险侥幸心理)； 3. 作业人员操作错误，违章作业； 4. 有违反劳动纪律的行为(管理人员脱岗)	1. 监控监测设备缺失或失效； 2. 堵水材料(水泥浆等)不合格； 3. 无排水设施或排水设施失效； 4. 无警示信号或信号不清	隧道洞内存在不良地质(如富水区域且为压力水)	1. 第三方检测单位无资质或资质不满足； 2. 安全教育、培训、交底、检查制度不完善或未落实； 3. 监测方案不完善或未落实，未及时有效地对监测数据进行分析判断； 4. 堵排水方案不完善或未落实	√	√	√	√	√
		放炮	火工品、爆破引起的飞石和冲击波	1. 爆破相关作业人员未持有效证件上岗； 2. 作业人员操作错误或违章作业； 3. 现场作业人员未正确使用安全防护用品(防静电服等)； 4. 管理人员违章指挥，强令冒险作业；	1. 现场无警示标识或标识破损(爆破警戒区、爆破公告等)； 2. 爆破无指挥信号或信号不清； 3. 爆破器材不合格或发生故障； 4. 爆破的安全距离不足； 5. 爆破产生的飞溅物	1. 作业环境不良； 2. 周边存在建(构)筑物或公共设施	1. 爆破专项施工方案不完善或未落实(爆破方法及用药量未按方案实施盲炮未及时排查处理、人员机械未撤离至安全区域)； 2. 安全教育、培训、交底、检查制度不完善或未落实； 3. 火工品管理制度不完善或未落实；	√	√	√	√	√

续上表

分部工程	施工作业内容	典型风险事件	致害物	致险因素				风险事件后果类型				
				人的因素	物的因素	环境因素	管理因素	易导致受伤人员类型		人员伤亡		
								本人	他人	轻伤	重伤	死亡
临时工程	辅助竖井	放炮	火工品、爆破引起的飞石和冲击波	5. 作业人员疲劳作业； 6. 作业人员身体健康状况异常、心理异常、感知异常（反应迟钝、辨识错误）； 7. 警戒人员现场警戒不到位（脱岗等违反劳动纪律）； 8. 人员违章进入爆破区域			4. 未对爆破施工队伍、作业人员进行资质审查； 5. 爆破作业安全操作规程不规范或未落实； 6. 安全投入不足					
		火灾	作业场所设施、设备、物料等易燃可燃物	1. 作业人员操作错误，违章作业（私拉乱接电线，违规进行动火作业）； 2. 管理人员违章指挥，强令冒险作业（违章指挥作业人员进行动火作业）； 3. 有违反劳动纪律的行为（吸烟等）	1. 未配置消防器材等防火设施或消防器材等防火设施失效； 2. 易燃材料存放，防火安全距离不足； 3. 现场无警示标识或标识破损（动火作业警戒区、禁火标牌等）； 4. 用电设备或电缆漏电、短路引起明火	1. 高温、干燥、大风天气； 2. 作业场地杂乱； 3. 作业场地照明不足	1. 消防安全管理制度不完善或未落实（未定期进行消防检查）； 2. 未对消防器材等进行进场验收或验收不到位； 3. 安全教育、培训、交底制度不完善或未落实； 4. 材料堆放制度不完善或未落实； 5. 安全投入不足	√	√	√	√	

续上表

分部工程	施工作业内容	典型风险事件	致害物	致险因素				风险事件后果类型				
				人的因素	物的因素	环境因素	管理因素	易导致受伤人员类型		人员伤亡		
								本人	他人	轻伤	重伤	死亡
临时工程	辅助竖井	机械伤害	挖掘机、装载机、小型施工设备等机械设备	1. 人员违章进入危险区域(机械作业半径等); 2. 管理人员违章指挥,强令冒险作业(机械作业半径等); 3. 机械操作人员未持有效证件上岗; 4. 机械操作人员操作错误,违章作业(违规载人、酒后作业); 5. 操作人员身体健康状况异常、心理异常、感知异常(反应迟钝、辨识错误); 6. 现场作业人员未正确使用安全防护用品(反光背心、安全帽等); 7. 机械操作人员疲劳作业	1. 现场无警示标识或标识破损(警戒区、标牌、反光贴等); 2. 设备设施安全作业距离不足; 3. 设备带"病"作业(设备设施制动装置失效、运动或转动装置无防护或防护装置有缺陷等); 4. 安全防护用品不合格(反光背心、安全帽、护目镜等); 5. 通风排烟排尘设备故障或未使用	1. 强风、暴雨、大雪、大雾等不良天气; 2. 作业场地狭窄、作业区杂乱无章、通道不畅、地面积水; 3. 夜间施工照明不足; 4. 通风不良,粉尘浓度大,能见度低	1. 机械设备安全管理制度不完善或未落实(检查维护保养不到位); 2. 未对机械设备、安全防护用品等进行进场验收或验收不到位; 3. 安全教育、培训、交底、检查制度不完善或未落实; 4. 机械设备安全操作规程不规范或未落实; 5. 通风排烟排尘制度未完善或未落实; 6. 安全投入不足	√	√	√	√	

续上表

分部工程	施工作业内容	典型风险事件	致害物	致险因素				风险事件后果类型				
				人的因素	物的因素	环境因素	管理因素	易导致受伤人员类型		人员伤亡		
								本人	他人	轻伤	重伤	死亡
临时工程	辅助竖井	车辆伤害	渣土运输车辆及其他运输车辆等	1. 人员违章进入危险区域； 2. 管理人员违章指挥，强令冒险作业（进入驾驶人员视野盲区等）； 3. 驾驶人员未持有效证件上岗； 4. 驾驶人员操作错误，违章作业（违规载人，酒后驾驶，超速、超限、超载作业）； 5. 驾驶人员身体健康状况异常、心理异常、感知异常（反应迟钝、辨识错误）； 6. 驾驶人员疲劳作业； 7. 现场作业人员未正确使用安全防护用品（反光背心、安全帽等）	1. 现场无警示标识或标识破损（警戒区、标牌、反光锥、反光贴等）； 2. 车辆带“病”作业（制动装置、喇叭、后视镜、警示灯等设施有缺陷）； 3. 车辆作业安全距离不足； 4. 安全防护用品不合格（反光背心、安全帽等）； 5. 通风排烟排尘设备故障或未使用	1. 强风、暴雨、大雪、大雾等不良天气； 2. 作业场地狭窄、不平整、道路湿滑； 3. 夜间施工照明不足； 4. 通风不良，粉尘浓度大，能见度低	1. 未对车辆设备、安全防护用品等进行进场验收或验收不到位； 2. 车辆安全管理制度不完善或未落实（检查维护保养不到位）； 3. 安全操作规程不规范或未落实（作业前未对车辆周围环境进行检查）； 4. 安全教育、培训、交底、检查制度不完善或未落实； 5. 职业健康管理制度不完善或未落实； 6. 通风排烟排尘制度未完善或未落实； 7. 安全投入不足		√	√	√	

续上表

分部工程	施工作业内容	典型风险事件	致害物	致险因素				风险事件后果类型				
				人的因素	物的因素	环境因素	管理因素	易导致受伤人员类型		人员伤亡		
								本人	他人	轻伤	重伤	死亡
临时工程	辅助竖井	坍塌	不稳定土体、砌体、结构物等	1. 管理人员违章指挥,强令冒险作业(开挖进尺大、支护不及时); 2. 人员心理异常(冒险侥幸心理); 3. 作业人员操作错误; 4. 有违章作业、违反劳动纪律的行为(管理人员脱岗)	1. 无警示信号或信号不清(紧急撤离信号); 2. 现场无警示标识或标识破损(警戒区、标牌、反光锥等); 3. 截排水设施不完善; 4. 支护形式错或支护材料不合格(材料强度不足等); 5. 监控监测设备缺失或失效	存在滑坡、偏压、顺层、富水区域且为压力水等不良地质	1. 施工方案不完善或未落实; 2. 安全教育、培训、交底、检查制度不完善或未落实; 3. 第三方检测单位无资质或资质不满足,超前地质预报工作不足; 4. 监测方案不完善或未落实,未及时有效地对监测数据进行分析判断; 5. 安全投入不足	√	√	√	√	√
		中毒窒息	毒性气体和氧含量不足	1. 现场作业人员未正确使用安全防护用品(防毒口罩等); 2. 作业人员违章作业(违规使用明火取暖); 3. 管理人员违章指挥,强令冒险作业; 4. 隧道通风无专人管理	1. 安全防护用品不合格(防毒口罩等); 2. 无监测装置或装置失效,通风设施损坏,通风管长度不足; 3. 机械设备老化、不合格或设备损坏,产生有毒有害气体	1. 作业区域通风不良,氧含量不足; 2. 作业现场有害气体浓度超标; 3. 作业场地空间狭窄	1. 专项施工方案不完善或未落实(未进行有毒有害气体检测); 2. 安全教育、培训、交底、检查制度不完善或未落实; 3. 安全投入不足	√	√	√	√	√

续上表

分部工程	施工作业内容	典型风险事件	致害物	致险因素				风险事件后果类型				
				人的因素	物的因素	环境因素	管理因素	易导致受伤人员类型		人员伤亡		
								本人	他人	轻伤	重伤	死亡
洞口边坡工程	边坡开挖及防护	物体打击	工器具、零部件、滚石	1. 现场作业人员未正确使用安全防护用品（安全帽等）； 2. 人员违章进入危险区域； 3. 管理人员违章指挥，强令冒险作业； 4. 作业人员身体健康状况异常、心理异常、感知异常（反应迟钝、辨识错误）； 5. 作业人员操作错误，违章作业（违章抛物）	1. 安全防护用品不合格（安全帽等）； 2. 现场无警示标识或标识破损（警戒区、标牌、反光锥等）； 3. 作业过程中产生的坠落物（飞石、工具、材料等）； 4. 材料堆放不合理	1. 强风、暴雨、大雪、大雾等不良天气； 2. 夜间施工照明不足； 3. 作业场地杂乱； 4. 道路坑洼不平	1. 安全教育、培训、交底、检查制度不完善或未落实； 2. 安全防护用品等进行进场验收或验收不到位； 3. 现场交叉作业管理缺陷； 4. 安全投入不足		√	√	√	
		高处坠落	无防护的平台	1. 管理人员违章指挥，强令冒险作业； 2. 作业人员身体健康状况异常、心理异常、感知异常（有高血压、恐高症等禁忌症，反应迟钝、辨识错误）； 3. 作业人员操作错误或违章作业（人员酒后作业）； 4. 作业人员未正确使用安全防护用品（安全带、防滑鞋等）； 5. 人员疲劳作业	1. 高处作业场所未设置安全防护等措施（安全绳索）； 2. 未设置安全警示标志或标识破损； 3. 安全防护用品质量不合格，存在缺陷； 4. 未设置人员上下安全爬梯或设置不规范	1. 大风、雷电、大雪、暴雨等恶劣天气； 2. 夜间施工照明不足； 3. 作业场地不平整、湿滑	1. 安全教育、培训、交底、检查制度不完善或未落实； 2. 职业健康、安全管理制度不完善、未落实（定期体检）； 3. 高处作业安全操作规程不规范或未落实； 4. 安全防护用品等进行进场验收或验收不到位； 5. 安全投入不足	√		√	√	√

续上表

<table>
<tr><th rowspan="3">分部工程</th><th rowspan="3">施工作业内容</th><th rowspan="3">典型风险事件</th><th rowspan="3">致害物</th><th colspan="4">致险因素</th><th colspan="5">风险事件后果类型</th></tr>
<tr><th rowspan="2">人的因素</th><th rowspan="2">物的因素</th><th rowspan="2">环境因素</th><th rowspan="2">管理因素</th><th colspan="2">易导致受伤人员类型</th><th colspan="3">人员伤亡</th></tr>
<tr><th>本人</th><th>他人</th><th>轻伤</th><th>重伤</th><th>死亡</th></tr>
<tr><td>洞口边坡工程</td><td>边坡开挖及防护</td><td>机械伤害</td><td>挖掘机、装载机、小型施工设备等机械设备</td><td>1. 人员违章进入危险区域（机械作业半径等）；
2. 管理人员违章指挥，强令冒险作业（机械作业半径等）；
3. 机械操作人员未持有效证件上岗；
4. 机械操作人员操作错误，违章作业（违规载人、酒后作业）；
5. 操作人员身体健康状况异常、心理异常、感知异常（反应迟钝、辨识错误）；
6. 现场作业人员未正确使用安全防护用品（反光背心、安全帽等）；
7. 机械操作人员疲劳作业</td><td>1. 现场无警示标识或标识破损（警戒区、标牌、反光贴等）；
2. 设备设施安全作业距离不足；
3. 设备带“病”作业（设备设施制动装置失效、运动或转动装置无防护或防护装置有缺陷等）；
4. 安全防护用品不合格（反光背心、安全帽、护目镜等）；
5. 洒水降尘设备故障或未使用</td><td>1. 强风、暴雨、大雪、大雾等不良天气；
2. 作业场地狭窄、不平整、道路湿滑；
3. 夜间施工照明不足；
4. 工作面扬尘，能见度低</td><td>1. 机械设备安全管理制度不完善或未落实（检查维护保养不到位）；
2. 未对机械设备、安全防护用品等进行进场验收或验收不到位；
3. 安全教育、培训、交底、检查制度不完善或未落实；
4. 机械设备安全操作规程不规范或未落实；
5. 洒水降尘制度未完善或未落实；
6. 安全投入不足</td><td>√</td><td>√</td><td>√</td><td>√</td><td></td></tr>
</table>

续上表

分部工程	施工作业内容	典型风险事件	致害物	致险因素				风险事件后果类型				
				人的因素	物的因素	环境因素	管理因素	易导致受伤人员类型		人员伤亡		
								本人	他人	轻伤	重伤	死亡
洞口边坡工程	边坡开挖及防护	坍塌	不稳定土体、砌体、结构物等	1. 管理人员违章指挥,强令冒险作业(支护不及时); 2. 人员心理异常(冒险侥幸心理); 3. 作业人员操作错误; 4. 有违章作业、违反劳动纪律的行为(管理人员脱岗)	1. 无警示信号或信号不清(紧急撤离信号); 2. 现场无警示标识或标识破损(警戒区、标牌、反光锥等); 3. 截排水设施不完善; 4. 支护形式错或支护材料不合格(材料强度不足等); 5. 监控监测设备缺失或失效	存在滑坡、偏压、顺层、富水区域且为压力水等不良地质	1. 施工方案不完善或未落实; 2. 安全教育、培训、交底、检查制度不完善或未落实; 3. 第三方检测单位无资质或资质不满足; 4. 监测方案不完善或未落实,未及时有效地对监测数据进行分析判断; 5. 安全投入不足	√	√	√	√	√
	洞口施工	物体打击	工器具、零部件、滚石	1. 现场作业人员未正确使用安全防护用品(安全帽等); 2. 人员违章进入危险区域; 3. 管理人员违章指挥,强令冒险作业; 4. 作业人员身体健康状况异常、心理异常、感知异常(反应迟钝、辨识错误); 5. 作业人员操作错误,违章作业(违章抛物)	1. 安全防护用品不合格(安全帽等); 2. 现场无警示标识或标识破损(警戒区、标牌、反光锥等); 3. 作业过程中产生的坠落物(飞石、工具、材料等); 4. 材料堆放不合理	1. 强风、暴雨、大雪、大雾等不良天气; 2. 夜间施工照明不足; 3. 作业场地杂乱; 4. 道路坑洼不平	1. 安全教育、培训、交底、检查制度不完善或未落实; 2. 安全防护用品等进行进场验收或验收不到位; 3. 现场交叉作业管理缺陷; 4. 安全投入不足		√	√	√	

续上表

分部工程	施工作业内容	典型风险事件	致害物	致险因素				风险事件后果类型				
				人的因素	物的因素	环境因素	管理因素	易导致受伤人员类型		人员伤亡		
								本人	他人	轻伤	重伤	死亡
洞口边坡工程	洞口施工	高处坠落	无防护的平台	1. 管理人员违章指挥,强令冒险作业; 2. 作业人员身体健康状况异常、心理异常、感知异常(有高血压、恐高症等禁忌症,反应迟钝,辨识错误); 3. 作业人员操作错误或违章作业(人员酒后作业); 4. 作业人员未正确使用安全防护用品(安全带、防滑鞋等); 5. 人员疲劳作业	1. 高处作业场所未设置安全防护等措施(安全绳索); 2. 未设置安全警示标志或标识破损; 3. 安全防护用品质量不合格,存在缺陷; 4. 未设置人员上下安全爬梯或设置不规范	1. 大风、雷电、大雪、暴雨等恶劣天气; 2. 夜间施工照明不足; 3. 作业场地不平整、湿滑	1. 安全教育、培训、交底、检查制度不完善或未落实; 2. 职业健康、安全管理制度不完善、未落实(定期体检); 3. 高处作业安全操作规程不规范或未落实; 4. 安全防护用品等进行进场验收或验收不到位; 5. 安全投入不足	√		√	√	√
		触电	破损漏电的设备和电线	1. 作业人员未正确使用安全防护用品(绝缘鞋、绝缘手套等); 2. 作业人员操作错误或违章作业(带电检修维护);	1. 现场无警示标识或标识错误或破损(警戒区、标牌、反光锥等); 2. 电线老化、破损,电焊机等设备漏电; 3. 设备接地保护损坏、防雷措施失效;	1. 强风、雷雨、大雪等不良天气; 2. 作业场地杂乱、潮湿或积水; 3. 作业场地照明不足	1. 临时用电方案不完善或未落实; 2. 发电机等安全操作规程不规范或未落实; 3. 电气设施材料等未进行进场验收; 4. 电工未对用电设施进行巡查或巡查不到位;	√		√	√	√

续上表

分部工程	施工作业内容	典型风险事件	致害物	致险因素				风险事件后果类型				
				人的因素	物的因素	环境因素	管理因素	易导致受伤人员类型		人员伤亡		
								本人	他人	轻伤	重伤	死亡
洞口边坡工程	洞口施工	触电	破损漏电的设备和电线	3. 管理人员违章指挥、强令冒险作业，电工未持有效证件上岗； 4. 作业人员疲劳作业	4. 电线架设不当、拖地、与金属物接触； 5. 手持电动工具无漏洞保护装置； 6. 电器开关无防雨、防潮设施； 7. 安全距离不足		5. 机械设备安全管理制度未落实（发电机、振捣棒等机具检查维护保养不到位）； 6. 安全教育、培训、交底、检查制度不完善或未落实； 7. 未实行“一机、一箱、一闸、一漏保”措施； 8. 安全投入不足					
		冒顶片帮	隧道顶部及侧壁存在不良地质	1. 管理人员违章指挥，强令冒险作业（超前加固处理措施不当、不及时）； 2. 人员心理异常（冒险侥幸心理）； 3. 作业人员操作错误，违章作业； 4. 有违反劳动纪律的行为（管理人员脱岗）	1. 监控监测设备缺失或失效； 2. 无警示信号或信号不清； 3. 支护不当（支护参数强度不足）	1. 隧道存在不良地质（岩层稳定性差、应力释放、渗水严重）； 2. 持续强降雨，土体自重增加	1. 第三方检测单位无资质或资质不满足； 2. 开挖支护施工方案不完善或未落实（超挖、安全步距超标、支护不及时、初期支护孔洞不密实）； 3. 监测方案不完善或未落实，未及时有效地对监测数据进行分析判断； 4. 安全教育、培训、交底、检查制度不完善或未落实； 5. 安全投入不足	√	√	√	√	√

续上表

分部工程	施工作业内容	典型风险事件	致害物	致险因素				风险事件后果类型				
				人的因素	物的因素	环境因素	管理因素	易导致受伤人员类型		人员伤亡		
								本人	他人	轻伤	重伤	死亡
洞口边坡工程	洞口施工	涌水突泥	隧道存在不良地质或探测、疏导技术不足	1. 管理人员违章指挥,强令冒险作业(堵水排水处理措施不当、不及时); 2. 人员心理异常(冒险侥幸心理); 3. 作业人员操作错误,违章作业; 4. 有违反劳动纪律的行为(管理人员脱岗)	1. 监控监测设备缺失或失效; 2. 堵水材料(水泥浆等)不合格; 3. 无排水设施或排水设施失效; 4. 无警示信号或信号不清	隧道洞内存在不良地质(如富水区域且为压力水)	1. 第三方检测单位无资质或资质不满足; 2. 安全教育、培训、交底、检查制度不完善或未落实; 3. 监测方案不完善或未落实,未及时有效地对监测数据进行分析判断; 4. 堵排水方案不完善或未落实	√	√	√	√	√
		放炮	火工品、爆破引起的飞石和冲击波	1. 爆破相关作业人员未持有效证件上岗; 2. 作业人员操作错误或违章作业; 3. 现场作业人员未正确使用安全防护用品(防静电服等); 4. 管理人员违章指挥,强令冒险作业; 5. 作业人员疲劳作业;	1. 现场无警示标识或标识破损(爆破警戒区、爆破公告等); 2. 爆破无指挥信号或信号不清; 3. 爆破器材不合格或发生故障; 4. 爆破的安全距离不足; 5. 爆破产生的飞溅物	1. 作业环境不良; 2. 周边存在建(构)筑物或公共设施	1. 爆破专项施工方案不完善或未落实(爆破方法及用药量未按方案实施盲炮未及时排查处理、人员机械未撤离至安全区域); 2. 安全教育、培训、交底、检查制度不完善或未落实; 3. 火工品管理制度不完善或未落实;	√	√	√	√	√

续上表

分部工程	施工作业内容	典型风险事件	致害物	致险因素				风险事件后果类型				
				人的因素	物的因素	环境因素	管理因素	易导致受伤人员类型		人员伤亡		
								本人	他人	轻伤	重伤	死亡
洞口边坡工程	洞口施工	放炮	火工品、爆破引起的飞石和冲击波	6. 作业人员身体健康状况异常、心理异常、感知异常（反应迟钝、辨识错误）； 7. 警戒人员现场警戒不到位（有脱岗等违反劳动纪律的行为）； 8. 人员违章进入爆破区域			4. 未对爆破施工队伍、作业人员进行资质审查； 5. 爆破作业安全操作规程不规范或未落实； 6. 安全投入不足					
		机械伤害	挖掘机、装载机、小型施工设备等机械设备	1. 人员违章进入危险区域（机械作业半径等）； 2. 管理人员违章指挥，强令冒险作业（机械作业半径等）； 3. 机械操作人员未持有效证件上岗； 4. 机械操作人员操作错误，违章作业（违规载人、酒后作业）；	1. 现场无警示标识或标识破损（警戒区、标牌、反光贴等）； 2. 设备设施安全作业距离不足； 3. 设备带“病”作业（设备设施制动装置失效、运动或转动装置无防护或防护装置有缺陷等）； 4. 安全防护用品不合格（反光背心、安全帽、护目镜等）； 5. 洒水降尘设备故障或未使用	1. 强风、暴雨、大雪、大雾等不良天气； 2. 作业场地狭窄、不平整、道路湿滑； 3. 夜间施工照明不足； 4. 工作面扬尘，能见度低	1. 机械设备安全管理制度不完善或未落实（检查维护保养不到位）； 2. 未对机械设备、安全防护用品等进行进场验收或验收不到位； 3. 安全教育、培训、交底、检查制度不完善或未落实； 4. 机械设备安全操作规程不规范或未落实； 5. 洒水降尘制度未完善或未落实； 6. 安全投入不足	√	√	√	√	

续上表

分部工程	施工作业内容	典型风险事件	致害物	致险因素				风险事件后果类型				
				人的因素	物的因素	环境因素	管理因素	易导致受伤人员类型		人员伤亡		
								本人	他人	轻伤	重伤	死亡
洞口边坡工程	洞口施工	机械伤害	挖掘机、装载机、小型施工设备等机械设备	5. 操作人员身体健康状况异常、心理异常、感知异常(反应迟钝、辨识错误)； 6. 现场作业人员未正确使用安全防护用品(反光背心、安全帽等)； 7. 机械操作人员疲劳作业								
		坍塌	不稳定土体、砌体、结构物等	1. 管理人员违章指挥，强令冒险作业(防护、放坡不及时)； 2. 人员心理异常(冒险侥幸心理)； 3. 作业人员操作错误； 4. 有违章作业、违反劳动纪律的行为(管理人员脱岗)	1. 无警示信号或信号不清(紧急撤离信号)； 2. 现场无警示标识或标识破损(警戒区、标牌、反光锥等)； 3. 截排水设施不完善； 4. 防护形式错或防护材料不合格(材料强度不足等)； 5. 基坑边沿停放重型机械或堆放渣土； 6. 监控监测设备缺失或失效	1. 存在滑坡、偏压、顺层、富水区域且为压力水等不良地质； 2. 强风、暴雨、大雪等不良天气	1. 施工方案不完善或未落实(掏底开挖或上下重叠开挖，开挖完后未及时施工防护及排水)； 2. 安全教育、培训、交底、检查制度不完善或未落实； 3. 第三方检测单位无资质或资质不满足； 4. 监测方案不完善或未落实，未及时有效地对监测数据进行分析判断； 5. 安全投入不足	√	√	√	√	√

续上表

分部工程	施工作业内容	典型风险事件	致害物	致险因素				风险事件后果类型				
				人的因素	物的因素	环境因素	管理因素	易导致受伤人员类型		人员伤亡		
								本人	他人	轻伤	重伤	死亡
洞身开挖	隧道开挖	物体打击	工器具、零部件、滚石	1. 现场作业人员未正确使用安全防护用品（安全帽等）； 2. 人员违章进入危险区域； 3. 管理人员违章指挥，强令冒险作业； 4. 作业人员身体健康状况异常、心理异常、感知异常（反应迟钝、辨识错误）； 5. 作业人员操作错误，违章作业（违章抛物）	1. 安全防护用品不合格（安全帽等）； 2. 现场无警示标识或标识破损（警戒区、标牌、反光锥等）； 3. 作业过程中产生的坠落物（飞石、工具、材料等）； 4. 材料堆放不合理	1. 作业场地照明不足； 2. 作业场地杂乱； 3. 道路坑洼不平	1. 安全教育、培训、交底、检查制度不完善或未落实； 2. 安全防护用品等进行进场验收或验收不到位； 3. 现场交叉作业管理缺陷； 4. 安全投入不足		√	√	√	
		高处坠落	无防护的平台	1. 管理人员违章指挥，强令冒险作业； 2. 作业人员身体健康状况异常、心理异常、感知异常（有高血压、恐高症等禁忌症，反应迟钝、辨识错误）； 3. 作业人员操作错误或违章作业（人员酒后作业）； 4. 作业人员未正确使用安全防护用品（安全带、防滑鞋等）； 5. 人员疲劳作业	1. 高处作业场所未设置安全防护等措施（安全绳索）； 2. 未设置安全警示标志或标识破损； 3. 安全防护用品质量不合格，存在缺陷； 4. 未设置人员上下安全爬梯或设置不规范	1. 作业场地照明不足； 2. 作业场地不平整、湿滑	1. 安全教育、培训、交底、检查制度不完善或未落实； 2. 职业健康、安全管理制度不完善、未落实（定期体检）； 3. 高处作业安全操作规程不规范或未落实； 4. 安全防护用品等进行进场验收或验收不到位； 5. 安全投入不足	√		√	√	√

续上表

分部工程	施工作业内容	典型风险事件	致害物	致险因素				风险事件后果类型				
				人的因素	物的因素	环境因素	管理因素	易导致受伤人员类型		人员伤亡		
								本人	他人	轻伤	重伤	死亡
洞身开挖	隧道开挖	触电	破损漏电的设备和电线	1. 作业人员未正确使用安全防护用品(绝缘鞋、绝缘手套等); 2. 作业人员操作错误或违章作业(带电检修维护); 3. 管理人员违章指挥、强令冒险作业,电工未持有效证件上岗; 4. 作业人员疲劳作业	1. 现场无警示标识或标识错误或破损(警戒区、标牌、反光锥等); 2. 电线老化、破损,电焊机等设备漏电; 3. 设备接地保护损坏、防雷措施失效; 4. 电线架设不当、拖地、与金属物接触; 5. 手持电动工具无漏洞保护装置; 6. 电器开关无防雨、防潮设施; 7. 安全距离不足	1. 作业场地照明不足; 2. 作业场地杂乱、潮湿或积水	1. 临时用电方案不完善或未落实; 2. 发电机等安全操作规程不规范或未落实; 3. 电气设施材料等未进行进场验收; 4. 电工未对用电设施进行巡查或巡查不到位; 5. 机械设备安全管理制度未落实(发电机、振捣棒等机具检查维护保养不到位); 6. 安全教育、培训、交底、检查制度不完善或未落实; 7. 未实行“一机、一箱、一闸、一漏保”措施; 8. 安全投入不足	√		√	√	√

续上表

分部工程	施工作业内容	典型风险事件	致害物	致险因素				风险事件后果类型				
				人的因素	物的因素	环境因素	管理因素	易导致受伤人员类型		人员伤亡		
								本人	他人	轻伤	重伤	死亡
洞身开挖	隧道开挖	瓦斯爆炸	存在瓦斯等不良地质条件	1. 管理人员违章指挥，强令冒险作业（带电、无风作业等）； 2. 作业人员操作错误，违章作业（机械器具碰撞火花、电缆明接头、简化放炮程序等）； 3. 有违反劳动纪律的行为（抽烟等）	1. 监控监测设备缺失或失效； 2. 未使用防爆的照明等电器设施； 3. 隧道施工违规出现明火施工； 4. 爆破施工未使用煤矿许可用炸药及煤矿许用顺发雷管，爆破母线未使用铜芯绝缘线； 5. 通风系统、压风供水自救系统不完善或故障	1. 隧道存在瓦斯不良地质； 2. 工作面无风或风量不足	1. 第三方检测单位无资质或资质不满足； 2. 监测方案不完善或未落实，未及时有效地对监测数据进行分析判断； 3. 安全教育、培训、交底、检查制度不完善或未落实； 4. 瓦斯检测设备定期校验制度未落实； 5. 通风管理制度不完善； 6. 安全投入不足	√	√	√	√	√
		冒顶片帮	隧道顶部及侧壁存在不良地质	1. 管理人员违章指挥，强令冒险作业（超前加固处理措施不当、不及时）； 2. 人员心理异常（冒险侥幸心理）； 3. 作业人员操作错误，违章作业；	1. 监控监测设备缺失或失效； 2. 无警示信号或信号不清； 3. 支护不当（支护参数强度不足）	1. 隧道存在不良地质（岩层稳定性差、应力释放、渗水严重）； 2. 持续强降雨，土体自重增加	1. 第三方检测单位无资质或资质不满足； 2. 开挖支护施工方案不完善或未落实（超挖、安全步距超标、支护不及时、初期支护孔洞不密实）；	√	√	√	√	√

续上表

分部工程	施工作业内容	典型风险事件	致害物	致险因素				风险事件后果类型				
				人的因素	物的因素	环境因素	管理因素	易导致受伤人员类型		人员伤亡		
								本人	他人	轻伤	重伤	死亡
洞身开挖	隧道开挖	冒顶片帮	隧道顶部及侧壁存在不良地质	4. 有违反劳动纪律的行为(管理人员脱岗)			3. 监测方案不完善或未落实,未及时有效地对监测数据进行分析判断； 4. 安全教育、培训、交底、检查制度不完善或未落实； 5. 安全投入不足					
		涌水突泥	隧道存在不良地质或探测、疏导技术不足	1. 管理人员违章指挥,强令冒险作业(堵水排水处理措施不当、不及时)； 2. 人员心理异常(冒险侥幸心理)； 3. 作业人员操作错误,违章作业； 4. 有违反劳动纪律的行为(管理人员脱岗)	1. 监控监测设备缺失或失效； 2. 堵水材料(水泥浆等)不合格； 3. 无排水设施或排水设施失效； 4. 无警示信号或信号不清	隧道洞内存在不良地质(如富水区域且为压力水)	1. 第三方检测单位无资质或资质不满足； 2. 安全教育、培训、交底、检查制度不完善或未落实； 3. 监测方案不完善或未落实,未及时有效地对监测数据进行分析判断； 4. 堵排水方案不完善或未落实	√	√	√	√	√

续上表

分部工程	施工作业内容	典型风险事件	致害物	致险因素				风险事件后果类型				
				人的因素	物的因素	环境因素	管理因素	易导致受伤人员类型		人员伤亡		
								本人	他人	轻伤	重伤	死亡
洞身开挖	隧道开挖	放炮	火工品、爆破引起的飞石和冲击波	1. 爆破相关作业人员未持有效证件上岗； 2. 作业人员操作错误或违章作业； 3. 现场作业人员未正确使用安全防护用品（防静电服等）； 4. 管理人员违章指挥，强令冒险作业； 5. 作业人员疲劳作业； 6. 作业人员身体健康状况异常、心理异常、感知异常（反应迟钝、辨识错误）； 7. 警戒人员现场警戒不到位（有脱岗等违反劳动纪律的行为）； 8. 人员违章进入爆破区域	1. 现场无警示标识或标识破损（爆破警戒区、爆破公告等）； 2. 爆破无指挥信号或信号不清； 3. 爆破器材不合格或发生故障； 4. 爆破的安全距离不足； 5. 爆破产生的飞溅物	1. 作业环境不良； 2. 周边存在建（构）筑物或公共设施	1. 爆破专项施工方案不完善或未落实（爆破方法及用药量未按方案实施盲炮未及时排查处理、人员机械未撤离至安全区域）； 2. 安全教育、培训、交底、检查制度不完善或未落实； 3. 火工品管理制度不完善或未落实； 4. 未对爆破施工队伍、作业人员进行资质审查； 5. 爆破作业安全操作规程不规范或未落实； 6. 安全投入不足	√	√	√	√	√

续上表

分部工程	施工作业内容	典型风险事件	致害物	致险因素				风险事件后果类型				
				人的因素	物的因素	环境因素	管理因素	易导致受伤人员类型		人员伤亡		
								本人	他人	轻伤	重伤	死亡
洞身开挖	隧道开挖	机械伤害	挖掘机、装载机、小型施工设备等机械设备	1. 人员违章进入危险区域（机械作业半径等）； 2. 管理人员违章指挥，强令冒险作业（机械作业半径等）； 3. 机械操作人员未持有效证件上岗； 4. 机械操作人员操作错误，违章作业（违规载人、酒后作业）； 5. 操作人员身体健康状况异常、心理异常、感知异常（反应迟钝、辨识错误）； 6. 现场作业人员未正确使用安全防护用品（反光背心、安全帽等）； 7. 机械操作人员疲劳作业	1. 现场无警示标识或标识破损（警戒区、标牌、反光贴等）； 2. 设备设施安全作业距离不足； 3. 设备带“病”作业（设备设施制动装置失效、运动或转动装置无防护或防护装置有缺陷等）； 4. 安全防护用品不合格（反光背心、安全帽、护目镜等）； 5. 通风排烟排尘设备故障或未使用	1. 作业场地照明不足； 2. 作业场地狭窄、不平整、道路湿滑； 3. 通风不良，粉尘浓度大，能见度低	1. 机械设备安全管理制度不完善或未落实（检查维护保养不到位）； 2. 未对机械设备、安全防护用品等进行进场验收或验收不到位； 3. 安全教育、培训、交底、检查制度不完善或未落实； 4. 机械设备安全操作规程不规范或未落实； 5. 通风排烟排尘制度未完善或未落实； 6. 安全投入不足	√	√	√	√	

续上表

分部工程	施工作业内容	典型风险事件	致害物	致险因素				风险事件后果类型				
				人的因素	物的因素	环境因素	管理因素	易导致受伤人员类型		人员伤亡		
								本人	他人	轻伤	重伤	死亡
洞身开挖	隧道开挖	坍塌	不稳定土体、砌体、结构物等	1. 管理人员违章指挥,强令冒险作业(开挖进尺大、支护不及时); 2. 人员心理异常(冒险侥幸心理); 3. 作业人员操作错误; 4. 有违章作业、违反劳动纪律的行为(管理人员脱岗)	1. 无警示信号或信号不清(紧急撤离信号); 2. 现场无警示标识或标识破损(警戒区、标牌、反光锥等); 3. 截排水设施不完善; 4. 支护形式错或支护材料不合格(材料强度不足等); 5. 监控监测设备缺失或失效	存在滑坡、偏压、顺层、富水区域且为压力水等不良地质	1. 施工方案不完善或未落实; 2. 安全教育、培训、交底、检查制度不完善或未落实; 3. 第三方检测单位无资质或资质不满足,超前地质预报工作不足; 4. 监测方案不完善或未落实,未及时有效地对监测数据进行分析判断; 5. 安全投入不足	√	√	√	√	√
		中毒窒息	毒性气体和氧含量不足	1. 现场作业人员未正确使用安全防护用品(防毒口罩等); 2. 作业人员违章作业(违规使用明火取暖); 3. 管理人员违章指挥,强令冒险作业; 4. 隧道通风无专人管理	1. 安全防护用品不合格(防毒口罩等); 2. 无监测装置或装置失效,通风设施损坏,通风管长度不足; 3. 机械设备老化、不合格或设备损坏,产生有毒有害气体	1. 作业区域通风不良,氧含量不足; 2. 作业现场有害气体浓度超标; 3. 作业场地空间狭窄	1. 专项施工方案不完善或未落实(未进行有毒有害气体检测); 2. 安全教育、培训、交底、检查制度不完善或未落实; 3. 安全投入不足	√	√	√	√	√

续上表

分部工程	施工作业内容	典型风险事件	致害物	致险因素				风险事件后果类型				
				人的因素	物的因素	环境因素	管理因素	易导致受伤人员类型		人员伤亡		
								本人	他人	轻伤	重伤	死亡
洞身开挖	初期支护	物体打击	工器具、零部件	1. 现场作业人员未正确使用安全防护用品(安全帽等); 2. 人员违章进入危险区域; 3. 管理人员违章指挥,强令冒险作业; 4. 作业人员身体健康状况异常、心理异常、感知异常(反应迟钝、辨识错误); 5. 作业人员操作错误,违章作业(违章抛物)	1. 安全防护用品不合格(安全帽等); 2. 现场无警示标识或标识破损(警戒区、标牌、反光锥等); 3. 作业过程中产生的坠落物(飞石、工具、材料等); 4. 材料堆放不合理	1. 作业场地照明不足; 2. 作业场地狭小且杂乱	1. 安全教育、培训、交底、检查制度不完善或未落实; 2. 安全防护用品等进行进场验收或验收不到位; 3. 现场交叉作业管理缺陷; 4. 安全投入不足		√	√	√	
		高处坠落	无防护的平台	1. 管理人员违章指挥、强令冒险作业; 2. 作业人员身体健康状况异常、心理异常、感知异常(有高血压、恐高症等禁忌症,反应迟钝,辨识错误); 3. 作业人员操作错误或违章作业(人员酒后作业); 4. 作业人员未正确使用安全防护用品(安全带、防滑鞋等); 5. 人员疲劳作业	1. 高处作业场所未设置安全防护等措施(安全绳索); 2. 未设置安全警示标志或标识破损; 3. 安全防护用品质量不合格,存在缺陷; 4. 未设置人员上下安全爬梯或设置不规范	1. 作业场地照明不足; 2. 作业场地不平整、湿滑	1. 安全教育、培训、交底、检查制度不完善或未落实; 2. 职业健康、安全管理制度不完善、未落实(定期体检); 3. 高处作业安全操作规程不规范或未落实; 4. 安全防护用品等进行进场验收或验收不到位; 5. 安全投入不足	√		√	√	√

续上表

分部工程	施工作业内容	典型风险事件	致害物	致险因素				风险事件后果类型				
				人的因素	物的因素	环境因素	管理因素	易导致受伤人员类型		人员伤亡		
								本人	他人	轻伤	重伤	死亡
洞身开挖	初期支护	触电	破损漏电的设备和电线	1. 作业人员未正确使用安全防护用品(绝缘鞋、绝缘手套等); 2. 作业人员操作错误或违章作业(带电检修维护); 3. 管理人员违章指挥、强令冒险作业,电工未持有效证件上岗; 4. 作业人员疲劳作业	1. 现场无警示标识或标识错误或破损(警戒区、标牌、反光锥等); 2. 电线老化、破损,电焊机等设备漏电; 3. 设备接地保护损坏、防雷措施失效; 4. 电线架设不当、拖地、与金属物接触; 5. 手持电动工具无漏洞保护装置; 6. 电器开关无防雨、防潮设施; 7. 安全距离不足	1. 作业场地照明不足; 2. 作业场地杂乱、潮湿或积水	1. 临时用电方案不完善或未落实; 2. 发电机等安全操作规程不规范或未落实; 3. 电气设施材料等未进行进场验收; 4. 电工未对用电设施进行巡查或巡查不到位; 5. 机械设备安全管理制度未落实(发电机、振捣棒等机具检查维护保养不到位); 6. 安全教育、培训、交底、检查制度不完善或未落实; 7. 未实行“一机、一箱、一闸、一漏保”措施; 8. 安全投入不足	√		√	√	√

续上表

分部工程	施工作业内容	典型风险事件	致害物	致险因素				风险事件后果类型				
				人的因素	物的因素	环境因素	管理因素	易导致受伤人员类型		人员伤亡		
								本人	他人	轻伤	重伤	死亡
洞身开挖	初期支护	瓦斯爆炸	存在瓦斯等不良地质条件	1. 管理人员违章指挥,强令冒险作业(带电、无风作业等); 2. 作业人员操作错误,违章作业(机械器具碰撞火花、电缆明接头、简化放炮程序等); 3. 有违反劳动纪律的行为(抽烟等)	1. 监控监测设备缺失或失效; 2. 未使用防爆的照明等电气设施; 3. 隧道施工违规出现明火施工; 4. 爆破施工未使用煤矿许可用炸药及煤矿许用顺发雷管,爆破母线未使用铜芯绝缘线; 5. 通风系统、压风供水自救系统不完善或故障	1. 隧道存在瓦斯不良地质; 2. 工作面无风或风量不足	1. 第三方检测单位无资质或资质不满足; 2. 监测方案不完善或未落实,未及时有效地对监测数据进行分析判断; 3. 安全教育、培训、交底、检查制度不完善或未落实; 4. 瓦斯检测设备定期校验制度未落实; 5. 通风管理制度不完善; 6. 安全投入不足	√	√	√	√	√
		冒顶片帮	隧道顶部及侧壁存在不良地质	1. 管理人员违章指挥,强令冒险作业(超前加固处理措施不当、不及时); 2. 人员心理异常(冒险侥幸心理);	1. 监控监测设备缺失或失效; 2. 无警示信号或信号不清; 3. 支护不当(支护参数强度不足)	1. 隧道存在不良地质(岩层稳定性差、应力释放、渗水严重); 2. 持续强降雨,土体自重增加	1. 第三方检测单位无资质或资质不满足; 2. 开挖支护施工方案不完善或未落实(超挖、安全步距超标、支护不及时、初期支护孔洞不密实);	√	√	√	√	√

续上表

分部工程	施工作业内容	典型风险事件	致害物	致险因素				风险事件后果类型				
				人的因素	物的因素	环境因素	管理因素	易导致受伤人员类型		人员伤亡		
								本人	他人	轻伤	重伤	死亡
洞身开挖	初期支护	冒顶片帮	隧道顶部及侧壁存在不良地质	3. 作业人员操作错误,违章作业; 4. 有违反劳动纪律的行为(管理人员脱岗)			3. 监测方案不完善或未落实,未及时有效地对监测数据进行分析判断; 4. 安全教育、培训、交底、检查制度不完善或未落实; 5. 安全投入不足					
		涌水突泥	隧道存在不良地质或探测、疏导技术不足	1. 管理人员违章指挥,强令冒险作业(堵水排水处理措施不当、不及时); 2. 人员心理异常(冒险侥幸心理); 3. 作业人员操作错误,违章作业; 4. 有违反劳动纪律的行为(管理人员脱岗)	1. 监控监测设备缺失或失效; 2. 堵水材料(水泥浆等)不合格; 3. 无排水设施或排水设施失效; 4. 无警示信号或信号不清	隧道洞内存在不良地质(如富水区域且为压力水)	1. 第三方检测单位无资质或资质不满足; 2. 安全教育、培训、交底、检查制度不完善或未落实; 3. 监测方案不完善或未落实,未及时有效地对监测数据进行分析判断; 4. 堵排水方案不完善或未落实	√	√	√	√	√

续上表

分部工程	施工作业内容	典型风险事件	致害物	致险因素				风险事件后果类型				
				人的因素	物的因素	环境因素	管理因素	易导致受伤人员类型		人员伤亡		
								本人	他人	轻伤	重伤	死亡
洞身开挖	初期支护	机械伤害	挖掘机、装载机、小型施工设备等机械设备	1. 人员违章进入危险区域(机械作业半径等); 2. 管理人员违章指挥,强令冒险作业(机械作业半径等); 3. 机械操作人员未持有效证件上岗; 4. 机械操作人员操作错误,违章作业(违规载人、酒后作业); 5. 操作人员身体健康状况异常、心理异常、感知异常(反应迟钝、辨识错误); 6. 现场作业人员未正确使用安全防护用品(反光背心、安全帽等); 7. 机械操作人员疲劳作业	1. 现场无警示标识或标识破损(警戒区、标牌、反光贴等); 2. 设备设施安全作业距离不足; 3. 设备带"病"作业(设备设施制动装置失效、运动或转动装置无防护或防护装置有缺陷等); 4. 安全防护用品不合格(反光背心、安全帽、护目镜等); 5. 通风排烟排尘设备故障或未使用	1. 作业场地照明不足; 2. 作业场地狭窄、不平整、道路湿滑; 3. 通风不良,粉尘浓度大,能见度低	1. 机械设备安全管理制度不完善或未落实(检查维护保养不到位); 2. 未对机械设备、安全防护用品等进行进场验收或验收不到位; 3. 安全教育、培训、交底、检查制度不完善或未落实; 4. 机械设备安全操作规程不规范或未落实; 5. 通风排烟排尘制度未完善或未落实; 6. 安全投入不足	√	√	√	√	

续上表

分部工程	施工作业内容	典型风险事件	致害物	致险因素				风险事件后果类型				
				人的因素	物的因素	环境因素	管理因素	易导致受伤人员类型		人员伤亡		
								本人	他人	轻伤	重伤	死亡
洞身开挖	初期支护	坍塌	不稳定土体、砌体、结构物等	1. 管理人员违章指挥,强令冒险作业(开挖进尺大、支护不及时); 2. 人员心理异常(冒险侥幸心理); 3. 作业人员操作错误; 4. 有违章作业、违反劳动纪律的行为(管理人员脱岗)	1. 无警示信号或信号不清(紧急撤离信号); 2. 现场无警示标识或标识破损(警戒区、标牌、反光锥等); 3. 截排水设施不完善; 4. 支护形式错或支护材料不合格(材料强度不足等); 5. 监控监测设备缺失或失效	存在滑坡、偏压、顺层、富水区域且为压力水等不良地质	1. 施工方案不完善或未落实; 2. 安全教育、培训、交底、检查制度不完善或未落实; 3. 第三方检测单位无资质或资质不满足,超前地质预报工作不足; 4. 监测方案不完善或未落实,未及时有效地对监测数据进行分析判断; 5. 安全投入不足	√	√	√	√	√
		中毒窒息	毒性气体和氧含量不足	1. 现场作业人员未正确使用安全防护用品(防毒口罩等); 2. 作业人员违章作业(违规使用明火取暖); 3. 管理人员违章指挥,强令冒险作业; 4. 隧道通风无专人管理	1. 安全防护用品不合格(防毒口罩等); 2. 无监测装置或装置失效,通风设施损坏,通风管长度不足; 3. 机械设备老化、不合格或设备损坏,产生有毒有害气体	1. 作业区域通风不良,氧含量不足; 2. 作业现场有害气体浓度超标; 3. 作业场地空间狭窄	1. 专项施工方案不完善或未落实(未进行有毒有害气体检测); 2. 安全教育、培训、交底、检查制度不完善或未落实; 3. 安全投入不足	√	√	√	√	√

续上表

分部工程	施工作业内容	典型风险事件	致害物	致险因素				风险事件后果类型				
				人的因素	物的因素	环境因素	管理因素	易导致受伤人员类型		人员伤亡		
								本人	他人	轻伤	重伤	死亡
洞身开挖	仰拱施工	触电	破损漏电的设备和电线	1. 作业人员未正确使用安全防护用品（绝缘鞋、绝缘手套等）； 2. 作业人员操作错误或违章作业（带电检修维护）； 3. 管理人员违章指挥、强令冒险作业，电工未持有效证件上岗； 4. 作业人员疲劳作业	1. 现场无警示标识或标识错误或破损（警戒区、标牌、反光锥等）； 2. 电线老化、破损，电焊机等设备漏电； 3. 设备接地保护损坏、防雷措施失效； 4. 电线架设不当、拖地、与金属物接触； 5. 手持电动工具无漏洞保护装置； 6. 电器开关无防雨、防潮设施； 7. 安全距离不足	1. 作业场地杂乱、潮湿或积水； 2. 作业场地照明不足	1. 临时用电方案不完善或未落实； 2. 发电机等安全操作规程不规范或未落实； 3. 电气设施材料等未进行进场验收； 4. 电工未对用电设施进行巡查或巡查不到位； 5. 机械设备安全管理制度未落实（发电机、振捣棒等机具检查维护保养不到位）； 6. 安全教育、培训、交底、检查制度不完善或未落实； 7. 未实行“一机、一箱、一闸、一漏保”措施； 8. 安全投入不足	√		√	√	√

续上表

分部工程	施工作业内容	典型风险事件	致害物	致险因素				风险事件后果类型				
				人的因素	物的因素	环境因素	管理因素	易导致受伤人员类型		人员伤亡		
								本人	他人	轻伤	重伤	死亡
洞身开挖	仰拱施工	瓦斯爆炸	存在瓦斯等不良地质条件	1. 管理人员违章指挥，强令冒险作业（带电、无风作业等）； 2. 作业人员操作错误，违章作业（机械器具碰撞火花、电缆明接头、简化放炮程序等）； 3. 有违反劳动纪律的行为（抽烟等）	1. 监控监测设备缺失或失效； 2. 未使用防爆的照明等电器设施； 3. 隧道施工违规出现明火施工； 4. 爆破施工未使用煤矿许可用炸药及煤矿许用顺发雷管，爆破母线未使用铜芯绝缘线； 5. 通风系统、压风供水自救系统不完善或故障	1. 隧道存在瓦斯不良地质； 2. 工作面无风或风量不足	1. 第三方检测单位无资质或资质不满足； 2. 监测方案不完善或未落实，未及时有效地对监测数据进行分析判断； 3. 安全教育、培训、交底、检查制度不完善或未落实； 4. 瓦斯检测设备定期校验制度未落实； 5. 通风管理制度不完善； 6. 安全投入不足	√	√	√	√	√
		冒顶片帮	隧道顶部及侧壁存在不良地质	1. 管理人员违章指挥，强令冒险作业（超前加固处理措施不当、不及时）； 2. 人员心理异常（冒险侥幸心理）；	1. 监控监测设备缺失或失效； 2. 无警示信号或信号不清； 3. 支护不当（支护参数强度不足）	1. 隧道存在不良地质（岩层稳定性差、应力释放、渗水严重）； 2. 持续强降雨，土体自重增加	1. 第三方检测单位无资质或资质不满足； 2. 开挖支护施工方案不完善或未落实（超挖、安全步距超标、支护不及时、初期支护孔洞不密实）；	√	√	√	√	√

续上表

分部工程	施工作业内容	典型风险事件	致害物	致险因素				风险事件后果类型				
				人的因素	物的因素	环境因素	管理因素	易导致受伤人员类型		人员伤亡		
								本人	他人	轻伤	重伤	死亡
洞身开挖	仰拱施工	冒顶片帮	隧道顶部及侧壁存在不良地质	3. 作业人员操作错误，违章作业； 4. 有违反劳动纪律的行为（管理人员脱岗）			3. 监测方案不完善或未落实，未及时有效地对监测数据进行分析判断； 4. 安全教育、培训、交底、检查制度不完善或未落实； 5. 安全投入不足					
		涌水突泥	隧道存在不良地质或探测、疏导技术不足	1. 管理人员违章指挥，强令冒险作业（堵水排水处理措施不当、不及时）； 2. 人员心理异常（冒险侥幸心理）； 3. 作业人员操作错误，违章作业； 4. 有违反劳动纪律的行为（管理人员脱岗）	1. 监控监测设备缺失或失效； 2. 堵水材料（水泥浆等）不合格； 3. 无排水设施或排水设施失效； 4. 无警示信号或信号不清	隧道洞内存在不良地质（如富水区域且为压力水）	1. 第三方检测单位无资质或资质不满足； 2. 安全教育、培训、交底、检查制度不完善或未落实； 3. 监测方案不完善或未落实，未及时有效地对监测数据进行分析判断； 4. 堵排水方案不完善或未落实	√	√	√	√	√

续上表

分部工程	施工作业内容	典型风险事件	致害物	致险因素				风险事件后果类型				
				人的因素	物的因素	环境因素	管理因素	易导致受伤人员类型		人员伤亡		
								本人	他人	轻伤	重伤	死亡
洞身开挖	仰拱施工	机械伤害	挖掘机、装载机、小型施工设备等机械设备	1. 人员违章进入危险区域（机械作业半径等）； 2. 管理人员违章指挥，强令冒险作业（机械作业半径等）； 3. 机械操作人员未持有效证件上岗； 4. 机械操作人员操作错误，违章作业（违规载人、酒后作业）； 5. 操作人员身体健康状况异常、心理异常、感知异常（反应迟钝、辨识错误）； 6. 现场作业人员未正确使用安全防护用品（反光背心、安全帽等）； 7. 机械操作人员疲劳作业	1. 现场无警示标识或标识破损（警戒区、标牌、反光贴等）； 2. 设备设施安全作业距离不足； 3. 设备带“病”作业（设备设施制动装置失效、运动或转动装置无防护或防护装置有缺陷等）； 4. 安全防护用品不合格（反光背心、安全帽、护目镜等）； 5. 通风排烟排尘设备故障或未使用	1. 作业场地照明不足； 2. 作业场地狭窄、不平整、道路湿滑； 3. 通风不良，粉尘浓度大，能见度低	1. 机械设备安全管理制度不完善或未落实（检查维护保养不到位）； 2. 未对机械设备、安全防护用品等进行进场验收或验收不到位； 3. 安全教育、培训、交底、检查制度不完善或未落实； 4. 机械设备安全操作规程不规范或未落实； 5. 通风排烟排尘制度未完善或未落实； 6. 安全投入不足	√	√	√	√	

续上表

分部工程	施工作业内容	典型风险事件	致害物	致险因素				风险事件后果类型				
				人的因素	物的因素	环境因素	管理因素	易导致受伤人员类型		人员伤亡		
								本人	他人	轻伤	重伤	死亡
洞身开挖	仰拱施工	车辆伤害	渣土运输车辆及其他运输车辆等	1. 人员违章进入危险区域； 2. 管理人员违章指挥，强令冒险作业（进入驾驶人员视野盲区等）； 3. 驾驶人员未持有效证件上岗； 4. 驾驶人员操作错误，违章作业（违规载人、酒后驾驶、超速、超限、超载作业）； 5. 驾驶人员身体健康状况异常、心理异常、感知异常（反应迟钝、辨识错误）； 6. 驾驶人员疲劳作业； 7. 现场作业人员未正确使用安全防护用品（反光背心、安全帽等）	1. 现场无警示标识或标识破损（警戒区、标牌、反光锥、反光贴等）； 2. 车辆带“病”作业（制动装置、喇叭、后视镜、警示灯等设施有缺陷）； 3. 车辆作业安全距离不足； 4. 安全防护用品不合格（反光背心、安全帽等）； 5. 通风排烟排尘设备故障或未使用； 6. 安全防护装置不可靠	1. 作业场地照明不足； 2. 作业场地狭窄、不平整、道路湿滑； 3. 通风不良，粉尘浓度大，能见度低	1. 未对车辆设备、安全防护用品等进行进场验收或验收不到位； 2. 车辆安全管理制度不完善或未落实（检查维护保养不到位）； 3. 安全操作规程不规范或未落实（作业前未对车辆周围环境进行检查）； 4. 安全教育、培训、交底、检查制度不完善或未落实； 5. 职业健康管理制度不完善或未落实； 6. 通风排烟排尘制度未完善或未落实； 7. 安全投入不足		√	√	√	

续上表

分部工程	施工作业内容	典型风险事件	致害物	致险因素				风险事件后果类型				
				人的因素	物的因素	环境因素	管理因素	易导致受伤人员类型		人员伤亡		
								本人	他人	轻伤	重伤	死亡
洞身开挖	仰拱施工	坍塌	不稳定土体、砌体、结构物等	1. 管理人员违章指挥，强令冒险作业（开挖进尺大、支护不及时）； 2. 人员心理异常（冒险侥幸心理）； 3. 作业人员操作错误； 4. 有违章作业、违反劳动纪律的行为（管理人员脱岗）	1. 无警示信号或信号不清（紧急撤离信号）； 2. 现场无警示标识或标识破损（警戒区、标牌、反光锥等）； 3. 截排水设施不完善； 4. 支护形式错或支护材料不合格（材料强度不足等）； 5. 监控监测设备缺失或失效	存在滑坡、偏压、顺层、富水区域且为压力水等不良地质	1. 施工方案不完善或未落实； 2. 安全教育、培训、交底、检查制度不完善或未落实； 3. 第三方检测单位无资质或资质不满足，超前地质预报工作不足； 4. 监测方案不完善或未落实，未及时有效地对监测数据进行分析判断； 5. 安全投入不足	√	√	√	√	√
	监控量测	物体打击	工器具、零部件、滚石	1. 现场作业人员未正确使用安全防护用品（安全帽等）； 2. 人员违章进入危险区域； 3. 管理人员违章指挥，强令冒险作业； 4. 作业人员身体健康状况异常、心理异常、感知异常（反应迟钝、辨识错误）； 5. 作业人员操作错误，违章作业（违章抛物）	1. 安全防护用品不合格（安全帽等）； 2. 现场无警示标识或标识破损（警戒区、标牌、反光锥等）； 3. 作业过程中产生的坠落物（飞石、工具、材料等）； 4. 材料堆放不合理	1. 强风、暴雨、大雪、大雾等不良天气； 2. 作业场地照明不足； 3. 作业场地杂乱	1. 安全教育、培训、交底、检查制度不完善或未落实； 2. 安全防护用品等进行进场验收或验收不到位； 3. 现场交叉作业管理缺陷； 4. 安全投入不足		√	√	√	

续上表

分部工程	施工作业内容	典型风险事件	致害物	致险因素				风险事件后果类型				
				人的因素	物的因素	环境因素	管理因素	易导致受伤人员类型		人员伤亡		
								本人	他人	轻伤	重伤	死亡
洞身开挖	监控量测	高处坠落	无防护的平台	1. 管理人员违章指挥、强令冒险作业； 2. 作业人员身体健康状况异常、心理异常、感知异常(有高血压、恐高症等禁忌症,反应迟钝,辨识错误； 3. 作业人员操作错误或违章作业(人员酒后作业)； 4. 作业人员未正确使用安全防护用品(安全带、防滑鞋等)； 5. 人员疲劳作业	1. 高处作业场所未设置安全防护等措施(安全绳索)； 2. 未设置安全警示标志或标识破损； 3. 安全防护用品质量不合格,存在缺陷； 4. 未设置人员上下安全爬梯或设置不规范	1. 大风、雷电、大雪、暴雨等恶劣天气； 2. 作业场地照明不足； 3. 作业场地不平整、湿滑	1. 安全教育、培训、交底、检查制度不完善或未落实； 2. 职业健康、安全管理制度不完善、未落实(定期体检)； 3. 高处作业安全操作规程不规范或未落实； 4. 安全防护用品等进行进场验收或验收不到位； 5. 安全投入不足	√		√	√	√
二次衬砌	防水层工程	物体打击	工器具、零部件	1. 现场作业人员未正确使用安全防护用品(安全帽等)； 2. 人员违章进入危险区域； 3. 管理人员违章指挥,强令冒险作业；	1. 安全防护用品不合格(安全帽等)； 2. 现场无警示标识或标识破损(警戒区、标牌、反光锥等)； 3. 作业过程中产生的坠落物(飞石、工具、材料等)； 4. 材料堆放不合理	1. 作业场所照明不足； 2. 作业场地杂乱	1. 安全教育、培训、交底、检查制度不完善或未落实； 2. 安全防护用品等进行进场验收或验收不到位； 3. 现场交叉作业管理缺陷； 4. 安全投入不足		√	√	√	

续上表

分部工程	施工作业内容	典型风险事件	致害物	致险因素				风险事件后果类型				
				人的因素	物的因素	环境因素	管理因素	易导致受伤人员类型		人员伤亡		
								本人	他人	轻伤	重伤	死亡
二次衬砌	防水层工程	物体打击	工器具、零部件	4. 作业人员身体健康状况异常、心理异常、感知异常(反应迟钝、辨识错误)； 5. 作业人员操作错误，违章作业(违章抛物)								
		高处坠落	无防护的平台	1. 管理人员违章指挥、强令冒险作业； 2. 作业人员身体健康状况异常、心理异常、感知异常(有高血压、恐高症等禁忌症，反应迟钝，辨识错误)； 3. 作业人员操作错误或违章作业(人员酒后作业)； 4. 作业人员未正确使用安全防护用品(安全带、防滑鞋等)； 5. 人员疲劳作业	1. 高处作业场所未设置安全防护等措施(安全绳索)； 2. 未设置安全警示标志或标识破损； 3. 安全防护用品质量不合格，存在缺陷； 4. 未设置人员上下安全爬梯或设置不规范	1. 作业场所照明不足； 2. 作业场地不平整、湿滑	1. 安全教育、培训、交底、检查制度不完善或未落实； 2. 职业健康、安全管理制度不完善、未落实(定期体检)； 3. 高处作业安全操作规程不规范或未落实； 4. 安全防护用品等进行进场验收或验收不到位； 5. 安全投入不足	√		√	√	√

续上表

分部工程	施工作业内容	典型风险事件	致害物	致险因素				风险事件后果类型				
				人的因素	物的因素	环境因素	管理因素	易导致受伤人员类型		人员伤亡		
								本人	他人	轻伤	重伤	死亡
二次衬砌	防水层工程	触电	破损漏电的设备和电线	1. 作业人员未正确使用安全防护用品（绝缘鞋、绝缘手套等）； 2. 作业人员操作错误或违章作业（带电检修维护）； 3. 管理人员违章指挥、强令冒险作业，电工未持有效证件上岗； 4. 作业人员疲劳作业	1. 现场无警示标识或标识错误或破损（警戒区、标牌、反光锥等）； 2. 电线老化、破损，电焊机等设备漏电； 3. 设备接地保护损坏、防雷措施失效； 4. 电线架设不当、拖地、与金属物接触； 5. 手持电动工具无漏洞保护装置； 6. 电器开关无防雨、防潮设施； 7. 安全距离不足	1. 作业场地照明不足； 2. 作业场地杂乱、潮湿或积水	1. 临时用电方案不完善或未落实； 2. 发电机等安全操作规程不规范或未落实； 3. 电气设施材料等未进行进场验收； 4. 电工未对用电设施进行巡查或巡查不到位； 5. 机械设备安全管理制度未落实（发电机、振捣棒等机具检查维护保养不到位）； 6. 安全教育、培训、交底、检查制度不完善或未落实； 7. 未实行“一机、一箱、一闸、一漏保”措施； 8. 安全投入不足	√		√	√	√
		火灾	作业场所设施、设备、物料等易燃可燃物	1. 作业人员操作错误、违章作业（私拉乱接电线，违规进行动火作业）；	1. 未配置消防器材等防火设施或消防器材等防火设施失效； 2. 易燃材料存放，防火安全距离不足；	1. 高温、干燥、大风天气； 2. 作业场地杂乱	1. 消防安全管理制度不完善或未落实（未定期进行消防检查）； 2. 未对消防器材等进行进场验收或验收不到位；	√	√	√	√	

续上表

分部工程	施工作业内容	典型风险事件	致害物	致险因素				风险事件后果类型				
				人的因素	物的因素	环境因素	管理因素	易导致受伤人员类型		人员伤亡		
								本人	他人	轻伤	重伤	死亡
二次衬砌	防水层工程	火灾	作业场所设施、设备、物料等易燃可燃物	2. 管理人员违章指挥,强令冒险作业(违章指挥作业人员进行动火作业); 3. 有违反劳动纪律的行为(吸烟等)	3. 现场无警示标识或标识破损(动火作业警戒区、禁火标牌等); 4. 用电设备或电缆漏电、短路引起明火		3. 安全教育、培训、交底制度不完善或未落实; 4. 材料堆放制度不完善或未落实; 5. 安全投入不足					
		机械伤害	挖掘机、装载机、小型施工设备等机械设备	1. 人员违章进入危险区域(机械作业半径等); 2. 管理人员违章指挥,强令冒险作业(机械作业半径等); 3. 机械操作人员未持有效证件上岗; 4. 机械操作人员操作错误,违章作业(违规载人、酒后作业); 5. 操作人员身体健康状况异常、心理异常、感知异常(反应迟钝、辨识错误); 6. 现场作业人员未正确使用安全防护用品(反光背心、安全帽等); 7. 机械操作人员疲劳作业	1. 现场无警示标识或标识破损(警戒区、标牌、反光贴等); 2. 设备设施安全作业距离不足; 3. 设备带"病"作业(设备设施制动装置失效、运动或转动装置无防护或防护装置有缺陷等); 4. 安全防护用品不合格(反光背心、安全帽、护目镜等); 5. 通风排烟排尘设备故障或未使用	1. 作业场所照明不足; 2. 作业场地狭窄、不平整、道路湿滑; 3. 通风不良,粉尘浓度大,能见度低	1. 机械设备安全管理制度不完善或未落实(检查维护保养不到位); 2. 未对机械设备、安全防护用品等进行进场验收或验收不到位; 3. 安全教育、培训、交底、检查制度不完善或未落实; 4. 机械设备安全操作规程不规范或未落实; 5. 通风排烟排尘制度未完善或未落实; 6. 安全投入不足	√	√	√	√	

续上表

分部工程	施工作业内容	典型风险事件	致害物	致险因素				风险事件后果类型				
				人的因素	物的因素	环境因素	管理因素	易导致受伤人员类型		人员伤亡		
								本人	他人	轻伤	重伤	死亡
二次衬砌	防水层工程	坍塌	不稳定土体、砌体、结构物等	1. 管理人员违章指挥,强令冒险作业(开挖进尺大、支护不及时); 2. 人员心理异常(冒险侥幸心理); 3. 作业人员操作错误; 4. 有违章作业、违反劳动纪律的行为(管理人员脱岗)	1. 无警示信号或信号不清(紧急撤离信号); 2. 现场无警示标识或标识破损(警戒区、标牌、反光锥等); 3. 截排水设施不完善; 4. 支护形式错或支护材料不合格(材料强度不足等); 5. 监控监测设备缺失或失效	存在滑坡、偏压、顺层、富水区域且为压力水等不良地质	1. 施工方案不完善或未落实; 2. 安全教育、培训、交底、检查制度不完善或未落实; 3. 第三方检测单位无资质或资质不满足,超前地质预报工作不足; 4. 监测方案不完善或未落实,未及时有效地对监测数据进行分析判断; 5. 安全投入不足	√	√	√	√	√
	二次衬砌工程	物体打击	工器具、零部件	1. 现场作业人员未正确使用安全防护用品(安全帽等); 2. 人员违章进入危险区域; 3. 管理人员违章指挥,强令冒险作业;	1. 安全防护用品不合格(安全帽等); 2. 现场无警示标识或标识破损(警戒区、标牌、反光锥等); 3. 作业过程中产生的坠落物(飞石、工具、材料等); 4. 材料堆放不合理	1. 作业场所照明不足; 2. 作业场地杂乱	1. 安全教育、培训、交底、检查制度不完善或未落实; 2. 安全防护用品等进行进场验收或验收不到位;		√	√	√	

续上表

分部工程	施工作业内容	典型风险事件	致害物	致险因素				风险事件后果类型				
				人的因素	物的因素	环境因素	管理因素	易导致受伤人员类型		人员伤亡		
								本人	他人	轻伤	重伤	死亡
二次衬砌	二次衬砌工程	物体打击	工器具、零部件	4. 作业人员身体健康状况异常、心理异常、感知异常(反应迟钝、辨识错误)； 5. 作业人员操作错误，违章作业(违章抛物)			3. 现场交叉作业管理缺陷； 4. 安全投入不足					
		高处坠落	无防护的平台	1. 管理人员违章指挥、强令冒险作业； 2. 作业人员身体健康状况异常、心理异常、感知异常(有高血压、恐高症等禁忌症，反应迟钝，辨识错误)； 3. 作业人员操作错误或违章作业(人员酒后作业)； 4. 作业人员未正确使用安全防护用品(安全带、防滑鞋等)； 5. 人员疲劳作业	1. 高处作业场所未设置安全防护等措施(安全绳索)； 2. 未设置安全警示标志或标识破损； 3. 安全防护用品质量不合格，存在缺陷； 4. 未设置人员上下安全爬梯或设置不规范	1. 作业场所照明不足； 2. 作业场地不平整、湿滑	1. 安全教育、培训、交底、检查制度不完善或未落实； 2. 职业健康、安全管理制度不完善、未落实(定期体检)； 3. 高处作业安全操作规程不规范或未落实； 4. 安全防护用品等进行进场验收或验收不到位； 5. 安全投入不足	√		√	√	√

续上表

分部工程	施工作业内容	典型风险事件	致害物	致险因素				风险事件后果类型				
				人的因素	物的因素	环境因素	管理因素	易导致受伤人员类型		人员伤亡		
								本人	他人	轻伤	重伤	死亡
二次衬砌	二次衬砌工程	触电	破损漏电的设备和电线	1. 作业人员未正确使用安全防护用品（绝缘鞋、绝缘手套等）； 2. 作业人员操作错误或违章作业（带电检修维护）； 3. 管理人员违章指挥、强令冒险作业，电工未持有效证件上岗； 4. 作业人员疲劳作业	1. 现场无警示标识或标识错误或破损（警戒区、标牌、反光锥等）； 2. 电线老化、破损，电焊机等设备漏电； 3. 设备接地保护损坏、防雷措施失效； 4. 电线架设不当、拖地、与金属物接触； 5. 手持电动工具无漏洞保护装置； 6. 电器开关无防雨、防潮设施； 7. 安全距离不足	1. 作业场地照明不足； 2. 作业场地杂乱、潮湿或积水	1. 临时用电方案不完善或未落实； 2. 发电机等安全操作规程不规范或未落实； 3. 电气设施材料等未进行进场验收； 4. 电工未对用电设施进行巡查或巡查不到位； 5. 机械设备安全管理制度未落实（发电机、振捣棒等机具检查维护保养不到位）； 6. 安全教育、培训、交底、检查制度不完善或未落实； 7. 未实行“一机、一箱、一闸、一漏保”措施； 8. 安全投入不足	√		√	√	√

续上表

分部工程	施工作业内容	典型风险事件	致害物	致险因素				风险事件后果类型				
				人的因素	物的因素	环境因素	管理因素	易导致受伤人员类型		人员伤亡		
								本人	他人	轻伤	重伤	死亡
二次衬砌	二次衬砌工程	机械伤害	挖掘机、装载机、小型施工设备等机械设备	1. 人员违章进入危险区域（机械作业半径等）； 2. 管理人员违章指挥，强令冒险作业（机械作业半径等）； 3. 机械操作人员未持有效证件上岗； 4. 机械操作人员操作错误，违章作业（违规载人、酒后作业）； 5. 操作人员身体健康状况异常、心理异常、感知异常（反应迟钝、辨识错误）； 6. 现场作业人员未正确使用安全防护用品（反光背心、安全帽等）； 7. 机械操作人员疲劳作业	1. 现场无警示标识或标识破损（警戒区、标牌、反光贴等）； 2. 设备设施安全作业距离不足； 3. 设备带“病”作业（设备设施制动装置失效、运动或转动装置无防护或防护装置有缺陷等）； 4. 安全防护用品不合格（反光背心、安全帽、护目镜等）； 5. 通风排烟排尘设备故障或未使用	1. 作业场地照明不足； 2. 作业场地狭窄、不平整、道路湿滑； 3. 通风不良，粉尘浓度大，能见度低	1. 机械设备安全管理制度不完善或未落实（检查维护保养不到位）； 2. 未对机械设备、安全防护用品等进行进场验收或验收不到位； 3. 安全教育、培训、交底、检查制度不完善或未落实； 4. 机械设备安全操作规程不规范或未落实； 5. 通风排烟排尘制度未完善或未落实； 6. 安全投入不足	√	√	√	√	

续上表

<table>
<tr><th rowspan="3">分部工程</th><th rowspan="3">施工作业内容</th><th rowspan="3">典型风险事件</th><th rowspan="3">致害物</th><th colspan="4">致险因素</th><th colspan="5">风险事件后果类型</th></tr>
<tr><th rowspan="2">人的因素</th><th rowspan="2">物的因素</th><th rowspan="2">环境因素</th><th rowspan="2">管理因素</th><th colspan="2">易导致受伤人员类型</th><th colspan="3">人员伤亡</th></tr>
<tr><th>本人</th><th>他人</th><th>轻伤</th><th>重伤</th><th>死亡</th></tr>
<tr><td>二次衬砌</td><td>二次衬砌工程</td><td>车辆伤害</td><td>渣土运输车辆及其他运输车辆等</td><td>1. 人员违章进入危险区域；
2. 管理人员违章指挥，强令冒险作业（进入驾驶人员视野盲区等）；
3. 驾驶人员未持有效证件上岗；
4. 驾驶人员操作错误，违章作业（违规载人，酒后驾驶，超速、超限、超载作业）；
5. 驾驶人员身体健康状况异常、心理异常、感知异常（反应迟钝、辨识错误）；
6. 驾驶人员疲劳作业；
7. 现场作业人员未正确使用安全防护用品（反光背心、安全帽等）</td><td>1. 现场无警示标识或标识破损（警戒区、标牌、反光锥、反光贴等）；
2. 车辆带“病”作业（制动装置、喇叭、后视镜、警示灯等设施有缺陷）；
3. 车辆作业安全距离不足；
4. 安全防护用品不合格（反光背心、安全帽等）；
5. 通风排烟排尘设备故障或未使用；
6. 安全防护装置不可靠</td><td>1. 作业场地照明不足；
2. 作业场地狭窄、不平整、道路湿滑；
3. 通风不良，粉尘浓度大，能见度低</td><td>1. 未对车辆设备、安全防护用品等进行进场验收或验收不到位；
2. 车辆安全管理制度不完善或未落实（检查维护保养不到位）；
3. 安全操作规程不规范或未落实（作业前未对车辆周围环境进行检查）；
4. 安全教育、培训、交底、检查制度不完善或未落实；
5. 职业健康管理制度不完善或未落实；
6. 通风排烟排尘制度未完善或未落实；
7. 安全投入不足</td><td></td><td>√</td><td>√</td><td>√</td><td></td></tr>
</table>

续上表

分部工程	施工作业内容	典型风险事件	致害物	致险因素				风险事件后果类型				
				人的因素	物的因素	环境因素	管理因素	易导致受伤人员类型		人员伤亡		
								本人	他人	轻伤	重伤	死亡
二次衬砌	二次衬砌工程	坍塌	不稳定土体、砌体、结构物等	1. 管理人员违章指挥，强令冒险作业； 2. 人员心理异常（冒险侥幸心理）； 3. 作业人员操作错误； 4. 有违章作业、违反劳动纪律的行为（管理人员脱岗）	1. 无警示信号或信号不清（紧急撤离信号）； 2. 现场无警示标识或标识破损（警戒区、标牌、反光锥等）； 3. 截排水设施不完善； 4. 支护形式错或支护材料不合格（材料强度不足等）； 5. 监控监测设备缺失或失效	存在滑坡、偏压、顺层、富水区域且为压力水等不良地质	1. 施工方案不完善或未落实； 2. 安全教育、培训、交底、检查制度不完善或未落实； 3. 第三方检测单位无资质或资质不满足； 4. 监测方案不完善或未落实，未及时有效地对监测数据进行分析判断； 5. 安全投入不足	√	√	√	√	√
其他工程	管沟施工	触电	破损漏电的设备和电线	1. 作业人员未正确使用安全防护用品（绝缘鞋、绝缘手套等）； 2. 作业人员操作错误或违章作业（带电检修维护）； 3. 管理人员违章指挥，强令冒险作业，电工未持有效证件上岗； 4. 作业人员疲劳作业	1. 现场无警示标识或标识错误或破损（警戒区、标牌、反光锥等）； 2. 电线老化、破损，电焊机等设备漏电； 3. 设备接地保护损坏、防雷措施失效； 4. 电线架设不当、拖地、与金属物接触；	1. 强风、雷雨、大雪等不良天气； 2. 作业场地杂乱、潮湿或积水； 3. 作业场地照明不足	1. 临时用电方案不完善或未落实； 2. 发电机等安全操作规程不规范或未落实； 3. 电气设施材料等未进行进场验收； 4. 电工未对用电设施进行巡查或巡查不到位； 5. 机械设备安全管理制度未落实（发电机、振捣棒等机具检查维护保养不到位）；	√		√	√	√

续上表

分部工程	施工作业内容	典型风险事件	致害物	致险因素				风险事件后果类型				
				人的因素	物的因素	环境因素	管理因素	易导致受伤人员类型		人员伤亡		
								本人	他人	轻伤	重伤	死亡
其他工程	管沟施工	触电	破损漏电的设备和电线		5. 手持电动工具无漏洞保护装置； 6. 电器开关无防雨、防潮设施； 7. 安全距离不足		6. 安全教育、培训、交底、检查制度不完善或未落实； 7. 未实行“一机、一箱、一闸、一漏保”措施； 8. 安全投入不足					
		机械伤害	挖掘机、装载机、小型施工设备等机械设备	1. 人员违章进入危险区域(机械作业半径等)； 2. 管理人员违章指挥,强令冒险作业(机械作业半径等)； 3. 机械操作人员未持有效证件上岗； 4. 机械操作人员操作错误,违章作业(违规载人、酒后作业)； 5. 操作人员身体健康状况异常、心理异常、感知异常(反应迟钝、辨识错误)； 6. 现场作业人员未正确使用安全防护用品(反光背心、安全帽等)； 7. 机械操作人员疲劳作业	1. 现场无警示标识或标识破损(警戒区、标牌、反光贴等)； 2. 设备设施安全作业距离不足； 3. 设备带“病”作业(设备设施制动装置失效、运动或转动装置无防护或防护装置有缺陷等)； 4. 安全防护用品不合格(反光背心、安全帽、护目镜等)； 5. 通风排烟排尘设备故障或未使用	1. 作业场地照明不足； 2. 作业场地狭窄、不平整、道路湿滑； 3. 通风不良,粉尘浓度大,能见度低	1. 机械设备安全管理制度不完善或未落实(检查维护保养不到位)； 2. 未对机械设备、安全防护用品等进行进场验收或验收不到位； 3. 安全教育、培训、交底、检查制度不完善或未落实； 4. 机械设备安全操作规程不规范或未落实； 5. 通风排烟排尘制度未完善或未落实； 6. 安全投入不足	√	√	√	√	

续上表

分部工程	施工作业内容	典型风险事件	致害物	致险因素				风险事件后果类型				
				人的因素	物的因素	环境因素	管理因素	易导致受伤人员类型		人员伤亡		
								本人	他人	轻伤	重伤	死亡
其他工程	管沟施工	车辆伤害	渣土运输车辆及其他运输车辆等	1. 人员违章进入危险区域； 2. 管理人员违章指挥，强令冒险作业（进入驾驶员视野盲区等）； 3. 驾驶人员未持有效证件上岗； 4. 驾驶人员操作错误，违章作业（违规载人、酒后驾驶、超速、超限、超载作业）； 5. 驾驶人员身体健康状况异常、心理异常、感知异常（反应迟钝、辨识错误）； 6. 驾驶人员疲劳作业； 7. 现场作业人员未正确使用安全防护用品（反光背心、安全帽等）	1. 现场无警示标识或标识破损（警戒区、标牌、反光锥、反光贴等）； 2. 车辆带“病”作业（制动装置、喇叭、后视镜、警示灯等设施有缺陷）； 3. 车辆作业安全距离不足； 4. 安全防护用品不合格（反光背心、安全帽等）； 5. 通风排烟排尘设备故障或未使用； 6. 安全防护装置不可靠	1. 作业场地照明不足； 2. 作业场地狭窄、不平整、道路湿滑； 3. 通风不良，粉尘浓度大，能见度低	1. 未对车辆设备、安全防护用品等进行进场验收或验收不到位； 2. 车辆安全管理制度不完善或未落实（检查维护保养不到位）； 3. 安全操作规程不规范或未落实（作业前未对车辆周围环境进行检查）； 4. 安全教育、培训、交底、检查制度不完善或未落实； 5. 职业健康管理制度不完善或未落实； 6. 通风排烟排尘制度未完善或未落实； 7. 安全投入不足		√	√	√	

续上表

分部工程	施工作业内容	典型风险事件	致害物	致险因素				风险事件后果类型				
				人的因素	物的因素	环境因素	管理因素	易导致受伤人员类型		人员伤亡		
								本人	他人	轻伤	重伤	死亡
其他工程	路面工程	物体打击	工器具、零部件	1. 现场作业人员未正确使用安全防护用品(安全帽等); 2. 人员违章进入危险区域; 3. 管理人员违章指挥,强令冒险作业; 4. 作业人员身体健康状况异常、心理异常、感知异常(反应迟钝、辨识错误); 5. 作业人员操作错误,违章作业(违章抛物)	1. 安全防护用品不合格(安全帽等); 2. 现场无警示标识或标识破损(警戒区、标牌、反光锥等); 3. 作业过程中产生的坠落物(飞石、工具、材料等); 4. 材料堆放不合理	1. 作业场所照明不足; 2. 作业场地杂乱	1. 安全教育、培训、交底、检查制度不完善或未落实; 2. 安全防护用品等进行进场验收或验收不到位; 3. 现场交叉作业管理有缺陷; 4. 安全投入不足		√	√	√	

续上表

分部工程	施工作业内容	典型风险事件	致害物	致险因素				风险事件后果类型				
				人的因素	物的因素	环境因素	管理因素	易导致受伤人员类型		人员伤亡		
								本人	他人	轻伤	重伤	死亡
其他工程	路面工程	触电	破损漏电的设备和电线	1. 作业人员未正确使用安全防护用品(绝缘鞋、绝缘手套等); 2. 作业人员操作错误或违章作业(带电检修维护); 3. 管理人员违章指挥、强令冒险作业,电工未持有效证件上岗; 4. 作业人员疲劳作业	1. 现场无警示标识或标识错误或破损(警戒区、标牌、反光锥等); 2. 电线老化、破损,电焊机等设备漏电; 3. 设备接地保护损坏、防雷措施失效; 4. 电线架设不当、拖地、与金属物接触; 5. 手持电动工具无漏洞保护装置; 6. 电器开关无防雨、防潮设施; 7. 安全距离不足	1. 作业场地照明不足; 2. 作业场地狭窄、不平整、道路湿滑; 3. 通风不良,粉尘浓度大,能见度低	1. 临时用电方案不完善或未落实; 2. 发电机等安全操作规程不规范或未落实; 3. 电气设施材料等未进行进场验收; 4. 电工未对用电设施进行巡查或巡查不到位; 5. 机械设备安全管理制度未落实(发电机、振捣棒等机具检查维护保养不到位); 6. 安全教育、培训、交底、检查制度不完善或未落实; 7. 未实行"一机、一箱、一闸、一漏保"措施; 8. 安全投入不足	√		√	√	√

续上表

分部工程	施工作业内容	典型风险事件	致害物	致险因素				风险事件后果类型				
				人的因素	物的因素	环境因素	管理因素	易导致受伤人员类型		人员伤亡		
								本人	他人	轻伤	重伤	死亡
其他工程	路面工程	机械伤害	挖掘机、装载机、电锯、隧道设备等机械设备	1. 人员违章进入危险区域（机械作业半径等）； 2. 管理人员违章指挥，强令冒险作业（机械作业半径等）； 3. 机械操作人员未持有效证件上岗； 4. 机械操作人员操作错误，违章作业（违规载人、酒后作业）； 5. 操作人员身体健康状况异常、心理异常、感知异常（反应迟钝、辨识错误）； 6. 现场作业人员未正确使用安全防护用品（反光背心、安全帽等）； 7. 机械操作人员疲劳作业	1. 现场无警示标识或标识破损（警戒区、标牌、反光贴等）； 2. 设备设施安全作业距离不足； 3. 设备带“病”作业（设备设施制动装置失效、运动或转动装置无防护或防护装置有缺陷等）； 4. 安全防护用品不合格（反光背心、安全帽、护目镜等）	1. 作业场地照明不足； 2. 作业场地狭窄、不平整、道路湿滑	1. 机械设备安全管理制度不完善或未落实（检查维护保养不到位）； 2. 未对机械设备、安全防护用品等进行进场验收或验收不到位； 3. 安全教育、培训、交底、检查制度不完善或未落实； 4. 机械设备安全操作规程不规范或未落实； 5. 安全投入不足	√	√	√	√	

续上表

分部工程	施工作业内容	典型风险事件	致害物	致险因素				风险事件后果类型				
				人的因素	物的因素	环境因素	管理因素	易导致受伤人员类型		人员伤亡		
								本人	他人	轻伤	重伤	死亡
其他工程	路面工程	车辆伤害	渣土运输车辆及其他运输车辆等	1. 人员违章进入危险区域； 2. 管理人员违章指挥，强令冒险作业(进入驾驶人员视野盲区等)； 3. 驾驶人员未持有效证件上岗； 4. 驾驶人员操作错误，违章作业(违规载人，酒后驾驶，超速、超限、超载作业)； 5. 驾驶人员身体健康状况异常、心理异常、感知异常(反应迟钝、辨识错误)； 6. 驾驶人员疲劳作业； 7. 现场作业人员未正确使用安全防护用品(反光背心、安全帽等)	1. 现场无警示标识或标识破损(警戒区、标牌、反光锥、反光贴等)； 2. 车辆带“病”作业(制动装置、喇叭、后视镜、警示灯等设施有缺陷)； 3. 车辆作业安全距离不足； 4. 安全防护用品不合格(反光背心、安全帽等)； 5. 通风排烟排尘设备故障或未使用； 6. 安全防护装置不可靠	1. 作业场地照明不足； 2. 作业场地狭窄、不平整、道路湿滑； 3. 通风不良，粉尘浓度大，能见度低	1. 未对车辆设备、安全防护用品等进行进场验收或验收不到位； 2. 车辆安全管理制度不完善或未落实(检查维护保养不到位)； 3. 安全操作规程不规范或未落实(作业前未对车辆周围环境进行检查)； 4. 安全教育、培训、交底、检查制度不完善或未落实； 5. 职业健康管理制度不完善或未落实； 6. 通风排烟排尘制度未完善或未落实； 7. 安全投入不足		√	√	√	

续上表

分部工程	施工作业内容	典型风险事件	致害物	致险因素				风险事件后果类型				
				人的因素	物的因素	环境因素	管理因素	易导致受伤人员类型		人员伤亡		
								本人	他人	轻伤	重伤	死亡
其他工程	交通工程	高处坠落	无防护的平台	1. 管理人员违章指挥、强令冒险作业； 2. 作业人员身体健康状况异常、心理异常、感知异常(有高血压、恐高症等禁忌症，反应迟钝，辨识错误)； 3. 作业人员操作错误或违章作业(人员酒后作业)； 4. 作业人员未正确使用安全防护用品(安全带、防滑鞋等)； 5. 人员疲劳作业	1. 高处作业场所未设置安全防护等措施(安全绳索)； 2. 未设置安全警示标志或标识破损； 3. 安全防护用品质量不合格，存在缺陷； 4. 未设置人员上下安全爬梯或设置不规范	1. 作业场地照明不足； 2. 作业场地狭窄、不平整、道路湿滑	1. 安全教育、培训、交底、检查制度不完善或未落实； 2. 职业健康、安全管理制度不完善、未落实(定期体检)； 3. 高处作业安全操作规程不规范或未落实； 4. 安全防护用品等进行进场验收或验收不到位； 5. 安全投入不足	√		√	√	√
		触电	破损漏电的设备和电线	1. 作业人员未正确使用安全防护用品(绝缘鞋、绝缘手套等)； 2. 作业人员操作错误或违章作业(带电检修维护)；	1. 现场无警示标识或标识错误或破损(警戒区、标牌、反光锥等)； 2. 电线老化、破损，电焊机等设备漏电； 3. 设备接地保护损坏、防雷措施失效；	1. 作业场地照明不足； 2. 作业场地狭窄、不平整、道路湿滑	1. 临时用电方案不完善或未落实； 2. 发电机等安全操作规程不规范或未落实； 3. 电气设施材料等未进行进场验收； 4. 电工未对用电设施进行巡查或巡查不到位； 5. 机械设备安全管理制度未落实(发电机、振捣棒等机具检查维护保养不到位)；	√		√	√	√

续上表

分部工程	施工作业内容	典型风险事件	致害物	致险因素				风险事件后果类型				
				人的因素	物的因素	环境因素	管理因素	易导致受伤人员类型		人员伤亡		
								本人	他人	轻伤	重伤	死亡
其他工程	交通工程	触电	破损漏电的设备和电线	3. 管理人员违章指挥、强令冒险作业，电工未持有效证件上岗； 4. 作业人员疲劳作业	4. 电线架设不当、拖地、与金属物接触； 5. 手持电动工具无漏洞保护装置； 6. 电器开关无防雨、防潮设施； 7. 安全距离不足		6. 安全教育、培训、交底、检查制度不完善或未落实； 7. 未实行“一机、一箱、一闸、一漏保”措施； 8. 安全投入不足					
		机械伤害	挖掘机、装载机、小型施工设备等机械设备	1. 人员违章进入危险区域(机械作业半径等)； 2. 管理人员违章指挥，强令冒险作业(机械作业半径等)； 3. 机械操作人员未持有效证件上岗； 4. 机械操作人员操作错误，违章作业(违规载人、酒后作业)； 5. 操作人员身体健康状况异常、心理异常、感知异常(反应迟钝、辨识错误)； 6. 现场作业人员未正确使用安全防护用品(反光背心、安全帽等)； 7. 机械操作人员疲劳作业	1. 现场无警示标识或标识破损(警戒区、标牌、反光贴等)； 2. 设备设施安全作业距离不足； 3. 设备带“病”作业(设备设施制动装置失效、运动或转动装置无防护或防护装置有缺陷等)； 4. 安全防护用品不合格(反光背心、安全帽、护目镜等)； 5. 通风排烟排尘设备故障或未使用	1. 作业场地照明不足； 2. 作业场地狭窄、不平整、道路湿滑	1. 机械设备安全管理制度不完善或未落实(检查维护保养不到位)； 2. 未对机械设备、安全防护用品等进行进场验收或验收不到位； 3. 安全教育、培训、交底、检查制度不完善或未落实； 4. 机械设备安全操作规程不规范或未落实； 5. 通风排烟排尘制度未完善或未落实； 6. 安全投入不足	√	√	√	√	

续上表

分部工程	施工作业内容	典型风险事件	致害物	致险因素				风险事件后果类型				
				人的因素	物的因素	环境因素	管理因素	易导致受伤人员类型		人员伤亡		
								本人	他人	轻伤	重伤	死亡
其他工程	交通工程	车辆伤害	渣土运输车辆及其他运输车辆等	1. 人员违章进入危险区域； 2. 管理人员违章指挥，强令冒险作业（进入驾驶人员视野盲区等）； 3. 驾驶人员未持有效证件上岗； 4. 驾驶人员操作错误，违章作业（违规载人，酒后驾驶，超速、超限、超载作业）； 5. 驾驶人员身体健康状况异常、心理异常、感知异常（反应迟钝、辨识错误）； 6. 驾驶人员疲劳作业； 7. 现场作业人员未正确使用安全防护用品（反光背心、安全帽等）	1. 现场无警示标识或标识破损（警戒区、标牌、反光锥、反光贴等）； 2. 车辆带“病”作业（制动装置、喇叭、后视镜、警示灯等设施有缺陷）； 3. 车辆作业安全距离不足； 4. 安全防护用品不合格（反光背心、安全帽等）； 5. 通风排烟排尘设备故障或未使用； 6. 安全防护装置不可靠	1. 作业场地照明不足； 2. 作业场地狭窄、不平整、道路湿滑	1. 未对车辆设备、安全防护用品等进行进场验收或验收不到位； 2. 车辆安全管理制度不完善或未落实（检查维护保养不到位）； 3. 安全操作规程不规范或未落实（作业前未对车辆周围环境进行检查）； 4. 安全教育、培训、交底、检查制度不完善或未落实； 5. 职业健康管理制度不完善或未落实； 6. 通风排烟排尘制度未完善或未落实； 7. 安全投入不足		√	√	√	

第三节　隧道工程（明挖法）施工的主要安全风险分析

隧道工程（明挖法）施工主要涉及临时工程、隧道围护结构、基坑降排水、基坑施工、隧道主体结构、装饰装修工程、机电安装工程、周边环境迁改工程等施工内容；典型风险事件主要有物体打击、车辆伤害、机械伤害、起重伤害、触电、火灾、高处坠落、坍塌、爆炸等；致害物主要包含渣土运输车辆及其他运输车辆，挖机、装载机、小型施工设备等机械设备，无防护的高处作业平台，作业场所设施、设备、物料等易燃可燃物，不稳定土体、砌体、结构物等，起重设备、吊起的材料、吊具吊索，损坏漏电的设备和电线等。风险事件的发生常常是因为人的因素、物的因素、环境因素、管理因素的管理、维护、设置等不到位而导致，具体风险分析见表5-3。

隧道工程（明挖法）施工的主要安全风险分析　表5-3

分部工程	施工作业内容	典型风险事件	致害物	致险因素				风险事件后果类型				
				人的因素	物的因素	环境因素	管理因素	受伤人员类型		人员伤亡		
								本人	他人	轻伤	重伤	死亡
临时工程	场地平整	物体打击	工器具、零部件、滚石	1. 现场作业人员未正确使用安全防护用品（安全帽等）； 2. 人员违章进入危险区域； 3. 管理人员违章指挥，强令冒险作业； 4. 作业人员身体健康状况异常、心理异常、感知异常（反应迟钝、辨识错误）； 5. 作业人员操作错误，违章作业（违章抛物）	1. 安全防护用品不合格（安全帽等）； 2. 现场无警示标识或标识破损（警戒区、标牌、反光锥等）； 3. 作业过程中产生的坠落物（飞石、工具、材料等）； 4. 材料堆放不合理	1. 强风、暴雨、大雪、大雾等不良天气； 2. 夜间施工照明不足； 3. 作业场地杂乱； 4. 道路坑洼不平	1. 安全教育、培训、交底、检查制度不完善或未落实； 2. 安全防护用品等进行进场验收或验收不到位； 3. 安全投入不足； 4. 现场交叉作业管理有缺陷		√	√	√	

续上表

分部工程	施工作业内容	典型风险事件	致害物	致险因素				风险事件后果类型				
				人的因素	物的因素	环境因素	管理因素	受伤人员类型		人员伤亡		
								本人	他人	轻伤	重伤	死亡
临时工程	场地平整	车辆伤害	渣土运输车辆及其他运输车辆等	1. 人员违章进入危险区域； 2. 管理人员违章指挥，强令冒险作业（进入驾驶人员视野盲区等）； 3. 驾驶人员未持有效证件上岗； 4. 驾驶人员操作错误，违章作业（违规载人，酒后驾驶，超速、超限、超载作业）； 5. 驾驶人员身体健康状况异常、心理异常、感知异常（反应迟钝、辨识错误）； 6. 驾驶人员疲劳作业； 7. 现场作业人员未正确使用安全防护用品（反光背心、安全帽等）	1. 现场无警示标识或标识破损（警戒区、标牌、反光锥、反光贴等）； 2. 车辆带“病”作业（制动装置、喇叭、后视镜、警示灯等设施有缺陷）； 3. 车辆作业安全距离不足； 4. 安全防护用品不合格（反光背心、安全帽等）； 5. 洒水降尘设备故障或未使用； 6. 安全防护装置不可靠	1. 强风、暴雨、大雪、大雾等不良天气； 2. 作业场地狭窄、不平整、道路湿滑； 3. 夜间施工照明不足； 4. 工作面扬尘，能见度低	1. 未对车辆设备、安全防护用品等进行进场验收或验收不到位； 2. 车辆安全管理制度不完善或未落实（检查维护保养不到位）； 3. 安全操作规程不规范或未落实（作业前未对车辆周围环境进行检查）； 4. 安全教育、培训、交底、检查制度不完善或未落实； 5. 职业健康管理制度不完善或未落实； 6. 洒水降尘制度未完善或未落实； 7. 安全投入不足					

续上表

分部工程	施工作业内容	典型风险事件	致害物	致险因素				风险事件后果类型				
				人的因素	物的因素	环境因素	管理因素	受伤人员类型		人员伤亡		
								本人	他人	轻伤	重伤	死亡
临时工程	场地平整	机械伤害	挖掘机、装载机、小型施工设备等机械设备	1. 人员违章进入危险区域（机械作业半径等）； 2. 管理人员违章指挥，强令冒险作业（机械作业半径等）； 3. 机械操作人员未持有效证件上岗； 4. 机械操作人员操作错误，违章作业（违规载人、酒后作业）； 5. 操作人员身体健康状况异常、心理异常、感知异常（反应迟钝、辨识错误）； 6. 现场作业人员未正确使用安全防护用品（反光背心、安全帽等）； 7. 机械操作人员疲劳作业	1. 现场无警示标识或标识破损（警戒区、标牌、反光贴等）； 2. 设备设施安全作业距离不足； 3. 设备带“病”作业（设备设施制动装置失效、运动或转动装置无防护或防护装置有缺陷等）； 4. 安全防护用品不合格（反光背心、安全帽、护目镜等）； 5. 洒水降尘设备故障或未使用； 6. 开关布局不合理	1. 强风、暴雨、大雪、大雾等不良天气； 2. 作业场地狭窄、作业区杂乱无章、通道不畅、地面积水； 3. 夜间施工照明不足； 4. 工作面扬尘，能见度低	1. 机械设备安全管理制度不完善或未落实（检查维护保养不到位）； 2. 未对机械设备、安全防护用品等进行进场验收或验收不到位； 3. 安全教育、培训、交底、检查制度不完善或未落实； 4. 机械设备安全操作规程不规范或未落实； 5. 洒水降尘制度未完善或未落实； 6. 安全投入不足	√	√	√	√	

续上表

分部工程	施工作业内容	典型风险事件	致害物	致险因素				风险事件后果类型				
				人的因素	物的因素	环境因素	管理因素	受伤人员类型		人员伤亡		
								本人	他人	轻伤	重伤	死亡
临时工程	便道及场地硬化	物体打击	工器具、零部件、滚石	1. 现场作业人员未正确使用安全防护用品（安全帽等）； 2. 人员违章进入危险区域； 3. 管理人员违章指挥，强令冒险作业； 4. 作业人员身体健康状况异常、心理异常、感知异常（反应迟钝、辨识错误）； 5. 作业人员操作错误，违章作业（违章抛物）	1. 安全防护用品不合格（安全帽等）； 2. 现场无警示标识或标识破损（警戒区、标牌、反光锥等）； 3. 作业过程中产生的坠落物（飞石、工具、材料等）； 4. 材料堆放不合理	1. 强风、暴雨、大雪、大雾等不良天气； 2. 夜间施工照明不足； 3. 作业场地杂乱； 4. 道路坑洼不平	1. 安全教育、培训、交底、检查制度不完善或未落实； 2. 安全防护用品等进行进场验收或验收不到位； 3. 安全投入不足； 4. 现场交叉作业管理有缺陷		√	√	√	

续上表

分部工程	施工作业内容	典型风险事件	致害物	致险因素				风险事件后果类型				
				人的因素	物的因素	环境因素	管理因素	受伤人员类型		人员伤亡		
								本人	他人	轻伤	重伤	死亡
临时工程	便道及场地硬化	车辆伤害	渣土运输车辆及其他运输车辆等	1. 人员违章进入危险区域； 2. 管理人员违章指挥，强令冒险作业（进入驾驶人员视野盲区等）； 3. 驾驶人员未持有效证件上岗； 4. 驾驶人员操作错误，违章作业（违规载人，酒后驾驶，超速、超限、超载作业）； 5. 驾驶人员身体健康状况异常、心理异常、感知异常（反应迟钝、辨识错误）； 6. 驾驶人员疲劳作业； 7. 现场作业人员未正确使用安全防护用品（反光背心、安全帽等）	1. 现场无警示标识或标识破损（警戒区、标牌、反光锥、反光贴等）； 2. 车辆带“病”作业（制动装置、喇叭、后视镜、警示灯等设施有缺陷）； 3. 车辆作业安全距离不足； 4. 安全防护用品不合格（反光背心、安全帽等）； 5. 洒水降尘设备故障或未使用； 6. 安全防护装置不可靠	1. 强风、暴雨、大雪、大雾等不良天气； 2. 作业场地狭窄、作业区杂乱无章、通道不畅、地面积水； 3. 夜间施工照明不足； 4. 工作面扬尘，能见度低	1. 未对车辆设备、安全防护用品等进行进场验收或验收不到位； 2. 车辆安全管理制度不完善或未落实（检查维护保养不到位）； 3. 安全操作规程不规范或未落实（作业前未对车辆周围环境进行检查）； 4. 安全教育、培训、交底、检查制度不完善或未落实； 5. 职业健康管理制度不完善或未落实； 6. 洒水降尘制度未完善或未落实； 7. 安全投入不足					

续上表

分部工程	施工作业内容	典型风险事件	致害物	致险因素				风险事件后果类型				
				人的因素	物的因素	环境因素	管理因素	受伤人员类型		人员伤亡		
								本人	他人	轻伤	重伤	死亡
临时工程	便道及场地硬化	机械伤害	挖掘机、装载机、小型施工设备等机械设备	1. 人员违章进入危险区域（机械作业半径等）； 2. 管理人员违章指挥，强令冒险作业（机械作业半径等）； 3. 机械操作人员未持有效证件上岗； 4. 机械操作人员操作错误，违章作业（违规载人、酒后作业）； 5. 操作人员身体健康状况异常、心理异常、感知异常（反应迟钝、辨识错误）； 6. 现场作业人员未正确使用安全防护用品（反光背心、安全帽等）； 7. 机械操作人员疲劳作业	1. 现场无警示标识或标识破损（警戒区、标牌、反光贴等）； 2. 设备设施安全作业距离不足； 3. 设备带“病”作业（设备设施制动装置失效、运动或转动装置无防护或防护装置有缺陷等）； 4. 安全防护用品不合格（反光背心、安全帽、护目镜等）； 5. 洒水降尘设备故障或未使用； 6. 开关布局不合理	1. 强风、暴雨、大雪、大雾等不良天气； 2. 作业场地狭窄、作业区杂乱无章、通道不畅、地面积水； 3. 夜间施工照明不足； 4. 工作面扬尘，能见度低	1. 机械设备安全管理制度不完善或未落实（检查维护保养不到位）； 2. 未对机械设备、安全防护用品等进行进场验收或验收不到位； 3. 安全教育、培训、交底、检查制度不完善或未落实； 4. 机械设备安全操作规程不规范或未落实； 5. 洒水降尘制度未完善或未落实； 6. 安全投入不足	√	√	√	√	

续上表

分部工程	施工作业内容	典型风险事件	致害物	致险因素				风险事件后果类型				
				人的因素	物的因素	环境因素	管理因素	受伤人员类型		人员伤亡		
								本人	他人	轻伤	重伤	死亡
临时工程	临时建筑	物体打击	工器具、零部件	1. 现场作业人员未正确使用安全防护用品(安全帽等); 2. 人员违章进入危险区域; 3. 管理人员违章指挥,强令冒险作业; 4. 作业人员身体健康状况异常、心理异常、感知异常(反应迟钝、辨识错误); 5. 作业人员操作错误,违章作业(违章抛物)	1. 安全防护用品不合格(安全帽等); 2. 现场无警示标识或标识破损(警戒区、标牌、反光锥等); 3. 作业过程中产生的坠落物(飞石、工具、材料等); 4. 材料堆放不合理	1. 强风、暴雨、大雪、大雾等不良天气; 2. 夜间施工照明不足; 3. 作业场地杂乱	1. 安全教育、培训、交底、检查制度不完善或未落实; 2. 安全防护用品等进行进场验收或验收不到位; 3. 安全投入不足; 4. 现场交叉作业管理有缺陷		√	√	√	

续上表

分部工程	施工作业内容	典型风险事件	致害物	致险因素				风险事件后果类型				
				人的因素	物的因素	环境因素	管理因素	受伤人员类型		人员伤亡		
								本人	他人	轻伤	重伤	死亡
临时工程	临时建筑	起重伤害	起重设备、吊起的材料、吊具吊索	1. 人员违章进入危险区域； 2. 管理人员违章指挥，强令冒险作业（无司索信号工或指挥错误）； 3. 起重作业人员、司索信号工未持有效证件上岗； 4. 起重作业人员操作错误，违章作业（酒后作业，支腿未全部打开，支腿未支垫枕木等"十不吊"）； 5. 起重人员身体健康状况异常、心理异常、感知异常（反应迟钝、辨识错误）； 6. 现场作业人员未正确使用安全防护用品（反光背心、安全帽等）； 7. 指挥信号不清、错误	1. 现场无警示标识或标识破损（警戒区、标牌、反光锥等）； 2. 吊索吊具不合格或达到报废标准（钢丝绳、吊带、U形卸扣等）； 3. 支垫材料不合格（枕木、钢板等）； 4. 无防护或防护装置缺陷（防脱钩装置、限位装置等）； 5. 起重机带"病"作业（制动装置等）； 6. 安全防护用品不合格（反光背心、安全帽等）； 7. 构件强度不够	1. 雷雨大风（6级以上）、大雾、高温等恶劣天气； 2. 作业场地不平整、不坚实； 3. 夜间施工照明不足； 4. 噪声、粉尘、有毒气体影响	1. 起重吊装专项施工方案不完善或未落实； 2. 设备设施安全管理制度不完善或未落实（检查维护保养不到位）； 3. 起重吊装安全操作规程不规范或未落实； 4. 安全教育、培训、交底、检查制度不完善或未落实； 5. 未对机械设备、安全防护用品等进行进场验收或验收不到位； 6. 安全投入不足		√	√	√	√

续上表

分部工程	施工作业内容	典型风险事件	致害物	致险因素				风险事件后果类型				
				人的因素	物的因素	环境因素	管理因素	受伤人员类型		人员伤亡		
								本人	他人	轻伤	重伤	死亡
临时工程	临时建筑	触电	破损漏电的设备和电线	1. 作业人员未正确使用安全防护用品（绝缘鞋、绝缘手套等）； 2. 作业人员操作错误或违章作业（带电检修维护）； 3. 管理人员违章指挥，强令冒险作业，电工未持有效证件上岗； 4. 作业人员疲劳作业	1. 现场无警示标识或标识错误或破损（警戒区、标牌、反光锥等）； 2. 电线老化、破损，电焊机等设备漏电； 3. 设备接地保护损坏、防雷措施失效； 4. 电线架设不当、拖地、与金属物接触； 5. 手持电动工具无漏洞保护装置； 6. 电器开关无防雨、防潮设施； 7. 安全距离不足	1. 强风、雷雨、大雪等不良天气； 2. 作业场地杂乱、潮湿或积水； 3. 作业场地照明不足	1. 临时用电方案不完善或未落实； 2. 发电机等安全操作规程不规范或未落实； 3. 电气设施材料等未进行进场验收； 4. 电工未对用电设施进行巡查或巡查不到位； 5. 机械设备安全管理制度未落实（发电机、振捣棒等机具检查维护保养不到位）； 6. 安全教育、培训、交底、检查制度不完善或未落实； 7. 未实行“一机、一箱、一闸、一漏保”措施； 8. 安全投入不足	√		√	√	√

续上表

分部工程	施工作业内容	典型风险事件	致害物	致险因素				风险事件后果类型				
				人的因素	物的因素	环境因素	管理因素	受伤人员类型		人员伤亡		
								本人	他人	轻伤	重伤	死亡
临时工程	临时建筑	高处坠落	无防护的高处作业	1. 管理人员违章指挥、强令冒险作业； 2. 人员身体健康状况异常、心理异常、感知异常(有高血压、恐高症等禁忌症,反应迟钝,辨识错误,作业人员操作错误),或违章作业(人员酒后作业)； 3. 作业人员未正确使用安全防护用品(安全带、防滑鞋等)； 4. 人员疲劳作业	1. 安全防护用品质量不合格,存在缺陷； 2. 现场无警示标识或标识破损； 3. 高处作业场所未设置安全防护等措施(安全绳索)； 4. 未设置人员上下安全爬梯或设置不规范	1. 作业环境不佳,场地湿滑、不平； 2. 6级以上大风、雷电、暴雨等恶劣天气； 3. 夜间施工照明不足	1. 安全教育、培训、交底、检查制度不完善或未落实； 2. 职业健康、安全管理制度不完善、未落实(定期体检)； 3. 安全投入不足； 4. 高处作业安全操作规程不规范或未落实； 5. 风险辨识、评估不到位	√		√	√	√
	搅拌站	物体打击	工器具、零部件	1. 现场作业人员未正确使用安全防护用品(安全帽等)； 2. 人员违章进入危险区域； 3. 管理人员违章指挥,强令冒险作业； 4. 作业人员身体健康状况异常、心理异常、感知异常(反应迟钝、辨识错误)； 5. 作业人员操作错误,违章作业(违章抛物)	1. 安全防护用品不合格(安全帽等)； 2. 现场无警示标识或标识破损(警戒区、标牌、反光锥等)； 3. 作业过程中产生的坠落物(飞石、工具、材料等)； 4. 材料堆放不合理	1. 强风、暴雨、大雪、大雾等不良天气； 2. 夜间施工照明不足； 3. 作业场地杂乱	1. 安全教育、培训、交底、检查制度不完善或未落实； 2. 安全防护用品等进行进场验收或验收不到位； 3. 安全投入不足； 4. 现场交叉作业管理有缺陷		√	√	√	

续上表

分部工程	施工作业内容	典型风险事件	致害物	致险因素				风险事件后果类型				
				人的因素	物的因素	环境因素	管理因素	受伤人员类型		人员伤亡		
								本人	他人	轻伤	重伤	死亡
临时工程	搅拌站	车辆伤害	渣土运输车辆及其他运输车辆等	1. 人员违章进入危险区域； 2. 管理人员违章指挥，强令冒险作业（进入驾驶人员视野盲区等）； 3. 驾驶人员未持有效证件上岗； 4. 驾驶人员操作错误，违章作业（违规载人，酒后驾驶，超速、超限、超载作业）； 5. 驾驶人员身体健康状况异常、心理异常、感知异常（反应迟钝、辨识错误）； 6. 驾驶人员疲劳作业； 7. 现场作业人员未正确使用安全防护用品（反光背心、安全帽等）	1. 现场无警示标识或标识破损（警戒区、标牌、反光锥、反光贴等）； 2. 车辆带“病”作业（制动装置、喇叭、后视镜、警示灯等设施有缺陷）； 3. 车辆作业安全距离不足； 4. 安全防护用品不合格（反光背心、安全帽等）； 5. 洒水降尘设备故障或未使用； 6. 安全防护装置不可靠	1. 强风、暴雨、大雪、大雾等不良天气； 2. 作业场地狭窄、不平整、道路湿滑； 3. 夜间施工照明不足； 4. 工作面扬尘，能见度低	1. 未对车辆设备、安全防护用品等进行进场验收或验收不到位； 2. 车辆安全管理制度不完善或未落实（检查维护保养不到位）； 3. 安全操作规程不规范或未落实（作业前未对车辆周围环境进行检查）； 4. 安全教育、培训、交底、检查制度不完善或未落实； 5. 职业健康管理制度不完善或未落实； 6. 洒水降尘制度未完善或未落实； 7. 安全投入不足					

续上表

分部工程	施工作业内容	典型风险事件	致害物	致险因素				风险事件后果类型				
				人的因素	物的因素	环境因素	管理因素	受伤人员类型		人员伤亡		
								本人	他人	轻伤	重伤	死亡
临时工程	搅拌站	机械伤害	挖掘机、装载机、小型施工设备等机械设备	1. 人员违章进入危险区域（机械作业半径等）； 2. 管理人员违章指挥，强令冒险作业（机械作业半径等）； 3. 机械操作人员未持有效证件上岗； 4. 机械操作人员操作错误，违章作业（违规载人、酒后作业）； 5. 操作人员身体健康状况异常、心理异常、感知异常（反应迟钝、辨识错误）； 6. 现场作业人员未正确使用安全防护用品（反光背心、安全帽等）； 7. 机械操作人员疲劳作业	1. 现场无警示标识或标识破损（警戒区、标牌、反光贴等）； 2. 设备设施安全作业距离不足； 3. 设备带“病”作业（设备设施制动装置失效、运动或转动装置无防护或防护装置有缺陷等）； 4. 安全防护用品不合格（反光背心、安全帽、护目镜等）； 5. 洒水降尘设备故障或未使用； 6. 开关布局不合理	1. 强风、暴雨、大雪、大雾等不良天气； 2. 作业场地狭窄、作业区杂乱无章、通道不畅、地面积水； 3. 夜间施工照明不足； 4. 工作面扬尘，能见度低	1. 机械设备安全管理制度不完善或未落实（检查维护保养不到位）； 2. 未对机械设备、安全防护用品等进行进场验收或验收不到位； 3. 安全教育、培训、交底、检查制度不完善或未落实； 4. 机械设备安全操作规程不规范或未落实； 5. 洒水降尘制度未完善或未落实； 6. 安全投入不足	√	√	√	√	

续上表

分部工程	施工作业内容	典型风险事件	致害物	致险因素				风险事件后果类型				
				人的因素	物的因素	环境因素	管理因素	受伤人员类型		人员伤亡		
								本人	他人	轻伤	重伤	死亡
临时工程	搅拌站	起重伤害	起重设备、吊起的材料、吊具吊索	1. 人员违章进入危险区域； 2. 管理人员违章指挥，强令冒险作业（无司索信号工或指挥错误）； 3. 起重作业人员、司索信号工未持有效证件上岗； 4. 起重作业人员操作错误，违章作业（酒后作业，支腿未全部打开，支腿未支垫枕木等“十不吊”）； 5. 起重人员身体健康状况异常、心理异常、感知异常（反应迟钝、辨识错误）； 6. 现场作业人员未正确使用安全防护用品（反光背心、安全帽等）； 7. 指挥信号不清、错误	1. 现场无警示标识或标识破损（警戒区、标牌、反光锥等）； 2. 吊索吊具不合格或达到报废标准（钢丝绳、吊带、U形卸扣等）； 3. 支垫材料不合格（枕木、钢板等）； 4. 无防护或防护装置缺陷（防脱钩装置、限位装置等）； 5. 起重机带“病”作业（制动装置等）； 6. 安全防护用品不合格（反光背心、安全帽等）； 7. 构件强度不够	1. 雷雨大风（6级以上）、大雾、高温等恶劣天气； 2. 作业场地不平整、不坚实； 3. 夜间施工照明不足； 4. 噪声、粉尘、有毒气体影响	1. 起重吊装专项施工方案不完善或未落实； 2. 设备设施安全管理制度不完善或未落实（检查维护保养不到位）； 3. 起重吊装安全操作规程不规范或未落实； 4. 安全教育、培训、交底、检查制度不完善或未落实； 5. 未对机械设备、安全防护用品等进行进场验收或验收不到位； 6. 安全投入不足		√	√	√	√

续上表

分部工程	施工作业内容	典型风险事件	致害物	致险因素				风险事件后果类型				
				人的因素	物的因素	环境因素	管理因素	受伤人员类型		人员伤亡		
								本人	他人	轻伤	重伤	死亡
临时工程	搅拌站	触电	破损漏电的设备和电线	1. 作业人员未正确使用安全防护用品（绝缘鞋、绝缘手套等）； 2. 作业人员操作错误或违章作业（带电检修维护）； 3. 管理人员违章指挥、强令冒险作业，电工未持有效证件上岗； 4. 作业人员疲劳作业	1. 现场无警示标识或标识错误或破损（警戒区、标牌、反光锥等）； 2. 电线老化、破损，电焊机等设备漏电； 3. 设备接地保护损坏、防雷措施失效； 4. 电线架设不当、拖地、与金属物接触； 5. 手持电动工具无漏洞保护装置； 6. 电器开关无防雨、防潮设施； 7. 安全距离不足	1. 强风、雷雨、大雪等不良天气； 2. 作业场地杂乱、潮湿或积水； 3. 作业场地照明不足	1. 临时用电方案不完善或未落实； 2. 发电机等安全操作规程不规范或未落实； 3. 电气设施材料等未进行进场验收； 4. 电工未对用电设施进行巡查或巡查不到位； 5. 机械设备安全管理制度未落实（发电机、振捣棒等机具检查维护保养不到位）； 6. 安全教育、培训、交底、检查制度不完善或未落实； 7. 未实行“一机、一箱、一闸、一漏保”措施； 8. 安全投入不足	√		√	√	√

续上表

分部工程	施工作业内容	典型风险事件	致害物	致险因素				风险事件后果类型				
				人的因素	物的因素	环境因素	管理因素	受伤人员类型		人员伤亡		
								本人	他人	轻伤	重伤	死亡
临时工程	搅拌站	高处坠落	无防护的高处作业	1. 管理人员违章指挥、强令冒险作业； 2. 人员身体健康状况异常、心理异常、感知异常(有高血压、恐高症等禁忌症，反应迟钝，辨识错误)，作业人员操作错误或违章作业(人员酒后作业)； 3. 作业人员未正确使用安全防护用品(安全带、防滑鞋等)； 4. 人员疲劳作业	1. 安全防护用品质量不合格，存在缺陷； 2. 现场无警示标识或标识破损； 3. 高处作业场所未设置安全防护等措施(安全绳索)； 4. 未设置人员上下安全爬梯或设置不规范	1. 作业环境不佳，场地湿滑、不平； 2. 6 级以上大风、雷电、暴雨等恶劣天气； 3. 夜间施工照明不足	1. 安全教育、培训、交底、检查制度不完善或未落实； 2. 职业健康、安全管理制度不完善、未落实(定期体检)； 3. 安全投入不足； 4. 高处作业安全操作规程不规范或未落实； 5. 风险辨识、评估不到位	√		√	√	√
	变配电室、一二级箱等临电设置	起重伤害	起重设备、吊起的材料、吊具吊索	1. 人员违章进入危险区域； 2. 管理人员违章指挥，强令冒险作业(无司索信号工或指挥错误)； 3. 起重作业人员、司索信号工未持有效证件上岗； 4. 起重作业人员操作错误，违章作业(酒后作业，支腿未全部打开，支腿未支垫枕木等“十不吊”)；	1. 现场无警示标识或标识破损(警戒区、标牌、反光锥等)； 2. 吊索吊具不合格或达到报废标准(钢丝绳、吊带、U 形卸扣等)； 3. 支垫材料不合格(枕木、钢板等)； 4. 无防护或防护装置缺陷(防脱钩装置、限位装置等)；	1. 雷雨大风(6 级以上)、大雾、高温等恶劣天气； 2. 作业场地不平整、不坚实； 3. 夜间施工照明不足； 4. 噪声、粉尘、有毒气体影响	1. 起重吊装专项施工方案不完善或未落实； 2. 设备设施安全管理制度不完善或未落实(检查维护保养不到位)； 3. 起重吊装安全操作规程不规范或未落实； 4. 安全教育、培训、交底、检查制度不完善或未落实；		√	√	√	√

续上表

分部工程	施工作业内容	典型风险事件	致害物	致险因素				风险事件后果类型				
				人的因素	物的因素	环境因素	管理因素	受伤人员类型		人员伤亡		
								本人	他人	轻伤	重伤	死亡
临时工程	变配电室、一二级箱等临电设置	起重伤害	起重设备、吊起的材料、吊具吊索	5. 起重人员身体健康状况异常、心理异常、感知异常(反应迟钝、辨识错误)； 6. 现场作业人员未正确使用安全防护用品(反光背心、安全帽等)； 7. 指挥信号不清、错误	5. 起重机带“病”作业(制动装置等)； 6. 安全防护用品不合格(反光背心、安全帽等)； 7. 构件强度不够		5. 未对机械设备、安全防护用品等进行进场验收或验收不到位； 6. 安全投入不足					
		触电	破损漏电的设备和电线	1. 作业人员未正确使用安全防护用品(绝缘鞋、绝缘手套等)； 2. 作业人员操作错误或违章作业(带电检修维护)； 3. 管理人员违章指挥、强令冒险作业电工未持有效证件上岗； 4. 作业人员疲劳作业	1. 现场无警示标识或标识错误或破损(警戒区、标牌、反光锥等)； 2. 电线老化、破损，电焊机等设备漏电； 3. 设备接地保护损坏、防雷措施失效； 4. 电线架设不当、拖地、与金属物接触； 5. 手持电动工具无漏洞保护装置； 6. 电器开关无防雨、防潮设施； 7. 安全距离不足	1. 强风、雷雨、大雪等不良天气； 2. 作业场地杂乱、潮湿或积水； 3. 作业场地照明不足	1. 临时用电方案不完善或未落实； 2. 发电机等安全操作规程不规范或未落实； 3. 电气设施材料等未进行进场验收； 4. 电工未对用电设施进行巡查或巡查不到位； 5. 机械设备安全管理制度未落实(发电机、振捣棒等机具检查维护保养不到位)； 6. 安全教育、培训、交底、检查制度不完善或未落实； 7. 未实行“一机、一箱、一闸、一漏保”措施； 8. 安全投入不足	√		√	√	√

续上表

分部工程	施工作业内容	典型风险事件	致害物	致险因素				风险事件后果类型				
				人的因素	物的因素	环境因素	管理因素	受伤人员类型		人员伤亡		
								本人	他人	轻伤	重伤	死亡
临时工程	变配电室、一二级箱等临电设置	火灾	作业场所设施、设备、物料等易燃可燃物	1. 作业人员操作错误,违章作业(私拉乱接电线,违规进行动火作业); 2. 管理人员违章指挥,强令冒险作业(违章指挥作业人员进行动火作业); 3. 有违反劳动纪律的行为(吸烟等)	1. 未配置消防器材等防火设施或消防器材等防火设施失效; 2. 易燃材料存放,防火安全距离不足; 3. 现场无警示标识或标识破损(动火作业警戒区、禁火标牌等); 4. 用电设备或电缆漏电、短路引起明火	1. 高温、干燥、大风天气; 2. 作业场地杂乱	1. 消防安全管理制度不完善或未落实(未定期进行消防检查); 2. 未对消防器材等进行进场验收或验收不到位; 3. 安全教育、培训、交底制度不完善或未落实; 4. 安全投入不足; 5. 材料堆放制度不完善或未落实	√	√	√	√	
隧道围护结构	喷锚支护	物体打击	工器具、零部件、滚石	1. 现场作业人员未正确使用安全防护用品(安全帽等); 2. 人员违章进入危险区域; 3. 管理人员违章指挥,强令冒险作业; 4. 作业人员身体健康状况异常、心理异常、感知异常(反应迟钝、辨识错误); 5. 作业人员操作错误,违章作业(违章抛物)	1. 安全防护用品不合格(安全帽等); 2. 现场无警示标识或标识破损(警戒区、标牌、反光锥等); 3. 作业过程中产生的坠落物(飞石、工具、材料等); 4. 材料堆放不合理	1. 强风、暴雨、大雪、大雾等不良天气; 2. 夜间施工照明不足; 3. 作业场地杂乱	1. 安全教育、培训、交底、检查制度不完善或未落实; 2. 安全防护用品等进行进场验收或验收不到位; 3. 现场交叉作业管理缺陷; 4. 安全投入不足		√	√	√	

续上表

分部工程	施工作业内容	典型风险事件	致害物	致险因素				风险事件后果类型				
				人的因素	物的因素	环境因素	管理因素	受伤人员类型		人员伤亡		
								本人	他人	轻伤	重伤	死亡
隧道围护结构	喷锚支护	车辆伤害	渣土运输车辆及其他运输车辆等	1. 人员违章进入危险区域； 2. 管理人员违章指挥，强令冒险作业（进入驾驶人员视野盲区等）； 3. 驾驶人员未持有效证件上岗； 4. 驾驶人员操作错误，违章作业（违规载人，酒后驾驶，超速、超限、超载作业）； 5. 驾驶人员身体健康状况异常、心理异常、感知异常（反应迟钝、辨识错误）； 6. 驾驶人员疲劳作业； 7. 现场作业人员未正确使用安全防护用品（反光背心、安全帽等）	1. 现场无警示标识或标识破损（警戒区、标牌、反光锥、反光贴等）； 2. 车辆带“病”作业（制动装置、喇叭、后视镜、警示灯等设施有缺陷）； 3. 车辆作业安全距离不足； 4. 安全防护用品不合格（反光背心、安全帽等）； 5. 洒水降尘设备故障或未使用	1. 强风、暴雨、大雪、大雾等不良天气； 2. 作业场地狭窄、不平整、道路湿滑； 3. 夜间施工照明不足； 4. 工作面扬尘，能见度低	1. 未对车辆设备、安全防护用品等进行进场验收或验收不到位； 2. 车辆安全管理制度不完善或未落实（检查维护保养不到位）； 3. 安全操作规程不规范或未落实（作业前未对车辆周围环境进行检查）； 4. 安全教育、培训、交底、检查制度不完善或未落实； 5. 职业健康管理制度不完善或未落实； 6. 洒水降尘制度未完善或未落实； 7. 安全投入不足					

续上表

分部工程	施工作业内容	典型风险事件	致害物	致险因素				风险事件后果类型				
				人的因素	物的因素	环境因素	管理因素	受伤人员类型		人员伤亡		
								本人	他人	轻伤	重伤	死亡
隧道围护结构	喷锚支护	机械伤害	挖掘机、装载机、小型施工设备等机械设备	1. 人员违章进入危险区域（机械作业半径等）； 2. 管理人员违章指挥，强令冒险作业（机械作业半径等）； 3. 机械操作人员未持有效证件上岗； 4. 机械操作人员操作错误，违章作业（违规载人、酒后作业）； 5. 操作人员身体健康状况异常、心理异常、感知异常（反应迟钝、辨识错误）； 6. 现场作业人员未正确使用安全防护用品（反光背心、安全帽等）； 7. 机械操作人员疲劳作业	1. 现场无警示标识或标识破损（警戒区、标牌、反光贴等）； 2. 设备设施安全作业距离不足； 3. 设备带“病”作业（设备设施制动装置失效、运动或转动装置无防护或防护装置有缺陷等）； 4. 安全防护用品不合格（反光背心、安全帽、护目镜等）； 5. 洒水降尘设备故障或未使用	1. 强风、暴雨、大雪、大雾等不良天气； 2. 作业场地狭窄、不平整、道路湿滑； 3. 夜间施工照明不足； 4. 工作面扬尘，能见度低	1. 机械设备安全管理制度不完善或未落实（检查维护保养不到位）； 2. 未对机械设备、安全防护用品等进行进场验收或验收不到位； 3. 安全教育、培训、交底、检查制度不完善或未落实； 4. 机械设备安全操作规程不规范或未落实； 5. 洒水降尘制度未完善或未落实； 6. 安全投入不足	√	√	√	√	

续上表

分部工程	施工作业内容	典型风险事件	致害物	致险因素				风险事件后果类型				
				人的因素	物的因素	环境因素	管理因素	受伤人员类型		人员伤亡		
								本人	他人	轻伤	重伤	死亡
隧道围护结构	喷锚支护	起重伤害	起重设备、吊起的材料、吊具吊索	1. 人员违章进入危险区域； 2. 管理人员违章指挥，强令冒险作业（无司索信号工或指挥错误）； 3. 起重作业人员、司索信号工未持有效证件上岗； 4. 起重作业人员操作错误，违章作业（酒后作业，支腿未全部打开，支腿未支垫枕木等“十不吊”）； 5. 起重人员身体健康状况异常、心理异常、感知异常（反应迟钝、辨识错误）； 6. 现场作业人员未正确使用安全防护用品（反光背心、安全帽等）	1. 现场无警示标识或标识破损（警戒区、标牌、反光锥等）； 2. 吊索吊具不合格或达到报废标准（钢丝绳、吊带、U形卸扣等）； 3. 支垫材料不合格（枕木、钢板等）； 4. 无防护或防护装置缺陷（防脱钩装置、限位装置等）； 5. 起重机带“病”作业（制动装置等）； 6. 安全防护用品不合格（反光背心、安全帽等）； 7. 指挥信号不清、错误	1. 雷雨大风（6级以上）、大雾、高温等恶劣天气； 2. 作业场地承载不足； 3. 作业场地不平整、不坚实； 4. 夜间施工照明不足	1. 起重吊装专项施工方案不完善或未落实； 2. 设备设施安全管理制度不完善或未落实（检查维护保养不到位）； 3. 起重吊装安全操作规程不规范或未落实； 4. 安全教育、培训、交底、检查制度不完善或未落实； 5. 未对机械设备、安全防护用品等进行进场验收或验收不到位； 6. 安全投入不足		√	√	√	√

续上表

分部工程	施工作业内容	典型风险事件	致害物	致险因素				风险事件后果类型				
				人的因素	物的因素	环境因素	管理因素	受伤人员类型		人员伤亡		
								本人	他人	轻伤	重伤	死亡
隧道围护结构	喷锚支护	触电	破损漏电的设备和电线	1. 作业人员未正确使用安全防护用品(绝缘鞋、绝缘手套等); 2. 作业人员操作错误或违章作业(带电检修维护); 3. 管理人员违章指挥、强令冒险作业,电工未持有效证件上岗; 4. 作业人员疲劳作业	1. 现场无警示标识或标识错误或破损(警戒区、标牌、反光锥等); 2. 电线老化、破损,电焊机等设备漏电; 3. 设备接地保护损坏、防雷措施失效; 4. 电线架设不当、拖地、与金属物接触; 5. 手持电动工具无漏洞保护装置; 6. 电器开关无防雨、防潮设施; 7. 安全距离不足	1. 强风、雷雨、大雪等不良天气; 2. 作业场地杂乱、潮湿或积水; 3. 作业场地照明不足	1. 临时用电方案不完善或未落实; 2. 发电机等安全操作规程不规范或未落实; 3. 电气设施材料等未进行进场验收; 4. 电工未对用电设施进行巡查或巡查不到位; 5. 机械设备安全管理制度未落实(发电机、振捣棒等机具检查维护保养不到位); 6. 安全教育、培训、交底、检查制度不完善或未落实; 7. 未实行"一机、一箱、一闸、一漏保"措施; 8. 安全投入不足	√		√	√	√

续上表

<table>
<tr><th rowspan="3">分部工程</th><th rowspan="3">施工作业内容</th><th rowspan="3">典型风险事件</th><th rowspan="3">致害物</th><th colspan="4">致险因素</th><th colspan="5">风险事件后果类型</th></tr>
<tr><th rowspan="2">人的因素</th><th rowspan="2">物的因素</th><th rowspan="2">环境因素</th><th rowspan="2">管理因素</th><th colspan="2">受伤人员类型</th><th colspan="3">人员伤亡</th></tr>
<tr><th>本人</th><th>他人</th><th>轻伤</th><th>重伤</th><th>死亡</th></tr>
<tr><td rowspan="2">隧道围护结构</td><td>喷锚支护</td><td>高处坠落</td><td>无防护的高处作业</td><td>1. 管理人员违章指挥、强令冒险作业；
2. 人员身体健康状况异常、心理异常、感知异常(有高血压、恐高症等禁忌症，反应迟钝，辨识错误)，作业人员操作错误或违章作业(人员酒后作业)；
3. 作业人员未正确使用安全防护用品(安全带、防滑鞋等)；
4. 人员疲劳作业</td><td>1. 安全防护用品质量不合格，存在缺陷；
2. 现场无警示标识或标识破损；
3. 高处作业场所未设置安全防护等措施(安全绳索)；
4. 未设置人员上下安全爬梯或设置不规范</td><td>1. 作业环境不佳，场地湿滑、不平；
2. 6 级以上大风、雷电、暴雨等恶劣天气；
3. 夜间施工照明不足</td><td>1. 安全教育、培训、交底、检查制度不完善或未落实；
2. 职业健康、安全管理制度不完善、未落实(定期体检)；
3. 风险辨识、评估不到位；
4. 高处作业安全操作规程不规范或未落实；
5. 安全投入不足</td><td>√</td><td></td><td>√</td><td>√</td><td>√</td></tr>
<tr><td>SMW 工法桩</td><td>物体打击</td><td>工器具、零部件</td><td>1. 现场作业人员未正确使用安全防护用品(安全帽等)；
2. 人员违章进入危险区域；
3. 管理人员违章指挥，强令冒险作业；
4. 作业人员身体健康状况异常、心理异常、感知异常(反应迟钝、辨识错误)；
5. 作业人员操作错误，违章作业(违章抛物)</td><td>1. 安全防护用品不合格(安全帽等)；
2. 现场无警示标识或标识破损(警戒区、标牌、反光锥等)；
3. 作业过程中产生的坠落物(飞石、工具、材料等)；
4. 材料堆放不合理</td><td>1. 强风、暴雨、大雪、大雾等不良天气；
2. 夜间施工照明不足；
3. 作业场地杂乱</td><td>1. 安全教育、培训、交底、检查制度不完善或未落实；
2. 安全防护用品等进行进场验收或验收不到位；
3. 现场交叉作业管理缺陷；
4. 安全投入不足</td><td></td><td>√</td><td>√</td><td>√</td><td></td></tr>
</table>

续上表

分部工程	施工作业内容	典型风险事件	致害物	致险因素				风险事件后果类型				
				人的因素	物的因素	环境因素	管理因素	受伤人员类型		人员伤亡		
								本人	他人	轻伤	重伤	死亡
隧道围护结构	SMW工法桩	车辆伤害	渣土运输车辆及其他运输车辆等	1. 人员违章进入危险区域； 2. 管理人员违章指挥，强令冒险作业（进入驾驶人员视野盲区等）； 3. 驾驶人员未持有效证件上岗； 4. 驾驶人员操作错误，违章作业（违规载人，酒后驾驶，超速、超限、超载作业）； 5. 驾驶人员身体健康状况异常、心理异常、感知异常（反应迟钝、辨识错误）； 6. 驾驶人员疲劳作业； 7. 现场作业人员未正确使用安全防护用品（反光背心、安全帽等）	1. 现场无警示标识或标识破损（警戒区、标牌、反光锥、反光贴等）； 2. 车辆带“病”作业（制动装置、喇叭、后视镜、警示灯等设施有缺陷）； 3. 车辆作业安全距离不足； 4. 安全防护用品不合格（反光背心、安全帽等）； 5. 洒水降尘设备故障或未使用； 6. 安全防护装置不可靠	1. 强风、暴雨、大雪、大雾等不良天气； 2. 作业场地狭窄、不平整、道路湿滑； 3. 夜间施工照明不足； 4. 工作面扬尘，能见度低	1. 未对车辆设备、安全防护用品等进行进场验收或验收不到位； 2. 车辆安全管理制度不完善或未落实（检查维护保养不到位）； 3. 安全操作规程不规范或未落实（作业前未对车辆周围环境进行检查）； 4. 安全教育、培训、交底、检查制度不完善或未落实； 5. 职业健康管理制度不完善或未落实； 6. 洒水降尘制度未完善或未落实； 7. 安全投入不足		√	√	√	

续上表

分部工程	施工作业内容	典型风险事件	致害物	致险因素				风险事件后果类型				
				人的因素	物的因素	环境因素	管理因素	受伤人员类型		人员伤亡		
								本人	他人	轻伤	重伤	死亡
隧道围护结构	SMW工法桩	机械伤害	挖掘机、装载机、小型施工设备等机械设备	1. 人员违章进入危险区域（机械作业半径等）； 2. 管理人员违章指挥，强令冒险作业（机械作业半径等）； 3. 机械操作人员未持有效证件上岗； 4. 机械操作人员操作错误，违章作业（违规载人、酒后作业）； 5. 操作人员身体健康状况异常、心理异常、感知异常（反应迟钝、辨识错误）； 6. 现场作业人员未正确使用安全防护用品（反光背心、安全帽等）； 7. 机械操作人员疲劳作业	1. 现场无警示标识或标识破损（警戒区、标牌、反光贴等）； 2. 设备设施安全作业距离不足； 3. 设备带"病"作业（设备设施制动装置失效、运动或转动装置无防护或防护装置有缺陷等）； 4. 安全防护用品不合格（反光背心、安全帽、护目镜等）； 5. 洒水降尘设备故障或未使用	1. 强风、暴雨、大雪、大雾等不良天气； 2. 作业场地狭窄、不平整、道路湿滑； 3. 夜间施工照明不足； 4. 工作面扬尘，能见度低	1. 机械设备安全管理制度不完善或未落实（检查维护保养不到位）； 2. 未对机械设备、安全防护用品等进行进场验收或验收不到位； 3. 安全教育、培训、交底、检查制度不完善或未落实； 4. 机械设备安全操作规程不规范或未落实； 5. 洒水降尘制度未完善或未落实； 6. 安全投入不足	√	√	√	√	

续上表

分部工程	施工作业内容	典型风险事件	致害物	致险因素				风险事件后果类型				
				人的因素	物的因素	环境因素	管理因素	受伤人员类型		人员伤亡		
								本人	他人	轻伤	重伤	死亡
隧道围护结构	SMW工法桩	起重伤害	起重设备、吊起的材料、吊具吊索	1. 人员违章进入危险区域； 2. 管理人员违章指挥，强令冒险作业（无司索信号工或指挥错误）； 3. 起重作业人员、司索信号工未持有效证件上岗； 4. 起重作业人员操作错误，违章作业（酒后作业，支腿未全部打开，支腿未支垫枕木等“十不吊”）； 5. 起重人员身体健康状况异常、心理异常、感知异常（反应迟钝、辨识错误）； 6. 现场作业人员未正确使用安全防护用品（反光背心、安全帽等）； 7. 指挥信号不清、错误	1. 现场无警示标识或标识破损（警戒区、标牌、反光锥等）； 2. 吊索吊具不合格或达到报废标准（钢丝绳、吊带、U形卸扣等）； 3. 支垫材料不合格（枕木、钢板等）； 4. 无防护或防护装置缺陷（防脱钩装置、限位装置等）； 5. 起重机带“病”作业（制动装置等）； 6. 安全防护用品不合格（反光背心、安全帽等）； 7. 构件强度不够	1. 雷雨大风（6级以上）、大雾、高温等恶劣天气； 2. 作业场地不平整、不坚实； 3. 夜间施工照明不足； 4. 噪声、粉尘、有毒气体影响	1. 起重吊装专项施工方案不完善或未落实； 2. 设备设施安全管理制度不完善或未落实（检查维护保养不到位）； 3. 起重吊装安全操作规程不规范或未落实； 4. 安全教育、培训、交底、检查制度不完善或未落实； 5. 未对机械设备、安全防护用品等进行进场验收或验收不到位； 6. 安全投入不足		√	√	√	√

续上表

分部工程	施工作业内容	典型风险事件	致害物	致险因素				风险事件后果类型				
				人的因素	物的因素	环境因素	管理因素	受伤人员类型		人员伤亡		
								本人	他人	轻伤	重伤	死亡
隧道围护结构	SMW工法桩	触电	破损漏电的设备和电线	1. 作业人员未正确使用安全防护用品（绝缘鞋、绝缘手套等）； 2. 作业人员操作错误或违章作业（带电检修维护）； 3. 管理人员违章指挥、强令冒险作业，电工未持有效证件上岗； 4. 作业人员疲劳作业	1. 现场无警示标识或标识错误或破损（警戒区、标牌、反光锥等）； 2. 电线老化、破损，电焊机等设备漏电； 3. 设备接地保护损坏、防雷措施失效； 4. 电线架设不当、拖地、与金属物接触； 5. 手持电动工具无漏洞保护装置； 6. 电器开关无防雨、防潮设施； 7. 安全距离不足	1. 强风、雷雨、大雪等不良天气； 2. 作业场地杂乱、潮湿或积水； 3. 作业场地照明不足	1. 临时用电方案不完善或未落实； 2. 发电机等安全操作规程不规范或未落实； 3. 电气设施材料等未进行进场验收； 4. 电工未对用电设施进行巡查或巡查不到位； 5. 机械设备安全管理制度未落实（发电机、振捣棒等机具检查维护保养不到位）； 6. 安全教育、培训、交底、检查制度不完善或未落实； 7. 未实行“一机、一箱、一闸、一漏保”措施； 8. 安全投入不足	√		√	√	√

续上表

分部工程	施工作业内容	典型风险事件	致害物	致险因素				风险事件后果类型				
				人的因素	物的因素	环境因素	管理因素	受伤人员类型		人员伤亡		
								本人	他人	轻伤	重伤	死亡
隧道围护结构	SMW工法桩	火灾	作业场所设施、设备、物料等易燃可燃物	1. 作业人员操作错误，违章作业（私拉乱接电线，违规进行动火作业）； 2. 管理人员违章指挥，强令冒险作业（违章指挥作业人员进行动火作业）； 3. 有违反劳动纪律的行为（吸烟等）	1. 未配置消防器材等防火设施或消防器材等防火设施失效； 2. 易燃材料存放，防火安全距离不足； 3. 现场无警示标识或标识破损（动火作业警戒区、禁火标牌等）； 4. 用电设备或电缆漏电、短路引起明火	1. 高温、干燥、大风天气； 2. 作业场地杂乱	1. 消防安全管理制度不完善或未落实（未定期进行消防检查）； 2. 未对消防器材等进行进场验收或验收不到位； 3. 安全教育、培训、交底制度不完善或未落实； 4. 材料堆放制度不完善或未落实； 5. 安全投入不足	√	√	√	√	
		高处坠落	无防护的高处作业	1. 管理人员违章指挥，强令冒险作业； 2. 人员身体健康状况异常、心理异常、感知异常（有高血压、恐高症等禁忌症，反应迟钝，辨识错误），作业人员操作错误或违章作业（人员酒后作业）； 3. 作业人员未正确使用安全防护用品（安全带、防滑鞋等）； 4. 人员疲劳作业	1. 安全防护用品质量不合格，存在缺陷； 2. 现场无警示标识或标识破损； 3. 高处作业场所未设置安全防护等措施（安全绳索）； 4. 未设置人员上下安全爬梯或设置不规范	1. 作业环境不佳，场地湿滑、不平； 2. 6 级以上大风、雷电、暴雨等恶劣天气； 3. 夜间施工照明不足	1. 安全教育、培训、交底、检查制度不完善或未落实； 2. 职业健康、安全管理制度不完善、未落实（定期体检）； 3. 风险辨识、评估不到位； 4. 高处作业安全操作规程不规范或未落实； 5. 安全投入不足	√		√	√	√

续上表

分部工程	施工作业内容	典型风险事件	致害物	致险因素				风险事件后果类型				
				人的因素	物的因素	环境因素	管理因素	受伤人员类型		人员伤亡		
								本人	他人	轻伤	重伤	死亡
隧道围护结构	排桩（钻孔灌注桩）	物体打击	工器具、零部件	1. 现场作业人员未正确使用安全防护用品（安全帽等）； 2. 人员违章进入危险区域； 3. 管理人员违章指挥，强令冒险作业； 4. 作业人员身体健康状况异常、心理异常、感知异常（反应迟钝、辨识错误）； 5. 作业人员操作错误，违章作业（违章抛物）	1. 安全防护用品不合格（安全帽等）； 2. 现场无警示标识或标识破损（警戒区、标牌、反光锥等）； 3. 作业过程中产生的坠落物（飞石、工具、材料等）； 4. 材料堆放不合理	1. 强风、暴雨、大雪、大雾等不良天气； 2. 夜间施工照明不足； 3. 作业场地杂乱	1. 安全教育、培训、交底、检查制度不完善或未落实； 2. 安全防护用品等进行进场验收或验收不到位； 3. 现场交叉作业管理有缺陷； 4. 安全投入不足		√	√	√	

续上表

分部工程	施工作业内容	典型风险事件	致害物	致险因素				风险事件后果类型				
				人的因素	物的因素	环境因素	管理因素	受伤人员类型		人员伤亡		
								本人	他人	轻伤	重伤	死亡
隧道围护结构	排桩（钻孔灌注桩）	车辆伤害	渣土运输车辆及其他运输车辆等	1. 人员违章进入危险区域； 2. 管理人员违章指挥，强令冒险作业（进入驾驶人员视野盲区等）； 3. 驾驶人员未持有效证件上岗； 4. 驾驶人员操作错误，违章作业（违规载人，酒后驾驶，超速、超限、超载作业）； 5. 驾驶人员身体健康状况异常、心理异常、感知异常（反应迟钝、辨识错误）； 6. 驾驶人员疲劳作业； 7. 现场作业人员未正确使用安全防护用品（反光背心、安全帽等）	1. 现场无警示标识或标识破损（警戒区、标牌、反光锥、反光贴等）； 2. 车辆带“病”作业（制动装置、喇叭、后视镜、警示灯等设施有缺陷）； 3. 车辆作业安全距离不足； 4. 安全防护用品不合格（反光背心、安全帽等）； 5. 洒水降尘设备故障或未使用； 6. 安全防护装置不可靠	1. 强风、暴雨、大雪、大雾等不良天气； 2. 作业场地狭窄、不平整、道路湿滑； 3. 夜间施工照明不足； 4. 工作面扬尘，能见度低	1. 未对车辆设备、安全防护用品等进行进场验收或验收不到位； 2. 车辆安全管理制度不完善或未落实（检查维护保养不到位）； 3. 安全操作规程不规范或未落实（作业前未对车辆周围环境进行检查）； 4. 安全教育、培训、交底、检查制度不完善或未落实； 5. 职业健康管理制度不完善或未落实； 6. 洒水降尘制度未完善或未落实； 7. 安全投入不足		√	√	√	

续上表

分部工程	施工作业内容	典型风险事件	致害物	致险因素				风险事件后果类型				
				人的因素	物的因素	环境因素	管理因素	受伤人员类型		人员伤亡		
								本人	他人	轻伤	重伤	死亡
隧道围护结构	排桩（钻孔灌注桩）	机械伤害	挖掘机、装载机、小型施工设备等机械设备	1. 人员违章进入危险区域（机械作业半径等）； 2. 管理人员违章指挥，强令冒险作业（机械作业半径等）； 3. 机械操作人员未持有效证件上岗； 4. 机械操作人员操作错误，违章作业（违规载人、酒后作业）； 5. 操作人员身体健康状况异常、心理异常、感知异常（反应迟钝、辨识错误）； 6. 现场作业人员未正确使用安全防护用品（反光背心、安全帽等）； 7. 机械操作人员疲劳作业	1. 现场无警示标识或标识破损（警戒区、标牌、反光贴等）； 2. 设备设施安全作业距离不足； 3. 设备带“病”作业（设备设施制动装置失效、运动或转动装置无防护或防护装置有缺陷等）； 4. 安全防护用品不合格（反光背心、安全帽、护目镜等）； 5. 洒水降尘设备故障或未使用	1. 强风、暴雨、大雪、大雾等不良天气； 2. 作业场地狭窄、不平整、道路湿滑； 3. 夜间施工照明不足； 4. 工作面扬尘，能见度低	1. 机械设备安全管理制度不完善或未落实（检查维护保养不到位）； 2. 未对机械设备、安全防护用品等进行进场验收或验收不到位； 3. 安全教育、培训、交底、检查制度不完善或未落实； 4. 机械设备安全操作规程不规范或未落实； 5. 洒水降尘制度未完善或未落实； 6. 安全投入不足	√	√	√	√	

续上表

分部工程	施工作业内容	典型风险事件	致害物	致险因素				风险事件后果类型				
				人的因素	物的因素	环境因素	管理因素	受伤人员类型		人员伤亡		
								本人	他人	轻伤	重伤	死亡
隧道围护结构	排桩（钻孔灌注桩）	起重伤害	起重设备、吊起的材料、吊具吊索	1. 人员违章进入危险区域； 2. 管理人员违章指挥，强令冒险作业（无司索信号工或指挥错误）； 3. 起重作业人员、司索信号工未持有效证件上岗； 4. 起重作业人员操作错误，违章作业（酒后作业，支腿未全部打开，支腿未支垫枕木等“十不吊”）； 5. 起重人员身体健康状况异常、心理异常、感知异常（反应迟钝、辨识错误）； 6. 现场作业人员未正确使用安全防护用品（反光背心、安全帽等）； 7. 指挥信号不清、错误	1. 现场无警示标识或标识破损（警戒区、标牌、反光锥等）； 2. 吊索吊具不合格或达到报废标准（钢丝绳、吊带、U 形卸扣等）； 3. 支垫材料不合格（枕木、钢板等）； 4. 无防护或防护装置缺陷（防脱钩装置、限位装置等）； 5. 起重机带“病”作业（制动装置等）； 6. 安全防护用品不合格（反光背心、安全帽等）； 7. 构件强度不够	1. 雷雨大风（6 级以上）、大雾、高温等恶劣天气； 2. 作业场地不平整、不坚实； 3. 夜间施工照明不足； 4. 噪声、粉尘、有毒气体影响	1. 起重吊装专项施工方案不完善或未落实； 2. 设备设施安全管理制度不完善或未落实（检查维护保养不到位）； 3. 起重吊装安全操作规程不规范或未落实； 4. 安全教育、培训、交底、检查制度不完善或未落实； 5. 未对机械设备、安全防护用品等进行进场验收或验收不到位； 6. 安全投入不足		√	√	√	√

续上表

分部工程	施工作业内容	典型风险事件	致害物	致险因素				风险事件后果类型				
				人的因素	物的因素	环境因素	管理因素	受伤人员类型		人员伤亡		
								本人	他人	轻伤	重伤	死亡
隧道围护结构	排桩（钻孔灌注桩）	触电	破损漏电的设备和电线	1. 作业人员未正确使用安全防护用品（绝缘鞋、绝缘手套等）； 2. 作业人员操作错误或违章作业（带电检修维护）； 3. 管理人员违章指挥、强令冒险作业，电工未持有效证件上岗； 4. 作业人员疲劳作业	1. 现场无警示标识或标识错误或破损（警戒区、标牌、反光锥等）； 2. 电线老化、破损，电焊机等设备漏电； 3. 设备接地保护损坏、防雷措施失效； 4. 电线架设不当、拖地、与金属物接触； 5. 手持电动工具无漏洞保护装置； 6. 电器开关无防雨、防潮设施； 7. 安全距离不足	1. 强风、雷雨、大雪等不良天气； 2. 作业场地杂乱、潮湿或积水； 3. 作业场地照明不足	1. 临时用电方案不完善或未落实； 2. 发电机等安全操作规程不规范或未落实； 3. 电气设施材料等未进行进场验收； 4. 电工未对用电设施进行巡查或巡查不到位； 5. 机械设备安全管理制度未落实（发电机、振捣棒等机具检查维护保养不到位）； 6. 安全教育、培训、交底、检查制度不完善或未落实； 7. 未实行“一机、一箱、一闸、一漏保”措施； 8. 安全投入不足	√		√	√	√

续上表

分部工程	施工作业内容	典型风险事件	致害物	致险因素				风险事件后果类型				
				人的因素	物的因素	环境因素	管理因素	受伤人员类型		人员伤亡		
								本人	他人	轻伤	重伤	死亡
隧道围护结构	排桩（钻孔灌注桩）	火灾	作业场所设施、设备、物料等易燃可燃物	1. 作业人员操作错误，违章作业（私拉乱接电线，违规进行动火作业）； 2. 管理人员违章指挥，强令冒险作业（违章指挥作业人员进行动火作业）； 3. 有违反劳动纪律的行为（吸烟等）	1. 未配置消防器材等防火设施或消防器材等防火设施失效； 2. 易燃材料存放，防火安全距离不足； 3. 现场无警示标识或标识破损（动火作业警戒区、禁火标牌等）； 4. 用电设备或电缆漏电、短路引起明火	1. 高温、干燥、大风天气； 2. 作业场地杂乱	1. 消防安全管理制度不完善或未落实（未定期进行消防检查）； 2. 未对消防器材等进行进场验收或验收不到位； 3. 安全教育、培训、交底制度不完善或未落实； 4. 材料堆放制度不完善或未落实； 5. 安全投入不足	√	√	√	√	
		高处坠落	无防护的高处作业	1. 管理人员违章指挥，强令冒险作业； 2. 人员身体健康状况异常、心理异常、感知异常（有高血压、恐高症等禁忌症，反应迟钝，辨识错误），作业人员操作错误或违章作业（人员酒后作业）； 3. 作业人员未正确使用安全防护用品（安全带、防滑鞋等）； 4. 人员疲劳作业	1. 安全防护用品质量不合格，存在缺陷； 2. 现场无警示标识或标识破损； 3. 高处作业场所未设置安全防护等措施（安全绳索）； 4. 未设置人员上下安全爬梯或设置不规范	1. 作业环境不佳，场地湿滑、不平； 2. 6 级以上大风、雷电、暴雨等恶劣天气； 3. 夜间施工照明不足	1. 安全教育、培训、交底、检查制度不完善或未落实； 2. 职业健康、安全管理制度不完善、未落实（定期体检）； 3. 风险辨识、评估不到位； 4. 高处作业安全操作规程不规范或未落实； 5. 安全投入不足	√		√	√	√

续上表

分部工程	施工作业内容	典型风险事件	致害物	致险因素				风险事件后果类型				
				人的因素	物的因素	环境因素	管理因素	受伤人员类型		人员伤亡		
								本人	他人	轻伤	重伤	死亡
隧道围护结构	三轴搅拌桩（止水帷幕）	车辆伤害	水泥运输车辆及其他运输车辆等	1. 人员违章进入危险区域； 2. 管理人员违章指挥，强令冒险作业（进入驾驶人员视野盲区等）； 3. 驾驶人员未持有效证件上岗； 4. 驾驶人员操作错误，违章作业（违规载人，酒后驾驶，超速、超限、超载作业）； 5. 驾驶人员身体健康状况异常、心理异常、感知异常（反应迟钝、辨识错误）； 6. 驾驶人员疲劳作业； 7. 现场作业人员未正确使用安全防护用品（反光背心、安全帽等）	1. 现场无警示标识或标识破损（警戒区、标牌、反光锥、反光贴等）； 2. 车辆带“病”作业（制动装置、喇叭、后视镜、警示灯等设施有缺陷）； 3. 车辆作业安全距离不足； 4. 安全防护用品不合格（反光背心、安全帽等）； 5. 洒水降尘设备故障或未使用； 6. 安全防护装置不可靠	1. 强风、暴雨、大雪、大雾等不良天气； 2. 作业场地狭窄、不平整、道路湿滑； 3. 夜间施工照明不足； 4. 工作面扬尘，能见度低	1. 未对车辆设备、安全防护用品等进行进场验收或验收不到位； 2. 车辆安全管理制度不完善或未落实（检查维护保养不到位）； 3. 安全操作规程不规范或未落实（作业前未对车辆周围环境进行检查）； 4. 安全教育、培训、交底、检查制度不完善或未落实； 5. 职业健康管理制度不完善或未落实； 6. 洒水降尘制度未完善或未落实； 7. 安全投入不足		√	√	√	

续上表

分部工程	施工作业内容	典型风险事件	致害物	致险因素				风险事件后果类型				
				人的因素	物的因素	环境因素	管理因素	受伤人员类型		人员伤亡		
								本人	他人	轻伤	重伤	死亡
隧道围护结构	三轴搅拌桩（止水帷幕）	机械伤害	挖掘机、装载机、小型施工设备等机械设备	1. 人员违章进入危险区域（机械作业半径等）； 2. 管理人员违章指挥，强令冒险作业（机械作业半径等）； 3. 机械操作人员未持有效证件上岗； 4. 机械操作人员操作错误，违章作业（违规载人、酒后作业）； 5. 操作人员身体健康状况异常、心理异常、感知异常（反应迟钝、辨识错误）； 6. 现场作业人员未正确使用安全防护用品（反光背心、安全帽等）； 7. 机械操作人员疲劳作业	1. 现场无警示标识或标识破损（警戒区、标牌、反光贴等）； 2. 设备设施安全作业距离不足； 3. 设备带“病”作业（设备设施制动装置失效、运动或转动装置无防护或防护装置有缺陷等）； 4. 安全防护用品不合格（反光背心、安全帽、护目镜等）； 5. 洒水降尘设备故障或未使用	1. 强风、暴雨、大雪、大雾等不良天气； 2. 作业场地狭窄、不平整、道路湿滑； 3. 夜间施工照明不足； 4. 工作面扬尘，能见度低	1. 机械设备安全管理制度不完善或未落实（检查维护保养不到位）； 2. 未对机械设备、安全防护用品等进行进场验收或验收不到位； 3. 安全教育、培训、交底、检查制度不完善或未落实； 4. 机械设备安全操作规程不规范或未落实； 5. 洒水降尘制度未完善或未落实； 6. 安全投入不足	√	√	√	√	

续上表

分部工程	施工作业内容	典型风险事件	致害物	致险因素				风险事件后果类型				
				人的因素	物的因素	环境因素	管理因素	受伤人员类型		人员伤亡		
								本人	他人	轻伤	重伤	死亡
隧道围护结构	三轴搅拌桩（止水帷幕）	起重伤害	起重设备、吊起的材料、吊具吊索	1. 人员违章进入危险区域； 2. 管理人员违章指挥，强令冒险作业（无司索信号工或指挥错误）； 3. 起重作业人员、司索信号工未持有效证件上岗； 4. 起重作业人员操作错误，违章作业（酒后作业，支腿未全部打开，支腿未支垫枕木等“十不吊”）； 5. 起重人员身体健康状况异常、心理异常、感知异常（反应迟钝、辨识错误）； 6. 现场作业人员未正确使用安全防护用品（反光背心、安全帽等）； 7. 指挥信号不清、错误	1. 现场无警示标识或标识破损（警戒区、标牌、反光锥等）； 2. 吊索吊具不合格或达到报废标准（钢丝绳、吊带、U形卸扣等）； 3. 支垫材料不合格（枕木、钢板等）； 4. 无防护或防护装置缺陷（防脱钩装置、限位装置等）； 5. 起重机带“病”作业（制动装置等）； 6. 安全防护用品不合格（反光背心、安全帽等）； 7. 构件强度不够	1. 雷雨大风（6级以上）、大雾、高温等恶劣天气； 2. 作业场地不平整、不坚实； 3. 夜间施工照明不足； 4. 噪声、粉尘、有毒气体影响	1. 起重吊装专项施工方案不完善或未落实； 2. 设备设施安全管理制度不完善或未落实（检查维护保养不到位）； 3. 起重吊装安全操作规程不规范或未落实； 4. 安全教育、培训、交底、检查制度不完善或未落实； 5. 未对机械设备、安全防护用品等进行进场验收或验收不到位； 6. 安全投入不足		√	√	√	√

续上表

分部工程	施工作业内容	典型风险事件	致害物	致险因素				风险事件后果类型				
				人的因素	物的因素	环境因素	管理因素	受伤人员类型		人员伤亡		
								本人	他人	轻伤	重伤	死亡
隧道围护结构	三轴搅拌桩（止水帷幕）	触电	破损漏电的设备和电线	1. 作业人员未正确使用安全防护用品（绝缘鞋、绝缘手套等）； 2. 作业人员操作错误或违章作业（带电检修维护）； 3. 管理人员违章指挥、强令冒险作业，电工未持有效证件上岗； 4. 作业人员疲劳作业	1. 现场无警示标识或标识错误或破损（警戒区、标牌、反光锥等）； 2. 电线老化、破损，电焊机等设备漏电； 3. 设备接地保护损坏、防雷措施失效； 4. 电线架设不当、拖地、与金属物接触； 5. 手持电动工具无漏洞保护装置； 6. 电器开关无防雨、防潮设施； 7. 安全距离不足	1. 强风、雷雨、大雪等不良天气； 2. 作业场地杂乱、潮湿或积水； 3. 作业场地照明不足	1. 临时用电方案不完善或未落实； 2. 发电机等安全操作规程不规范或未落实； 3. 电气设施材料等未进行进场验收； 4. 电工未对用电设施进行巡查或巡查不到位； 5. 机械设备安全管理制度未落实（发电机、振捣棒等机具检查维护保养不到位）； 6. 安全教育、培训、交底、检查制度不完善或未落实； 7. 未实行“一机、一箱、一闸、一漏保”措施； 8. 安全投入不足	√		√	√	√

续上表

分部工程	施工作业内容	典型风险事件	致害物	致险因素				风险事件后果类型				
				人的因素	物的因素	环境因素	管理因素	受伤人员类型		人员伤亡		
								本人	他人	轻伤	重伤	死亡
隧道围护结构	三轴搅拌桩（止水帷幕）	火灾	作业场所设施、设备、物料等易燃可燃物	1. 作业人员操作错误、违章作业（私拉乱接电线，违规进行动火作业）； 2. 管理人员违章指挥，强令冒险作业（违章指挥作业人员进行动火作业）； 3. 有违反劳动纪律的行为（吸烟等）	1. 未配置消防器材等防火设施或消防器材等防火设施失效； 2. 易燃材料存放，防火安全距离不足； 3. 现场无警示标识或标识破损（动火作业警戒区、禁火标牌等）； 4. 用电设备或电缆漏电、短路引起明火	1. 高温、干燥、大风天气； 2. 作业场地杂乱	1. 消防安全管理制度不完善或未落实（未定期进行消防检查）； 2. 未对消防器材等进行进场验收或验收不到位； 3. 安全教育、培训、交底制度不完善或未落实； 4. 材料堆放制度不完善或未落实； 5. 安全投入不足	√	√	√	√	
		高处坠落	无防护的高处作业	1. 管理人员违章指挥，强令冒险作业； 2. 人员身体健康状况异常、心理异常、感知异常（有高血压、恐高症等禁忌症，反应迟钝，辨识错误），作业人员操作错误或违章作业（人员酒后作业）； 3. 作业人员未正确使用安全防护用品（安全带、防滑鞋等）； 4. 人员疲劳作业	1. 安全防护用品质量不合格，存在质量缺陷； 2. 现场无警示标识或标识破损； 3. 高处作业场所未设置安全防护等措施（安全绳索）； 4. 未设置人员上下安全爬梯或设置不规范	1. 作业环境不佳，场地湿滑、不平； 2. 6 级以上大风、雷电、暴雨等恶劣天气； 3. 夜间施工照明不足	1. 安全教育、培训、交底、检查制度不完善或未落实； 2. 职业健康、安全管理制度不完善、未落实（定期体检）； 3. 风险辨识、评估不到位； 4. 高处作业安全操作规程不规范或未落实； 5. 安全投入不足	√		√	√	√

续上表

分部工程	施工作业内容	典型风险事件	致害物	致险因素				风险事件后果类型				
				人的因素	物的因素	环境因素	管理因素	受伤人员类型		人员伤亡		
								本人	他人	轻伤	重伤	死亡
隧道围护结构	立柱桩(钻孔灌注桩)及格构柱	物体打击	工器具、零部件	1. 现场作业人员未正确使用安全防护用品(安全帽等); 2. 人员违章进入危险区域; 3. 管理人员违章指挥,强令冒险作业; 4. 作业人员身体健康状况异常、心理异常、感知异常(反应迟钝、辨识错误); 5. 作业人员操作错误,违章作业(违章抛物)	1. 安全防护用品不合格(安全帽等); 2. 现场无警示标识或标识破损(警戒区、标牌、反光锥等); 3. 作业过程中产生的坠落物(飞石、工具、材料等); 4. 材料堆放不合理	1. 强风、暴雨、大雪、大雾等不良天气; 2. 夜间施工照明不足; 3. 作业场地杂乱	1. 安全教育、培训、交底、检查制度不完善或未落实; 2. 安全防护用品等进行进场验收或验收不到位; 3. 现场交叉作业管理缺陷; 4. 安全投入不足		√	√	√	

续上表

分部工程	施工作业内容	典型风险事件	致害物	致险因素				风险事件后果类型				
				人的因素	物的因素	环境因素	管理因素	受伤人员类型		人员伤亡		
								本人	他人	轻伤	重伤	死亡
隧道围护结构	立柱桩(钻孔灌注桩)及格构柱	车辆伤害	混凝土运输车辆及其他运输车辆等	1. 人员违章进入危险区域； 2. 管理人员违章指挥，强令冒险作业(进入驾驶人员视野盲区等)； 3. 驾驶人员未持有效证件上岗； 4. 驾驶人员操作错误，违章作业(违规载人，酒后驾驶，超速、超限、超载作业)； 5. 驾驶人员身体健康状况异常、心理异常、感知异常(反应迟钝、辨识错误)； 6. 驾驶人员疲劳作业； 7. 现场作业人员未正确使用安全防护用品(反光背心、安全帽等)	1. 现场无警示标识或标识破损(警戒区、标牌、反光锥、反光贴等)； 2. 车辆带“病”作业(制动装置、喇叭、后视镜、警示灯等设施有缺陷)； 3. 车辆作业安全距离不足； 4. 安全防护用品不合格(反光背心、安全帽等)； 5. 洒水降尘设备故障或未使用； 6. 安全防护装置不可靠	1. 强风、暴雨、大雪、大雾等不良天气； 2. 作业场地狭窄、不平整、道路湿滑； 3. 夜间施工照明不足； 4. 工作面扬尘，能见度低	1. 未对车辆设备、安全防护用品等进行进场验收或验收不到位； 2. 车辆安全管理制度不完善或未落实(检查维护保养不到位)； 3. 安全操作规程不规范或未落实(作业前未对车辆周围环境进行检查)； 4. 安全教育、培训、交底、检查制度不完善或未落实； 5. 职业健康管理制度不完善或未落实； 6. 洒水降尘制度未完善或未落实； 7. 安全投入不足		√	√	√	

续上表

分部工程	施工作业内容	典型风险事件	致害物	致险因素				风险事件后果类型				
				人的因素	物的因素	环境因素	管理因素	受伤人员类型		人员伤亡		
								本人	他人	轻伤	重伤	死亡
隧道围护结构	立柱桩(钻孔灌注桩)及格构柱	机械伤害	挖掘机、装载机、小型施工设备等机械设备	1. 人员违章进入危险区域(机械作业半径等); 2. 管理人员违章指挥,强令冒险作业(机械作业半径等); 3. 机械操作人员未持有效证件上岗; 4. 机械操作人员操作错误,违章作业(违规载人、酒后作业); 5. 操作人员身体健康状况异常、心理异常、感知异常(反应迟钝、辨识错误); 6. 现场作业人员未正确使用安全防护用品(反光背心、安全帽等); 7. 机械操作人员疲劳作业	1. 现场无警示标识或标识破损(警戒区、标牌、反光贴等); 2. 设备设施安全作业距离不足; 3. 设备带“病”作业(设备设施制动装置失效、运动或转动装置无防护或防护装置有缺陷等); 4. 安全防护用品不合格(反光背心、安全帽、护目镜等); 5. 洒水降尘设备故障或未使用	1. 强风、暴雨、大雪、大雾等不良天气; 2. 作业场地狭窄、不平整、道路湿滑; 3. 夜间施工照明不足; 4. 工作面扬尘,能见度低	1. 机械设备安全管理制度不完善或未落实(检查维护保养不到位); 2. 未对机械设备、安全防护用品等进行进场验收或验收不到位; 3. 安全教育、培训、交底、检查制度不完善或未落实; 4. 机械设备安全操作规程不规范或未落实; 5. 洒水降尘制度未完善或未落实; 6. 安全投入不足	√	√	√	√	

续上表

分部工程	施工作业内容	典型风险事件	致害物	致险因素				风险事件后果类型				
				人的因素	物的因素	环境因素	管理因素	受伤人员类型		人员伤亡		
								本人	他人	轻伤	重伤	死亡
隧道围护结构	立柱桩（钻孔灌注桩）及格构柱	起重伤害	起重设备、吊起的材料、吊具吊索	1. 人员违章进入危险区域； 2. 管理人员违章指挥，强令冒险作业（无司索信号工或指挥错误）； 3. 起重作业人员、司索信号工未持有效证件上岗； 4. 起重作业人员操作错误，违章作业（酒后作业，支腿未全部打开，支腿未支垫枕木等“十不吊”）； 5. 起重人员身体健康状况异常、心理异常、感知异常（反应迟钝、辨识错误）； 6. 现场作业人员未正确使用安全防护用品（反光背心、安全帽等）； 7. 指挥信号不清、错误	1. 现场无警示标识或标识破损（警戒区、标牌、反光锥等）； 2. 吊索吊具不合格或达到报废标准（钢丝绳、吊带、U形卸扣等）； 3. 支垫材料不合格（枕木、钢板等）； 4. 无防护或防护装置缺陷（防脱钩装置、限位装置等）； 5. 起重机带“病”作业（制动装置等）； 6. 安全防护用品不合格（反光背心、安全帽等）； 7. 构件强度不够	1. 雷雨大风（6级以上）、大雾、高温等恶劣天气； 2. 作业场地不平整、不坚实； 3. 夜间施工照明不足； 4. 噪声、粉尘、有毒气体影响	1. 起重吊装专项施工方案不完善或未落实； 2. 设备设施安全管理制度不完善或未落实（检查维护保养不到位）； 3. 起重吊装安全操作规程不规范或未落实； 4. 安全教育、培训、交底、检查制度不完善或未落实； 5. 未对机械设备、安全防护用品等进行进场验收或验收不到位； 6. 安全投入不足		√	√	√	√

续上表

分部工程	施工作业内容	典型风险事件	致害物	致险因素				风险事件后果类型				
				人的因素	物的因素	环境因素	管理因素	受伤人员类型		人员伤亡		
								本人	他人	轻伤	重伤	死亡
隧道围护结构	立柱桩(钻孔灌注桩)及格构柱	触电	破损漏电的设备和电线	1. 作业人员未正确使用安全防护用品(绝缘鞋、绝缘手套等)； 2. 作业人员操作错误或违章作业(带电检修维护)； 3. 管理人员违章指挥、强令冒险作业,电工未持有效证件上岗； 4. 作业人员疲劳作业	1. 现场无警示标识或标识错误或破损(警戒区、标牌、反光锥等)； 2. 电线老化、破损,电焊机等设备漏电； 3. 设备接地保护损坏、防雷措施失效； 4. 电线架设不当、拖地、与金属物接触； 5. 手持电动工具无漏洞保护装置； 6. 电器开关无防雨、防潮设施； 7. 安全距离不足	1. 强风、雷雨、大雪等不良天气； 2. 作业场地杂乱、潮湿或积水； 3. 作业场地照明不足	1. 临时用电方案不完善或未落实； 2. 发电机等安全操作规程不规范或未落实； 3. 电气设施材料等未进行进场验收； 4. 电工未对用电设施进行巡查或巡查不到位； 5. 机械设备安全管理制度未落实(发电机、振捣棒等机具检查维护保养不到位)； 6. 安全教育、培训、交底、检查制度不完善或未落实； 7. 未实行“一机、一箱、一闸、一漏保”措施； 8. 安全投入不足	√		√	√	√

续上表

分部工程	施工作业内容	典型风险事件	致害物	致险因素				风险事件后果类型				
				人的因素	物的因素	环境因素	管理因素	受伤人员类型		人员伤亡		
								本人	他人	轻伤	重伤	死亡
隧道围护结构	立柱桩（钻孔灌注桩）及格构柱	火灾	作业场所设施、设备、物料等易燃可燃物	1. 作业人员操作错误，违章作业（私拉乱接电线，违规进行动火作业）； 2. 管理人员违章指挥，强令冒险作业（违章指挥作业人员进行动火作业）； 3. 有违反劳动纪律的行为（吸烟等）	1. 未配置消防器材等防火设施或消防器材等防火设施失效； 2. 易燃材料存放，防火安全距离不足； 3. 现场无警示标识或标识破损（动火作业警戒区、禁火标牌等）； 4. 用电设备或电缆漏电、短路引起明火	1. 高温、干燥、大风天气； 2. 作业场地杂乱	1. 消防安全管理制度不完善或未落实（未定期进行消防检查）； 2. 未对消防器材等进行进场验收或验收不到位； 3. 安全教育、培训、交底制度不完善或未落实； 4. 材料堆放制度不完善或未落实； 5. 安全投入不足	√	√	√	√	
		高处坠落	无防护的高处作业	1. 管理人员违章指挥，强令冒险作业； 2. 人员身体健康状况异常、心理异常、感知异常（有高血压、恐高症等禁忌症，反应迟钝，辨识错误），作业人员操作错误或违章作业（人员酒后作业）； 3. 作业人员未正确使用安全防护用品（安全带、防滑鞋等）； 4. 人员疲劳作业	1. 安全防护用品质量不合格，存在缺陷； 2. 现场无警示标识或标识破损； 3. 高处作业场所未设置安全防护等措施（安全绳索）； 4. 未设置人员上下安全爬梯或设置不规范	1. 作业环境不佳，场地湿滑、不平； 2. 6 级以上大风、雷电、暴雨等恶劣天气； 3. 夜间施工照明不足	1. 安全教育、培训、交底、检查制度不完善或未落实； 2. 职业健康、安全管理制度不完善、未落实（定期体检）； 3. 风险辨识、评估不到位； 4. 高处作业安全操作规程不规范或未落实； 5. 安全投入不足	√		√	√	√

续上表

分部工程	施工作业内容	典型风险事件	致害物	致险因素				风险事件后果类型				
				人的因素	物的因素	环境因素	管理因素	受伤人员类型		人员伤亡		
								本人	他人	轻伤	重伤	死亡
隧道围护结构	地下连续墙	物体打击	工器具、零部件	1. 现场作业人员未正确使用安全防护用品(安全帽等); 2. 人员违章进入危险区域; 3. 管理人员违章指挥,强令冒险作业; 4. 作业人员身体健康状况异常、心理异常、感知异常(反应迟钝、辨识错误); 5. 作业人员操作错误,违章作业(违章抛物)	1. 安全防护用品不合格(安全帽等); 2. 现场无警示标识或标识破损(警戒区、标牌、反光锥等); 3. 作业过程中产生的坠落物(飞石、工具、材料等); 4. 材料堆放不合理	1. 强风、暴雨、大雪、大雾等不良天气; 2. 夜间施工照明不足; 3. 作业场地杂乱	1. 安全教育、培训、交底、检查制度不完善或未落实; 2. 安全防护用品等进行进场验收或验收不到位; 3. 现场交叉作业管理缺陷; 4. 安全投入不足		√	√	√	

续上表

分部工程	施工作业内容	典型风险事件	致害物	致险因素				风险事件后果类型				
				人的因素	物的因素	环境因素	管理因素	受伤人员类型		人员伤亡		
								本人	他人	轻伤	重伤	死亡
隧道围护结构	地下连续墙	车辆伤害	混凝土运输车辆及其他运输车辆等	1. 人员违章进入危险区域； 2. 管理人员违章指挥，强令冒险作业（进入驾驶人员视野盲区等）； 3. 驾驶人员未持有效证件上岗； 4. 驾驶人员操作错误，违章作业（违规载人，酒后驾驶，超速、超限、超载作业）； 5. 驾驶人员身体健康状况异常、心理异常、感知异常（反应迟钝、辨识错误）； 6. 驾驶人员疲劳作业； 7. 现场作业人员未正确使用安全防护用品（反光背心、安全帽等）	1. 现场无警示标识或标识破损（警戒区、标牌、反光锥、反光贴等）； 2. 车辆带“病”作业（制动装置、喇叭、后视镜、警示灯等设施有缺陷）； 3. 车辆作业安全距离不足； 4. 安全防护用品不合格（反光背心、安全帽等）； 5. 洒水降尘设备故障或未使用； 6. 安全防护装置不可靠	1. 强风、暴雨、大雪、大雾等不良天气； 2. 作业场地狭窄、不平整、道路湿滑； 3. 夜间施工照明不足； 4. 工作面扬尘，能见度低	1. 未对车辆设备、安全防护用品等进行进场验收或验收不到位； 2. 车辆安全管理制度不完善或未落实（检查维护保养不到位）； 3. 安全操作规程不规范或未落实（作业前未对车辆周围环境进行检查）； 4. 安全教育、培训、交底、检查制度不完善或未落实； 5. 职业健康管理制度不完善或未落实； 6. 洒水降尘制度未完善或未落实； 7. 安全投入不足		√	√	√	

续上表

分部工程	施工作业内容	典型风险事件	致害物	致险因素				风险事件后果类型				
				人的因素	物的因素	环境因素	管理因素	受伤人员类型		人员伤亡		
								本人	他人	轻伤	重伤	死亡
隧道围护结构	地下连续墙	机械伤害	挖掘机、装载机、小型施工设备等机械设备	1. 人员违章进入危险区域（机械作业半径等）； 2. 管理人员违章指挥，强令冒险作业（机械作业半径等）； 3. 机械操作人员未持有效证件上岗； 4. 机械操作人员操作错误，违章作业（违规载人、酒后作业）； 5. 操作人员身体健康状况异常、心理异常、感知异常（反应迟钝、辨识错误）； 6. 现场作业人员未正确使用安全防护用品（反光背心、安全帽等）； 7. 机械操作人员疲劳作业	1. 现场无警示标识或标识破损（警戒区、标牌、反光贴等）； 2. 设备设施安全作业距离不足； 3. 设备带“病”作业（设备设施制动装置失效、运动或转动装置无防护或防护装置有缺陷等）； 4. 安全防护用品不合格（反光背心、安全帽、护目镜等）； 5. 洒水降尘设备故障或未使用	1. 强风、暴雨、大雪、大雾等不良天气； 2. 作业场地狭窄、不平整、道路湿滑； 3. 夜间施工照明不足； 4. 工作面扬尘，能见度低	1. 机械设备安全管理制度不完善或未落实（检查维护保养不到位）； 2. 未对机械设备、安全防护用品等进行进场验收或验收不到位； 3. 安全教育、培训、交底、检查制度不完善或未落实； 4. 机械设备安全操作规程不规范或未落实； 5. 洒水降尘制度未完善或未落实； 6. 安全投入不足	√	√	√	√	

续上表

分部工程	施工作业内容	典型风险事件	致害物	致险因素				风险事件后果类型				
				人的因素	物的因素	环境因素	管理因素	受伤人员类型		人员伤亡		
								本人	他人	轻伤	重伤	死亡
隧道围护结构	地下连续墙	起重伤害	起重设备、吊起的材料、吊具吊索	1. 人员违章进入危险区域； 2. 管理人员违章指挥，强令冒险作业（无司索信号工或指挥错误）； 3. 起重作业人员、司索信号工未持有效证件上岗； 4. 起重作业人员操作错误，违章作业（酒后作业，支腿未全部打开，支腿未支垫枕木等“十不吊”）； 5. 起重人员身体健康状况异常、心理异常、感知异常（反应迟钝、辨识错误）； 6. 现场作业人员未正确使用安全防护用品（反光背心、安全帽等）； 7. 指挥信号不清、错误	1. 现场无警示标识或标识破损（警戒区、标牌、反光锥等）； 2. 吊索吊具不合格或达到报废标准（钢丝绳、吊带、U 形卸扣等）； 3. 支垫材料不合格（枕木、钢板等）； 4. 无防护或防护装置缺陷（防脱钩装置、限位装置等）； 5. 起重机带“病”作业（制动装置等）； 6. 安全防护用品不合格（反光背心、安全帽等）； 7. 构件强度不够	1. 雷雨大风（6 级以上）、大雾、高温等恶劣天气； 2. 作业场地不平整、不坚实； 3. 夜间施工照明不足； 4. 噪声、粉尘、有毒气体影响	1. 起重吊装专项施工方案不完善或未落实； 2. 设备设施安全管理制度不完善或未落实（检查维护保养不到位）； 3. 起重吊装安全操作规程不规范或未落实； 4. 安全教育、培训、交底、检查制度不完善或未落实； 5. 未对机械设备、安全防护用品等进行进场验收或验收不到位； 6. 安全投入不足		√	√	√	√

续上表

分部工程	施工作业内容	典型风险事件	致害物	致险因素				风险事件后果类型				
				人的因素	物的因素	环境因素	管理因素	受伤人员类型		人员伤亡		
								本人	他人	轻伤	重伤	死亡
隧道围护结构	地下连续墙	触电	破损漏电的设备和电线	1. 作业人员未正确使用安全防护用品(绝缘鞋、绝缘手套等); 2. 作业人员操作错误或违章作业(带电检修维护); 3. 管理人员违章指挥、强令冒险作业,电工未持有效证件上岗; 4. 作业人员疲劳作业	1. 现场无警示标识或标识错误或破损(警戒区、标牌、反光锥等); 2. 电线老化、破损,电焊机等设备漏电; 3. 设备接地保护损坏、防雷措施失效; 4. 电线架设不当、拖地、与金属物接触; 5. 手持电动工具无漏洞保护装置; 6. 电器开关无防雨、防潮设施; 7. 安全距离不足	1. 强风、雷雨、大雪等不良天气; 2. 作业场地杂乱、潮湿或积水; 3. 作业场地照明不足	1. 临时用电方案不完善或未落实; 2. 发电机等安全操作规程不规范或未落实; 3. 电气设施材料等未进行进场验收; 4. 电工未对用电设施进行巡查或巡查不到位; 5. 机械设备安全管理制度未落实(发电机、振捣棒等机具检查维护保养不到位); 6. 安全教育、培训、交底、检查制度不完善或未落实; 7. 未实行“一机、一箱、一闸、一漏保”措施; 8. 安全投入不足	√		√	√	√

续上表

分部工程	施工作业内容	典型风险事件	致害物	致险因素				风险事件后果类型				
				人的因素	物的因素	环境因素	管理因素	受伤人员类型		人员伤亡		
								本人	他人	轻伤	重伤	死亡
隧道围护结构	地下连续墙	高处坠落	无防护的高处作业	1. 管理人员违章指挥，强令冒险作业； 2. 人员身体健康状况异常、心理异常、感知异常（有高血压、恐高症等禁忌症，反应迟钝，辨识错误），作业人员操作错误或违章作业（人员酒后作业）； 3. 作业人员未正确使用安全防护用品（安全带、防滑鞋等）； 4. 人员疲劳作业	1. 安全防护用品质量不合格，存在缺陷； 2. 现场无警示标识或标识破损； 3. 高处作业场所未设置安全防护等措施（安全绳索）； 4. 未设置人员上下安全爬梯或设置不规范	1. 作业环境不佳，场地湿滑、不平； 2. 6 级以上大风、雷电、暴雨等恶劣天气； 3. 夜间施工照明不足	1. 安全教育、培训、交底、检查制度不完善或未落实； 2. 职业健康、安全管理制度不完善、未落实（定期体检）； 3. 风险辨识、评估不到位； 4. 高处作业安全操作规程不规范或未落实； 5. 安全投入不足	√		√	√	√
基坑降排水	降水井成井（管井）	触电	破损漏电的设备和电线	1. 作业人员未正确使用安全防护用品（绝缘鞋、绝缘手套等）； 2. 作业人员操作错误或违章作业（带电检修维护）；	1. 现场无警示标识或标识错误或破损（警戒区、标牌、反光锥等）； 2. 电线老化、破损，电焊机等设备漏电； 3. 设备接地保护损坏、防雷措施失效；	1. 强风、雷雨、大雪等不良天气； 2. 作业场地杂乱、潮湿或积水； 3. 作业场地照明不足	1. 临时用电方案不完善或未落实； 2. 发电机等安全操作规程不规范或未落实； 3. 电气设施材料等未进行进场验收； 4. 电工未对用电设施进行巡查或巡查不到位；	√		√	√	√

续上表

分部工程	施工作业内容	典型风险事件	致害物	致险因素				风险事件后果类型				
				人的因素	物的因素	环境因素	管理因素	受伤人员类型		人员伤亡		
								本人	他人	轻伤	重伤	死亡
基坑降排水	降水井成井（管井）	触电	破损漏电的设备和电线	3. 管理人员违章指挥、强令冒险作业，电工未持有效证件上岗； 4. 作业人员疲劳作业	4. 电线架设不当、拖地、与金属物接触； 5. 手持电动工具无漏洞保护装置； 6. 电器开关无防雨、防潮设施； 7. 安全距离不足		5. 机械设备安全管理制度未落实（发电机、振捣棒等机具检查维护保养不到位）； 6. 安全教育、培训、交底、检查制度不完善或未落实； 7. 未实行“一机、一箱、一闸、一漏保”措施； 8. 安全投入不足					
		高处坠落	无防护的高处作业	1. 管理人员违章指挥，强令冒险作业； 2. 人员身体健康状况异常、心理异常、感知异常（有高血压、恐高症等禁忌症，反应迟钝，辨识错误），作业人员操作错误或违章作业（人员酒后作业）； 3. 作业人员未正确使用安全防护用品（安全带、防滑鞋等）； 4. 人员疲劳作业	1. 安全防护用品质量不合格，存在缺陷； 2. 现场无警示标识或标识破损； 3. 高处作业场所未设置安全防护等措施（安全绳索）； 4. 未设置人员上下安全爬梯或设置不规范	1. 作业环境不佳，场地湿滑、不平； 2. 6级以上大风、雷电、暴雨等恶劣天气； 3. 夜间施工照明不足	1. 安全教育、培训、交底、检查制度不完善或未落实； 2. 职业健康、安全管理制度不完善、未落实（定期体检）； 3. 风险辨识、评估不到位； 4. 高处作业安全操作规程不规范或未落实； 5. 安全投入不足	√		√	√	√

续上表

分部工程	施工作业内容	典型风险事件	致害物	致险因素				风险事件后果类型				
				人的因素	物的因素	环境因素	管理因素	受伤人员类型		人员伤亡		
								本人	他人	轻伤	重伤	死亡
基坑降排水	截排水沟、集水井	触电	破损漏电的设备和电线	1. 作业人员未正确使用安全防护用品（绝缘鞋、绝缘手套等）； 2. 作业人员操作错误或违章作业（带电检修维护）； 3. 管理人员违章指挥，强令冒险作业，电工未持有效证件上岗； 4. 作业人员疲劳作业	1. 现场无警示标识或标识错误或破损（警戒区、标牌、反光锥等）； 2. 电线老化、破损，电焊机等设备漏电； 3. 设备接地保护损坏、防雷措施失效； 4. 电线架设不当、拖地、与金属物接触； 5. 手持电动工具无漏洞保护装置； 6. 电器开关无防雨、防潮设施； 7. 安全距离不足	1. 强风、雷雨、大雪等不良天气； 2. 作业场地杂乱、潮湿或积水； 3. 作业场地照明不足	1. 临时用电方案不完善或未落实； 2. 发电机等安全操作规程不规范或未落实； 3. 电气设施材料等未进行进场验收； 4. 电工未对用电设施进行巡查或巡查不到位； 5. 机械设备安全管理制度未落实（发电机、振捣棒等机具检查维护保养不到位）； 6. 安全教育、培训、交底、检查制度不完善或未落实； 7. 未实行“一机、一箱、一闸、一漏保”措施； 8. 安全投入不足	√		√	√	√

续上表

分部工程	施工作业内容	典型风险事件	致害物	致险因素				风险事件后果类型				
				人的因素	物的因素	环境因素	管理因素	受伤人员类型		人员伤亡		
								本人	他人	轻伤	重伤	死亡
基坑降排水	截排水沟、集水井	高处坠落	无防护的高处作业	1. 管理人员违章指挥，强令冒险作业； 2. 人员身体健康状况异常、心理异常、感知异常（有高血压、恐高症等禁忌症，反应迟钝，辨识错误），作业人员操作错误或违章作业（人员酒后作业）； 3. 作业人员未正确使用安全防护用品（安全带、防滑鞋等）； 4. 人员疲劳作业	1. 安全防护用品质量不合格，存在缺陷； 2. 现场无警示标识或标识破损； 3. 高处作业场所未设置安全防护等措施（安全绳索）； 4. 未设置人员上下安全爬梯或设置不规范	1. 作业环境不佳，场地湿滑、不平； 2. 6级以上大风、雷电、暴雨等恶劣天气； 3. 夜间施工照明不足	1. 安全教育、培训、交底、检查制度不完善或未落实； 2. 职业健康、安全管理制度不完善、未落实（定期体检）； 3. 风险辨识、评估不到位； 4. 高处作业安全操作规程不规范或未落实； 5. 安全投入不足	√		√	√	√
		触电	破损漏电的设备和电线	1. 作业人员未正确使用安全防护用品（绝缘鞋、绝缘手套等）； 2. 作业人员操作错误或违章作业（带电检修维护）；	1. 现场无警示标识或标识错误或破损（警戒区、标牌、反光锥等）； 2. 电线老化、破损，电焊机等设备漏电； 3. 设备接地保护损坏、防雷措施失效；	1. 强风、雷雨、大雪等不良天气； 2. 作业场地杂乱、潮湿或积水； 3. 作业场地照明不足	1. 临时用电方案不完善或未落实； 2. 发电机等安全操作规程不规范或未落实； 3. 电气设施材料等未进行进场验收； 4. 电工未对用电设施进行巡查或巡查不到位；	√		√	√	√

续上表

分部工程	施工作业内容	典型风险事件	致害物	致险因素				风险事件后果类型				
				人的因素	物的因素	环境因素	管理因素	受伤人员类型		人员伤亡		
								本人	他人	轻伤	重伤	死亡
基坑降排水	截排水沟、集水井	触电	破损漏电的设备和电线	3. 管理人员违章指挥、强令冒险作业，电工未持有效证件上岗； 4. 作业人员疲劳作业	4. 电线架设不当、拖地、与金属物接触； 5. 手持电动工具无漏洞保护装置； 6. 电器开关无防雨、防潮设施； 7. 安全距离不足		5. 机械设备安全管理制度未落实（发电机、振捣棒等机具检查维护保养不到位）； 6. 安全教育、培训、交底、检查制度不完善或未落实； 7. 未实行“一机、一箱、一闸、一漏保”措施； 8. 安全投入不足					
	降水运行	高处坠落	无防护的高处作业	1. 管理人员违章指挥，强令冒险作业； 2. 人员身体健康状况异常、心理异常、感知异常（有高血压、恐高症等禁忌症，反应迟钝，辨识错误），作业人员操作错误或违章作业（人员酒后作业）； 3. 作业人员未正确使用安全防护用品（安全带、防滑鞋等）； 4. 人员疲劳作业	1. 安全防护用品质量不合格，存在缺陷； 2. 现场无警示标识或标识破损； 3. 高处作业场所未设置安全防护等措施（安全绳索）； 4. 未设置人员上下安全爬梯或设置不规范	1. 作业环境不佳，场地湿滑、不平； 2. 6 级以上大风、雷电、暴雨等恶劣天气； 3. 夜间施工照明不足	1. 安全教育、培训、交底、检查制度不完善或未落实； 2. 职业健康、安全管理制度不完善、未落实（定期体检）； 3. 风险辨识、评估不到位； 4. 高处作业安全操作规程不规范或未落实； 5. 安全投入不足	√		√	√	√

续上表

分部工程	施工作业内容	典型风险事件	致害物	致险因素				风险事件后果类型				
				人的因素	物的因素	环境因素	管理因素	受伤人员类型		人员伤亡		
								本人	他人	轻伤	重伤	死亡
基坑施工	基坑放坡开挖（无须支撑区域）	车辆伤害	渣土运输车辆及其他运输车辆等	1. 人员违章进入危险区域； 2. 管理人员违章指挥，强令冒险作业（进入驾驶人员视野盲区等）； 3. 驾驶人员未持有效证件上岗； 4. 驾驶人员操作错误，违章作业（违规载人，酒后驾驶，超速、超限、超载作业）； 5. 驾驶人员身体健康状况异常、心理异常、感知异常（反应迟钝、辨识错误）； 6. 驾驶人员疲劳作业； 7. 现场作业人员未正确使用安全防护用品（反光背心、安全帽等）	1. 现场无警示标识或标识破损（警戒区、标牌、反光锥、反光贴等）； 2. 车辆带“病”作业（制动装置、喇叭、后视镜、警示灯等设施有缺陷）； 3. 车辆作业安全距离不足； 4. 安全防护用品不合格（反光背心、安全帽等）； 5. 洒水降尘设备故障或未使用； 6. 安全防护装置不可靠	1. 强风、暴雨、大雪、大雾等不良天气； 2. 作业场地狭窄、不平整、道路湿滑； 3. 夜间施工照明不足； 4. 工作面扬尘，能见度低	1. 未对车辆设备、安全防护用品等进行进场验收或验收不到位； 2. 车辆安全管理制度不完善或未落实（检查维护保养不到位）； 3. 安全操作规程不规范或未落实（作业前未对车辆周围环境进行检查）； 4. 安全教育、培训、交底、检查制度不完善或未落实； 5. 职业健康管理制度不完善或未落实； 6. 洒水降尘制度未完善或未落实； 7. 安全投入不足		√	√	√	

续上表

分部工程	施工作业内容	典型风险事件	致害物	致险因素				风险事件后果类型				
				人的因素	物的因素	环境因素	管理因素	受伤人员类型		人员伤亡		
								本人	他人	轻伤	重伤	死亡
基坑施工	基坑放坡开挖（无须支撑区域）	机械伤害	挖掘机、装载机、小型施工设备等机械设备	1. 人员违章进入危险区域（机械作业半径等）； 2. 管理人员违章指挥，强令冒险作业（机械作业半径等）； 3. 机械操作人员未持有效证件上岗； 4. 机械操作人员操作错误，违章作业（违规载人、酒后作业）； 5. 操作人员身体健康状况异常、心理异常、感知异常（反应迟钝、辨识错误）； 6. 现场作业人员未正确使用安全防护用品（反光背心、安全帽等）； 7. 机械操作人员疲劳作业	1. 现场无警示标识或标识破损（警戒区、标牌、反光贴等）； 2. 设备设施安全作业距离不足； 3. 设备带“病”作业（设备设施制动装置失效、运动或转动装置无防护或防护装置有缺陷等）； 4. 安全防护用品不合格（反光背心、安全帽、护目镜等）； 5. 洒水降尘设备故障或未使用	1. 强风、暴雨、大雪、大雾等不良天气； 2. 作业场地狭窄、不平整、道路湿滑； 3. 夜间施工照明不足； 4. 工作面扬尘，能见度低	1. 机械设备安全管理制度不完善或未落实（检查维护保养不到位）； 2. 未对机械设备、安全防护用品等进行进场验收或验收不到位； 3. 安全教育、培训、交底、检查制度不完善或未落实； 4. 机械设备安全操作规程不规范或未落实； 5. 洒水降尘制度未完善或未落实； 6. 安全投入不足	√	√	√	√	

续上表

分部工程	施工作业内容	典型风险事件	致害物	致险因素				风险事件后果类型				
				人的因素	物的因素	环境因素	管理因素	受伤人员类型		人员伤亡		
								本人	他人	轻伤	重伤	死亡
基坑施工	基坑放坡开挖（无须支撑区域）	坍塌	不稳定土体、砌体、结构物等	1. 管理人员违章指挥，强令冒险作业（防护、放坡不及时）； 2. 人员心理异常（冒险侥幸心理）； 3. 作业人员操作错误； 4. 有违章作业、违反劳动纪律的行为（管理人员脱岗）	1. 无警示信号或信号不清（紧急撤离信号）； 2. 现场无警示标识或标识破损（警戒区、标牌、反光锥等）； 3. 截排水设施不完善； 4. 防护形式错或防护材料不合格（材料强度不足等）； 5. 基坑边沿停放重型机械或堆放渣土； 6. 监控监测设备缺失或失效	1. 存在滑坡、偏压、顺层、富水等不良地质； 2. 强风、暴雨、大雪等不良天气	1. 施工方案不完善或未落实（掏底开挖或上下重叠开挖，开挖完后未及时施工防护及排水）； 2. 安全教育、培训、交底、检查制度不完善或未落实； 3. 监测方案不完善或未落实，未及时有效地对监测数据进行分析判断； 4. 第三方检测单位无资质或资质不满足； 5. 安全投入不足	√	√	√	√	√
		放炮	火工品、爆破引起的飞石和冲击波	1. 爆破相关作业人员未持有效证件上岗； 2. 作业人员操作错误或违章作业； 3. 现场作业人员未正确使用安全防护用品（防静电服等）； 4. 管理人员违章指挥，强令冒险作业；	1. 现场无警示标识或标识破损（爆破警戒区、爆破公告等）； 2. 爆破无指挥信号或信号不清； 3. 爆破器材不合格或发生故障；	1. 作业环境不良； 2. 周边存在建（构）筑物或公共设施	1. 爆破专项施工方案不完善或未落实（爆破方法及用药量未按方案实施盲炮未及时排查处理，人员、机械未撤离至安全区域）；	√	√	√	√	√

续上表

分部工程	施工作业内容	典型风险事件	致害物	致险因素				风险事件后果类型				
				人的因素	物的因素	环境因素	管理因素	受伤人员类型		人员伤亡		
								本人	他人	轻伤	重伤	死亡
基坑施工	基坑放坡开挖（无须支撑区域）	放炮	火工品、爆破引起的飞石和冲击波	5. 作业人员疲劳作业； 6. 作业人员身体健康状况异常、心理异常、感知异常（反应迟钝、辨识错误）； 7. 警戒人员现场警戒不到位（脱岗等违反劳动纪律）； 8. 人员违章进入爆破区域	4. 爆破的安全距离不足； 5. 爆破产生的飞溅物		2. 安全教育、培训、交底、检查制度不完善或未落实； 3. 火工品管理制度不完善或未落实； 4. 未对爆破施工队伍、作业人员进行资质审查； 5. 爆破作业安全操作规程不规范或未落实； 6. 安全投入不足					
	支撑设置及基坑开挖（需要支撑区域）	物体打击	工器具、零部件	1. 现场作业人员未正确使用安全防护用品（安全帽等）； 2. 人员违章进入危险区域； 3. 管理人员违章指挥，强令冒险作业； 4. 作业人员身体健康状况异常、心理异常、感知异常（反应迟钝、辨识错误）； 5. 作业人员操作错误，违章作业（违章抛物）	1. 安全防护用品不合格（安全帽等）； 2. 现场无警示标识或标识破损（警戒区、标牌、反光锥等）； 3. 作业过程中产生的坠落物（飞石、工具、材料等）； 4. 材料堆放不合理	1. 强风、暴雨、大雪、大雾等不良天气； 2. 夜间施工照明不足； 3. 作业场地杂乱	1. 安全教育、培训、交底、检查制度不完善或未落实； 2. 安全防护用品等进行进场验收或验收不到位； 3. 现场交叉作业管理缺陷； 4. 安全投入不足		√	√	√	

续上表

分部工程	施工作业内容	典型风险事件	致害物	致险因素				风险事件后果类型				
				人的因素	物的因素	环境因素	管理因素	受伤人员类型		人员伤亡		
								本人	他人	轻伤	重伤	死亡
基坑施工	支撑设置及基坑开挖(需要支撑区域)	车辆伤害	挖掘机、装载机、小型施工设备等机械设备	1. 人员违章进入危险区域(机械作业半径等); 2. 管理人员违章指挥,强令冒险作业(机械作业半径等); 3. 机械操作人员未持有效证件上岗; 4. 机械操作人员操作错误,违章作业(违规载人、酒后作业); 5. 操作人员身体健康状况异常、心理异常、感知异常(反应迟钝、辨识错误); 6. 现场作业人员未正确使用安全防护用品(反光背心、安全帽等); 7. 机械操作人员疲劳作业	1. 现场无警示标识或标识破损(警戒区、标牌、反光贴等); 2. 设备设施安全作业距离不足; 3. 设备带"病"作业(设备设施制动装置失效、运动或转动装置无防护或防护装置有缺陷等); 4. 安全防护用品不合格(反光背心、安全帽、护目镜等); 5. 洒水降尘设备故障或未使用; 6. 安全防护装置不可靠	1. 强风、暴雨、大雪、大雾等不良天气; 2. 作业场地狭窄、不平整、道路湿滑; 3. 夜间施工照明不足; 4. 工作面扬尘,能见度低	1. 机械设备安全管理制度不完善或未落实(检查维护保养不到位); 2. 未对机械设备、安全防护用品等进行进场验收或验收不到位; 3. 安全教育、培训、交底、检查制度不完善或未落实; 4. 机械设备安全操作规程不规范或未落实; 5. 洒水降尘制度未完善或未落实; 6. 安全投入不足	√	√	√	√	

续上表

分部工程	施工作业内容	典型风险事件	致害物	致险因素				风险事件后果类型				
				人的因素	物的因素	环境因素	管理因素	受伤人员类型		人员伤亡		
								本人	他人	轻伤	重伤	死亡
基坑施工	支撑设置及基坑开挖（需要支撑区域）	机械伤害	挖掘机、装载机、小型施工设备等机械设备	1. 人员违章进入危险区域（机械作业半径等）； 2. 管理人员违章指挥，强令冒险作业（机械作业半径等）； 3. 机械操作人员未持有效证件上岗； 4. 机械操作人员操作错误，违章作业（违规载人、酒后作业）； 5. 操作人员身体健康状况异常、心理异常、感知异常（反应迟钝、辨识错误）； 6. 现场作业人员未正确使用安全防护用品（反光背心、安全帽等）； 7. 机械操作人员疲劳作业	1. 现场无警示标识或标识破损（警戒区、标牌、反光贴等）； 2. 设备设施安全作业距离不足； 3. 设备带“病”作业（设备设施制动装置失效、运动或转动装置无防护或防护装置有缺陷等）； 4. 安全防护用品不合格（反光背心、安全帽、护目镜等）； 5. 洒水降尘设备故障或未使用	1. 强风、暴雨、大雪、大雾等不良天气； 2. 作业场地狭窄、不平整、道路湿滑； 3. 夜间施工照明不足； 4. 工作面扬尘，能见度低	1. 机械设备安全管理制度不完善或未落实（检查维护保养不到位）； 2. 未对机械设备、安全防护用品等进行进场验收或验收不到位； 3. 安全教育、培训、交底、检查制度不完善或未落实； 4. 机械设备安全操作规程不规范或未落实； 5. 洒水降尘制度未完善或未落实； 6. 安全投入不足	√	√	√	√	

续上表

分部工程	施工作业内容	典型风险事件	致害物	致险因素				风险事件后果类型				
				人的因素	物的因素	环境因素	管理因素	受伤人员类型		人员伤亡		
								本人	他人	轻伤	重伤	死亡
基坑施工	支撑设置及基坑开挖（需要支撑区域）	起重伤害	起重设备、吊起的材料、吊具吊索	1. 人员违章进入危险区域； 2. 管理人员违章指挥，强令冒险作业（无司索信号工或指挥错误）； 3. 起重作业人员、司索信号工未持有效证件上岗； 4. 起重作业人员操作错误，违章作业（酒后作业，支腿未全部打开，支腿未支垫枕木等“十不吊”）； 5. 起重人员身体健康状况异常、心理异常、感知异常（反应迟钝、辨识错误）； 6. 现场作业人员未正确使用安全防护用品（反光背心、安全帽等）； 7. 指挥信号不清、错误	1. 现场无警示标识或标识破损（警戒区、标牌、反光锥等）； 2. 吊索吊具不合格或达到报废标准（钢丝绳、吊带、U 形卸扣等）； 3. 支垫材料不合格（枕木、钢板等）； 4. 无防护或防护装置缺陷（防脱钩装置、限位装置等）； 5. 起重机带“病”作业（制动装置等）； 6. 安全防护用品不合格（反光背心、安全帽等）； 7. 构件强度不够	1. 雷雨大风（6 级以上）、大雾、高温等恶劣天气； 2. 作业场地不平整、不坚实； 3. 夜间施工照明不足； 4. 噪声、粉尘、有毒气体影响	1. 起重吊装专项施工方案不完善或未落实； 2. 设备设施安全管理制度不完善或未落实（检查维护保养不到位）； 3. 起重吊装安全操作规程不规范或未落实； 4. 安全教育、培训、交底、检查制度不完善或未落实； 5. 未对机械设备、安全防护用品等进行进场验收或验收不到位； 6. 安全投入不足		√	√	√	√

续上表

分部工程	施工作业内容	典型风险事件	致害物	致险因素				风险事件后果类型				
				人的因素	物的因素	环境因素	管理因素	受伤人员类型		人员伤亡		
								本人	他人	轻伤	重伤	死亡
基坑施工	支撑设置及基坑开挖(需要支撑区域)	高处坠落	无防护的高处作业	1. 管理人员违章指挥,强令冒险作业; 2. 人员身体健康状况异常、心理异常、感知异常(有高血压、恐高症等禁忌症,反应迟钝,辨识错误),作业人员操作错误或违章作业(人员酒后作业); 3. 作业人员未正确使用安全防护用品(安全带、防滑鞋等); 4. 人员疲劳作业	1. 安全防护用品质量不合格,存在缺陷; 2. 现场无警示标识或标识破损; 3. 高处作业场所未设置安全防护等措施(安全绳索); 4. 未设置人员上下安全爬梯或设置不规范	1. 作业环境不佳,场地湿滑、不平; 2. 6 级以上大风、雷电、暴雨等恶劣天气; 3. 夜间施工照明不足	1. 安全教育、培训、交底、检查制度不完善或未落实; 2. 职业健康、安全管理制度不完善、未落实(定期体检); 3. 风险辨识、评估不到位; 4. 高处作业安全操作规程不规范或未落实; 5. 安全投入不足	√		√	√	√
		坍塌	不稳定土体、砌体、结构物等	1. 管理人员违章指挥,强令冒险作业(防护、放坡不及时); 2. 人员心理异常(冒险侥幸心理); 3. 作业人员操作错误; 4. 有违章作业、违反劳动纪律的行为(管理人员脱岗)	1. 无警示信号或信号不清(紧急撤离信号); 2. 现场无警示标识或标识破损(警戒区、标牌、反光锥等); 3. 截排水设施不完善; 4. 防护形式错或防护材料不合格(材料强度不足等); 5. 基坑边沿停放重型机械或堆放渣土; 6. 监控监测设备缺失或失效	1. 存在滑坡、偏压、顺层、富水等不良地质; 2. 强风、暴雨、大雪等不良天气	1. 施工方案不完善或未落实(掏底开挖或上下重叠开挖,开挖完后未及时施工防护及排水); 2. 安全教育、培训、交底、检查制度不完善或未落实; 3. 监测方案不完善或未落实,未及时有效地对监测数据进行分析判断; 4. 第三方检测单位无资质或资质不满足; 5. 安全投入不足	√	√	√	√	√

续上表

分部工程	施工作业内容	典型风险事件	致害物	致险因素				风险事件后果类型				
				人的因素	物的因素	环境因素	管理因素	受伤人员类型		人员伤亡		
								本人	他人	轻伤	重伤	死亡
基坑施工	支撑设置及基坑开挖（需要支撑区域）	放炮	火工品、爆破引起的飞石和冲击波	1. 爆破相关作业人员未持有效证件上岗； 2. 作业人员操作错误或违章作业； 3. 现场作业人员未正确使用安全防护用品（防静电服等）； 4. 管理人员违章指挥，强令冒险作业； 5. 作业人员疲劳作业； 6. 作业人员身体健康状况异常、心理异常、感知异常（反应迟钝、辨识错误）； 7. 警戒人员现场警戒不到位（有脱岗等违反劳动纪律的行为）； 8. 人员违章进入爆破区域	1. 现场无警示标识或标识破损（爆破警戒区、爆破公告等）； 2. 爆破无指挥信号或信号不清； 3. 爆破器材不合格或发生故障； 4. 爆破的安全距离不足； 5. 爆破产生的飞溅物	1. 作业环境不良； 2. 周边存在建（构）筑物或公共设施	1. 爆破专项施工方案不完善或未落实（爆破方法及用药量未按方案实施盲炮未及时排查处理、人员机械未撤离至安全区域）； 2. 安全教育、培训、交底、检查制度不完善或未落实； 3. 火工品管理制度不完善或未落实； 4. 未对爆破施工队伍、作业人员进行资质审查； 5. 爆破作业安全操作规程不规范或未落实； 6. 安全投入不足	√	√	√	√	√

续上表

分部工程	施工作业内容	典型风险事件	致害物	致险因素				风险事件后果类型				
				人的因素	物的因素	环境因素	管理因素	受伤人员类型		人员伤亡		
								本人	他人	轻伤	重伤	死亡
基坑施工	土方回填	车辆伤害	渣土运输车辆及其他运输车辆等	1. 人员违章进入危险区域； 2. 管理人员违章指挥，强令冒险作业（进入驾驶人员视野盲区等）； 3. 驾驶人员未持有效证件上岗； 4. 驾驶人员操作错误，违章作业（违规载人，酒后驾驶，超速、超限、超载作业）； 5. 驾驶人员身体健康状况异常、心理异常、感知异常（反应迟钝、辨识错误）； 6. 驾驶人员疲劳作业； 7. 现场作业人员未正确使用安全防护用品（反光背心、安全帽等）	1. 现场无警示标识或标识破损（警戒区、标牌、反光锥、反光贴等）； 2. 车辆带“病”作业（制动装置、喇叭、后视镜、警示灯等设施有缺陷）； 3. 车辆作业安全距离不足； 4. 安全防护用品不合格（反光背心、安全帽等）； 5. 洒水降尘设备故障或未使用； 6. 安全防护装置不可靠	1. 强风、暴雨、大雪、大雾等不良天气； 2. 作业场地狭窄、不平整、道路湿滑； 3. 夜间施工照明不足； 4. 工作面扬尘，能见度低	1. 未对车辆设备、安全防护用品等进行进场验收或验收不到位； 2. 车辆安全管理制度不完善或未落实（检查维护保养不到位）； 3. 安全操作规程不规范或未落实（作业前未对车辆周围环境进行检查）； 4. 安全教育、培训、交底、检查制度不完善或未落实； 5. 职业健康管理制度不完善或未落实； 6. 洒水降尘制度未完善或未落实； 7. 安全投入不足		√	√	√	

续上表

分部工程	施工作业内容	典型风险事件	致害物	致险因素				风险事件后果类型				
				人的因素	物的因素	环境因素	管理因素	受伤人员类型		人员伤亡		
								本人	他人	轻伤	重伤	死亡
基坑施工	土方回填	机械伤害	挖掘机、装载机、小型施工设备等机械设备	1. 人员违章进入危险区域（机械作业半径等）； 2. 管理人员违章指挥，强令冒险作业（机械作业半径等）； 3. 机械操作人员未持有效证件上岗； 4. 机械操作人员操作错误，违章作业（违规载人、酒后作业）； 5. 操作人员身体健康状况异常、心理异常、感知异常（反应迟钝、辨识错误）； 6. 现场作业人员未正确使用安全防护用品（反光背心、安全帽等）； 7. 机械操作人员疲劳作业	1. 现场无警示标识或标识破损（警戒区、标牌、反光贴等）； 2. 设备设施安全作业距离不足； 3. 设备带“病”作业（设备设施制动装置失效、运动或转动装置无防护或防护装置有缺陷等）； 4. 安全防护用品不合格（反光背心、安全帽、护目镜等）； 5. 洒水降尘设备故障或未使用	1. 强风、暴雨、大雪、大雾等不良天气； 2. 作业场地狭窄、不平整、道路湿滑； 3. 夜间施工照明不足； 4. 工作面扬尘，能见度低	1. 机械设备安全管理制度不完善或未落实（检查维护保养不到位）； 2. 未对机械设备、安全防护用品等进行进场验收或验收不到位； 3. 安全教育、培训、交底、检查制度不完善或未落实； 4. 机械设备安全操作规程不规范或未落实； 5. 洒水降尘制度未完善或未落实； 6. 安全投入不足	√	√	√	√	

续上表

分部工程	施工作业内容	典型风险事件	致害物	致险因素				风险事件后果类型				
				人的因素	物的因素	环境因素	管理因素	受伤人员类型		人员伤亡		
								本人	他人	轻伤	重伤	死亡
基坑施工	基坑监测	物体打击	工器具、零部件	1. 现场作业人员未正确使用安全防护用品(安全帽等); 2. 人员违章进入危险区域; 3. 管理人员违章指挥,强令冒险作业; 4. 作业人员身体健康状况异常、心理异常、感知异常(反应迟钝、辨识错误); 5. 作业人员操作错误,违章作业(违章抛物)	1. 安全防护用品不合格(安全帽等); 2. 现场无警示标识或标识破损(警戒区、标牌、反光锥等); 3. 作业过程中产生的坠落物(飞石、工具、材料等); 4. 材料堆放不合理	1. 强风、暴雨、大雪、大雾等不良天气; 2. 夜间施工照明不足; 3. 作业场地杂乱	1. 安全教育、培训、交底、检查制度不完善或未落实; 2. 安全防护用品等进行进场验收或验收不到位; 3. 现场交叉作业管理缺陷; 4. 安全投入不足		√	√	√	
		高处坠落	无防护的高处作业	1. 管理人员违章指挥,强令冒险作业; 2. 人员身体健康状况异常、心理异常、感知异常(有高血压、恐高症等禁忌症,反应迟钝,辨识错误),作业人员操作错误或违章作业(人员酒后作业); 3. 作业人员未正确使用安全防护用品(安全带、防滑鞋等); 4. 人员疲劳作业	1. 安全防护用品质量不合格,存在缺陷; 2. 现场无警示标识或标识破损; 3. 高处作业场所未设置安全防护等措施(安全绳索); 4. 未设置人员上下安全爬梯或设置不规范	1. 作业环境不佳,场地湿滑、不平; 2. 6 级以上大风、雷电、暴雨等恶劣天气; 3. 夜间施工照明不足	1. 安全教育、培训、交底、检查制度不完善或未落实; 2. 职业健康、安全管理制度不完善、未落实(定期体检); 3. 风险辨识、评估不到位; 4. 高处作业安全操作规程不规范或未落实; 5. 安全投入不足	√		√	√	√

续上表

分部工程	施工作业内容	典型风险事件	致害物	致险因素				风险事件后果类型				
				人的因素	物的因素	环境因素	管理因素	受伤人员类型		人员伤亡		
								本人	他人	轻伤	重伤	死亡
隧道主体结构	抗拔桩（钻孔灌注桩）	车辆伤害	混凝土运输车辆及其他运输车辆等	1. 人员违章进入危险区域； 2. 管理人员违章指挥，强令冒险作业（进入驾驶人员视野盲区等）； 3. 驾驶人员未持有效证件上岗； 4. 驾驶人员操作错误，违章作业（违规载人，酒后驾驶，超速、超限、超载作业）； 5. 驾驶人员身体健康状况异常、心理异常、感知异常（反应迟钝、辨识错误）； 6. 驾驶人员疲劳作业； 7. 现场作业人员未正确使用安全防护用品（反光背心、安全帽等）	1. 现场无警示标识或标识破损（警戒区、标牌、反光锥、反光贴等）； 2. 车辆带“病”作业（制动装置、喇叭、后视镜、警示灯等设施有缺陷）； 3. 车辆作业安全距离不足； 4. 安全防护用品不合格（反光背心、安全帽等）； 5. 洒水降尘设备故障或未使用； 6. 安全防护装置不可靠	1. 强风、暴雨、大雪、大雾等不良天气； 2. 作业场地狭窄、不平整、道路湿滑； 3. 夜间施工照明不足； 4. 工作面扬尘，能见度低	1. 未对车辆设备、安全防护用品等进行进场验收或验收不到位； 2. 车辆安全管理制度不完善或未落实（检查维护保养不到位）； 3. 安全操作规程不规范或未落实（作业前未对车辆周围环境进行检查）； 4. 安全教育、培训、交底、检查制度不完善或未落实； 5. 职业健康管理制度不完善或未落实； 6. 洒水降尘制度未完善或未落实； 7. 安全投入不足		√	√	√	

续上表

分部工程	施工作业内容	典型风险事件	致害物	致险因素				风险事件后果类型				
				人的因素	物的因素	环境因素	管理因素	受伤人员类型		人员伤亡		
								本人	他人	轻伤	重伤	死亡
隧道主体结构	抗拔桩（钻孔灌注桩）	机械伤害	挖掘机、装载机、小型施工设备等机械设备	1. 人员违章进入危险区域（机械作业半径等）； 2. 管理人员违章指挥，强令冒险作业（机械作业半径等）； 3. 机械操作人员未持有效证件上岗； 4. 机械操作人员操作错误，违章作业（违规载人、酒后作业）； 5. 操作人员身体健康状况异常、心理异常、感知异常（反应迟钝、辨识错误）； 6. 现场作业人员未正确使用安全防护用品（反光背心、安全帽等）； 7. 机械操作人员疲劳作业	1. 现场无警示标识或标识破损（警戒区、标牌、反光贴等）； 2. 设备设施安全作业距离不足； 3. 设备带“病”作业（设备设施制动装置失效、运动或转动装置无防护或防护装置有缺陷等）； 4. 安全防护用品不合格（反光背心、安全帽、护目镜等）； 5. 洒水降尘设备故障或未使用	1. 强风、暴雨、大雪、大雾等不良天气； 2. 作业场地狭窄、不平整、道路湿滑； 3. 夜间施工照明不足； 4. 工作面扬尘，能见度低	1. 机械设备安全管理制度不完善或未落实（检查维护保养不到位）； 2. 未对机械设备、安全防护用品等进行进场验收或验收不到位； 3. 安全教育、培训、交底、检查制度不完善或未落实； 4. 机械设备安全操作规程不规范或未落实； 5. 洒水降尘制度未完善或未落实； 6. 安全投入不足	√	√	√	√	

续上表

分部工程	施工作业内容	典型风险事件	致害物	致险因素				风险事件后果类型				
				人的因素	物的因素	环境因素	管理因素	受伤人员类型		人员伤亡		
								本人	他人	轻伤	重伤	死亡
隧道主体结构	抗拔桩（钻孔灌注桩）	起重伤害	起重设备、吊起的材料、吊具吊索	1. 人员违章进入危险区域； 2. 管理人员违章指挥，强令冒险作业（无司索信号工或指挥错误）； 3. 起重作业人员、司索信号工未持有效证件上岗； 4. 起重作业人员操作错误，违章作业（酒后作业，支腿未全部打开，支腿未支垫枕木等“十不吊”）； 5. 起重人员身体健康状况异常、心理异常、感知异常（反应迟钝、辨识错误）； 6. 现场作业人员未正确使用安全防护用品（反光背心、安全帽等）； 7. 指挥信号不清、错误	1. 现场无警示标识或标识破损（警戒区、标牌、反光锥等）； 2. 吊索吊具不合格或达到报废标准（钢丝绳、吊带、U形卸扣等）； 3. 支垫材料不合格（枕木、钢板等）； 4. 无防护或防护装置缺陷（防脱钩装置、限位装置等）； 5. 起重机带“病”作业（制动装置等）； 6. 安全防护用品不合格（反光背心、安全帽等）； 7. 构件强度不够	1. 雷雨大风（6级以上）、大雾、高温等恶劣天气； 2. 作业场地不平整、不坚实； 3. 夜间施工照明不足； 4. 噪声、粉尘、有毒气体影响	1. 起重吊装专项施工方案不完善或未落实； 2. 设备设施安全管理制度不完善或未落实（检查维护保养不到位）； 3. 起重吊装安全操作规程不规范或未落实； 4. 安全教育、培训、交底、检查制度不完善或未落实； 5. 未对机械设备、安全防护用品等进行进场验收或验收不到位； 6. 安全投入不足		√	√	√	√

续上表

分部工程	施工作业内容	典型风险事件	致害物	致险因素				风险事件后果类型				
				人的因素	物的因素	环境因素	管理因素	受伤人员类型		人员伤亡		
								本人	他人	轻伤	重伤	死亡
隧道主体结构	抗拔桩(钻孔灌注桩)	触电	破损漏电的设备和电线	1. 作业人员未正确使用安全防护用品(绝缘鞋、绝缘手套等); 2. 作业人员操作错误或违章作业(带电检修维护); 3. 管理人员违章指挥、强令冒险作业,电工未持有效证件上岗; 4. 作业人员疲劳作业	1. 现场无警示标识或标识错误或破损(警戒区、标牌、反光锥等); 2. 电线老化、破损,电焊机等设备漏电; 3. 设备接地保护损坏、防雷措施失效; 4. 电线架设不当、拖地、与金属物接触; 5. 手持电动工具无漏洞保护装置; 6. 电器开关无防雨、防潮设施; 7. 安全距离不足	1. 强风、雷雨、大雪等不良天气; 2. 作业场地杂乱、潮湿或积水; 3. 作业场地照明不足	1. 临时用电方案不完善或未落实; 2. 发电机等安全操作规程不规范或未落实; 3. 电气设施材料等未进行进场验收; 4. 电工未对用电设施进行巡查或巡查不到位; 5. 机械设备安全管理制度未落实(发电机、振捣棒等机具检查维护保养不到位); 6. 安全教育、培训、交底、检查制度不完善或未落实; 7. 未实行“一机、一箱、一闸、一漏保”措施; 8. 安全投入不足	√		√	√	√

续上表

分部工程	施工作业内容	典型风险事件	致害物	致险因素				风险事件后果类型				
				人的因素	物的因素	环境因素	管理因素	受伤人员类型		人员伤亡		
								本人	他人	轻伤	重伤	死亡
隧道主体结构	抗拔桩（钻孔灌注桩）	火灾	作业场所设施、设备、物料等易燃可燃物	1. 作业人员操作错误，违章作业（私拉乱接电线，违规进行动火作业）； 2. 管理人员违章指挥，强令冒险作业（违章指挥作业人员进行动火作业）； 3. 有违反劳动纪律的行为（吸烟等）	1. 未配置消防器材等防火设施或消防器材等防火设施失效； 2. 易燃材料存放，防火安全距离不足； 3. 现场无警示标识或标识破损（动火作业警戒区、禁火标牌等）； 4. 用电设备或电缆漏电、短路引起明火	1. 高温、干燥、大风天气； 2. 作业场地杂乱	1. 消防安全管理制度不完善或未落实（未定期进行消防检查）； 2. 未对消防器材等进行进场验收或验收不到位； 3. 安全教育、培训、交底制度不完善或未落实； 4. 材料堆放制度不完善或未落实； 5. 安全投入不足	√	√	√	√	
		高处坠落	无防护的高处作业	1. 管理人员违章指挥，强令冒险作业； 2. 人员身体健康状况异常、心理异常、感知异常（有高血压、恐高症等禁忌症，反应迟钝，辨识错误），作业人员操作错误或违章作业（人员酒后作业）； 3. 作业人员未正确使用安全防护用品（安全带、防滑鞋等）； 4. 人员疲劳作业	1. 安全防护用品质量不合格，存在缺陷； 2. 现场无警示标识或标识破损； 3. 高处作业场所未设置安全防护等措施（安全绳索）； 4. 未设置人员上下安全爬梯或设置不规范	1. 作业环境不佳，场地湿滑、不平； 2. 6级以上大风、雷电、暴雨等恶劣天气； 3. 夜间施工照明不足	1. 安全教育、培训、交底、检查制度不完善或未落实； 2. 职业健康、安全管理制度不完善、未落实（定期体检）； 3. 风险辨识、评估不到位； 4. 高处作业安全操作规程不规范或未落实； 5. 安全投入不足	√		√	√	√

续上表

分部工程	施工作业内容	典型风险事件	致害物	致险因素				风险事件后果类型				
				人的因素	物的因素	环境因素	管理因素	受伤人员类型		人员伤亡		
								本人	他人	轻伤	重伤	死亡
隧道主体结构	主体现浇段	物体打击	工器具、零部件	1. 现场作业人员未正确使用安全防护用品（安全帽等）； 2. 人员违章进入危险区域； 3. 管理人员违章指挥，强令冒险作业； 4. 作业人员身体健康状况异常、心理异常、感知异常（反应迟钝、辨识错误）； 5. 作业人员操作错误，违章作业（违章抛物）	1. 安全防护用品不合格（安全帽等）； 2. 现场无警示标识或标识破损（警戒区、标牌、反光锥等）； 3. 作业过程中产生的坠落物（飞石、工具、材料等）； 4. 材料堆放不合理	1. 强风、暴雨、大雪、大雾等不良天气； 2. 夜间施工照明不足； 3. 作业场地杂乱	1. 安全教育、培训、交底、检查制度不完善或未落实； 2. 安全防护用品等进行进场验收或验收不到位； 3. 现场交叉作业管理缺陷； 4. 安全投入不足		√	√	√	

续上表

分部工程	施工作业内容	典型风险事件	致害物	致险因素				风险事件后果类型				
				人的因素	物的因素	环境因素	管理因素	受伤人员类型		人员伤亡		
								本人	他人	轻伤	重伤	死亡
隧道主体结构	主体现浇段	车辆伤害	混凝土运输车辆及其他运输车辆等	1. 人员违章进入危险区域； 2. 管理人员违章指挥，强令冒险作业（进入驾驶人员视野盲区等）； 3. 驾驶人员未持有效证件上岗； 4. 驾驶人员操作错误，违章作业（违规载人，酒后驾驶，超速、超限、超载作业）； 5. 驾驶人员身体健康状况异常、心理异常、感知异常（反应迟钝、辨识错误）； 6. 驾驶人员疲劳作业； 7. 现场作业人员未正确使用安全防护用品（反光背心、安全帽等）	1. 现场无警示标识或标识破损（警戒区、标牌、反光锥、反光贴等）； 2. 车辆带“病”作业（制动装置、喇叭、后视镜、警示灯等设施有缺陷）； 3. 车辆作业安全距离不足； 4. 安全防护用品不合格（反光背心、安全帽等）； 5. 洒水降尘设备故障或未使用； 6. 安全防护装置不可靠	1. 强风、暴雨、大雪、大雾等不良天气； 2. 作业场地狭窄、不平整、道路湿滑； 3. 夜间施工照明不足； 4. 工作面扬尘，能见度低	1. 未对车辆设备、安全防护用品等进行进场验收或验收不到位； 2. 车辆安全管理制度不完善或未落实（检查维护保养不到位）； 3. 安全操作规程不规范或未落实（作业前未对车辆周围环境进行检查）； 4. 安全教育、培训、交底、检查制度不完善或未落实； 5. 职业健康管理制度不完善或未落实； 6. 洒水降尘制度未完善或未落实； 7. 安全投入不足		√	√	√	

续上表

分部工程	施工作业内容	典型风险事件	致害物	致险因素				风险事件后果类型				
				人的因素	物的因素	环境因素	管理因素	受伤人员类型		人员伤亡		
								本人	他人	轻伤	重伤	死亡
隧道主体结构	主体现浇段	机械伤害	挖掘机、装载机、小型施工设备等机械设备	1. 人员违章进入危险区域（机械作业半径等）； 2. 管理人员违章指挥，强令冒险作业（机械作业半径等）； 3. 机械操作人员未持有效证件上岗； 4. 机械操作人员操作错误，违章作业（违规载人、酒后作业）； 5. 操作人员身体健康状况异常、心理异常、感知异常（反应迟钝、辨识错误）； 6. 现场作业人员未正确使用安全防护用品（反光背心、安全帽等）； 7. 机械操作人员疲劳作业	1. 现场无警示标识或标识破损（警戒区、标牌、反光贴等）； 2. 设备设施安全作业距离不足； 3. 设备带“病”作业（设备设施制动装置失效、运动或转动装置无防护或防护装置有缺陷等）； 4. 安全防护用品不合格（反光背心、安全帽、护目镜等）； 5. 洒水降尘设备故障或未使用	1. 强风、暴雨、大雪、大雾等不良天气； 2. 作业场地狭窄、不平整、道路湿滑； 3. 夜间施工照明不足； 4. 工作面扬尘，能见度低	1. 机械设备安全管理制度不完善或未落实（检查维护保养不到位）； 2. 未对机械设备、安全防护用品等进行进场验收或验收不到位； 3. 安全教育、培训、交底、检查制度不完善或未落实； 4. 机械设备安全操作规程不规范或未落实； 5. 洒水降尘制度未完善或未落实； 6. 安全投入不足	√	√	√	√	

续上表

分部工程	施工作业内容	典型风险事件	致害物	致险因素				风险事件后果类型				
				人的因素	物的因素	环境因素	管理因素	受伤人员类型		人员伤亡		
								本人	他人	轻伤	重伤	死亡
隧道主体结构	主体现浇段	起重伤害	起重设备、吊起的材料、吊具吊索	1. 人员违章进入危险区域； 2. 管理人员违章指挥，强令冒险作业（无司索信号工或指挥错误）； 3. 起重作业人员、司索信号工未持有效证件上岗； 4. 起重作业人员操作错误，违章作业（酒后作业，支腿未全部打开，支腿未支垫枕木等“十不吊”）； 5. 起重人员身体健康状况异常、心理异常、感知异常（反应迟钝、辨识错误）； 6. 现场作业人员未正确使用安全防护用品（反光背心、安全帽等）； 7. 指挥信号不清、错误	1. 现场无警示标识或标识破损（警戒区、标牌、反光锥等）； 2. 吊索吊具不合格或达到报废标准（钢丝绳、吊带、U 形卸扣等）； 3. 支垫材料不合格（枕木、钢板等）； 4. 无防护或防护装置缺陷（防脱钩装置、限位装置等）； 5. 起重机带“病”作业（制动装置等）； 6. 安全防护用品不合格（反光背心、安全帽等）； 7. 构件强度不够	1. 雷雨大风（6 级以上）、大雾、高温等恶劣天气； 2. 作业场地不平整、不坚实； 3. 夜间施工照明不足； 4. 噪声、粉尘、有毒气体影响	1. 起重吊装专项施工方案不完善或未落实； 2. 设备设施安全管理制度不完善或未落实（检查维护保养不到位）； 3. 起重吊装安全操作规程不规范或未落实； 4. 安全教育、培训、交底、检查制度不完善或未落实； 5. 未对机械设备、安全防护用品等进行进场验收或验收不到位； 6. 安全投入不足		√	√	√	√

续上表

分部工程	施工作业内容	典型风险事件	致害物	致险因素				风险事件后果类型				
				人的因素	物的因素	环境因素	管理因素	受伤人员类型		人员伤亡		
								本人	他人	轻伤	重伤	死亡
隧道主体结构	主体现浇段	触电	破损漏电的设备和电线	1. 作业人员未正确使用安全防护用品（绝缘鞋、绝缘手套等）； 2. 作业人员操作错误或违章作业（带电检修维护）； 3. 管理人员违章指挥、强令冒险作业，电工未持有效证件上岗； 4. 作业人员疲劳作业	1. 现场无警示标识或标识错误或破损（警戒区、标牌、反光锥等）； 2. 电线老化、破损，电焊机等设备漏电； 3. 设备接地保护损坏、防雷措施失效； 4. 电线架设不当、拖地、与金属物接触； 5. 手持电动工具无漏洞保护装置； 6. 电器开关无防雨、防潮设施； 7. 安全距离不足	1. 强风、雷雨、大雪等不良天气； 2. 作业场地杂乱、潮湿或积水； 3. 作业场地照明不足	1. 临时用电方案不完善或未落实； 2. 发电机等安全操作规程不规范或未落实； 3. 电气设施材料等未进行进场验收； 4. 电工未对用电设施进行巡查或巡查不到位； 5. 机械设备安全管理制度未落实（发电机、振捣棒等机具检查维护保养不到位）； 6. 安全教育、培训、交底、检查制度不完善或未落实； 7. 未实行“一机、一箱、一闸、一漏保”措施； 8. 安全投入不足	√		√	√	√

续上表

分部工程	施工作业内容	典型风险事件	致害物	致险因素				风险事件后果类型				
				人的因素	物的因素	环境因素	管理因素	受伤人员类型		人员伤亡		
								本人	他人	轻伤	重伤	死亡
隧道主体结构	主体现浇段	火灾	作业场所设施、设备、物料等易燃可燃物	1. 作业人员操作错误、违章作业(私拉乱接电线,违规进行动火作业); 2. 管理人员违章指挥,强令冒险作业(违章指挥作业人员进行动火作业); 3. 有违反劳动纪律的行为(吸烟等)	1. 未配置消防器材等防火设施或消防器材等防火设施失效; 2. 易燃材料存放,防火安全距离不足; 3. 现场无警示标识或标识破损(动火作业警戒区、禁火标牌等); 4. 用电设备或电缆漏电、短路引起明火	1. 高温、干燥、大风天气; 2. 作业场地杂乱	1. 消防安全管理制度不完善或未落实(未定期进行消防检查); 2. 未对消防器材等进行进场验收或验收不到位; 3. 安全教育、培训、交底制度不完善或未落实; 4. 材料堆放制度不完善或未落实; 5. 安全投入不足	√	√	√	√	
		高处坠落	无防护的高处作业	1. 管理人员违章指挥,强令冒险作业; 2. 人员身体健康状况异常、心理异常、感知异常(有高血压、恐高症等禁忌症,反应迟钝,辨识错误),作业人员操作错误或违章作业(人员酒后作业); 3. 作业人员未正确使用安全防护用品(安全带、防滑鞋等); 4. 人员疲劳作业	1. 安全防护用品质量不合格,存在缺陷; 2. 现场无警示标识或标识破损; 3. 高处作业场所未设置安全防护等措施(安全绳索); 4. 未设置人员上下安全爬梯或设置不规范	1. 作业环境不佳,场地湿滑、不平; 2. 6级以上大风、雷电、暴雨等恶劣天气; 3. 夜间施工照明不足	1. 安全教育、培训、交底、检查制度不完善或未落实; 2. 职业健康、安全管理制度不完善、未落实(定期体检); 3. 风险辨识、评估不到位; 4. 高处作业安全操作规程不规范或未落实; 5. 安全投入不足	√		√	√	√

续上表

<table>
<tr><th rowspan="3">分部工程</th><th rowspan="3">施工作业内容</th><th rowspan="3">典型风险事件</th><th rowspan="3">致害物</th><th colspan="4">致险因素</th><th colspan="5">风险事件后果类型</th></tr>
<tr><th rowspan="2">人的因素</th><th rowspan="2">物的因素</th><th rowspan="2">环境因素</th><th rowspan="2">管理因素</th><th colspan="2">受伤人员类型</th><th colspan="3">人员伤亡</th></tr>
<tr><th>本人</th><th>他人</th><th>轻伤</th><th>重伤</th><th>死亡</th></tr>
<tr><td rowspan="2">隧道主体结构</td><td rowspan="2">主体现浇段</td><td>坍塌</td><td>支架体系、安全爬梯等</td><td>1. 人员冒险进入危险场所；
2. 违章指挥，违章操作，强令冒险作业</td><td>1. 支架搭设前应开展地基承载力检测；
2. 支架搭设完成后应做好压载试验；
3. 未设置人员上下安全爬梯或设置不规范</td><td>1. 作业场地环境不良，存在交叉作业；
2. 场地长期积水、沉降；
3. 台风等不可抗力因素影响</td><td>1. 支架体系设计受力不合理；
2. 地基承载力不满足要求；
3. 交叉施工组织不合理；
4. 体系转换未完成，违规拆除支架；
5. 支架体系未经验收施工；
6. 全生产经费投入不足</td><td>√</td><td>√</td><td>√</td><td>√</td><td>√</td></tr>
<tr><td>其他伤害</td><td>职业病致害物等</td><td>1. 现场作业人员未正确使用安全防护用品（防护服、护目镜、焊接护具等）；
2. 作业人员存在敏感皮肤体质</td><td>1. 安全防护用品不合格（防护服、护目镜等）；
2. 电焊作业产生的有害光照；
3. 现场无职业病警示标识</td><td>1. 作业场所光线不足；
2. 存在有害辐射、光照、热源等；
3. 存在有毒有害气体、粉尘等</td><td>1. 安全防护用品等进行进场验收或验收不到位；
2. 安全教育、培训、交底、检查制度不完善或未落实；
3. 安全投入不足</td><td>√</td><td></td><td>√</td><td></td><td></td></tr>
</table>

续上表

分部工程	施工作业内容	典型风险事件	致害物	致险因素				风险事件后果类型				
				人的因素	物的因素	环境因素	管理因素	受伤人员类型		人员伤亡		
								本人	他人	轻伤	重伤	死亡
隧道主体结构	洞内附属工程	物体打击	工器具、零部件	1. 现场作业人员未正确使用安全防护用品(安全帽等); 2. 人员违章进入危险区域; 3. 管理人员违章指挥,强令冒险作业; 4. 作业人员身体健康状况异常、心理异常、感知异常(反应迟钝、辨识错误); 5. 作业人员操作错误,违章作业(违章抛物)	1. 安全防护用品不合格(安全帽等); 2. 现场无警示标识或标识破损(警戒区、标牌、反光锥等); 3. 作业过程中产生的坠落物(飞石、工具、材料等); 4. 材料堆放不合理	1. 强风、暴雨、大雪、大雾等不良天气; 2. 夜间施工照明不足; 3. 作业场地杂乱	1. 安全教育、培训、交底、检查制度不完善或未落实; 2. 安全防护用品等进行进场验收或验收不到位; 3. 现场交叉作业管理缺陷; 4. 安全投入不足		√	√	√	

续上表

分部工程	施工作业内容	典型风险事件	致害物	致险因素				风险事件后果类型				
				人的因素	物的因素	环境因素	管理因素	受伤人员类型		人员伤亡		
								本人	他人	轻伤	重伤	死亡
隧道主体结构	洞内附属工程	车辆伤害	混凝土运输车辆及其他运输车辆等	1. 人员违章进入危险区域； 2. 管理人员违章指挥，强令冒险作业(进入驾驶人员视野盲区等)； 3. 驾驶人员未持有效证件上岗； 4. 驾驶人员操作错误，违章作业(违规载人，酒后驾驶，超速、超限、超载作业)； 5. 驾驶人员身体健康状况异常、心理异常、感知异常(反应迟钝、辨识错误)； 6. 驾驶人员疲劳作业； 7. 现场作业人员未正确使用安全防护用品(反光背心、安全帽等)	1. 现场无警示标识或标识破损(警戒区、标牌、反光锥、反光贴等)； 2. 车辆带“病”作业(制动装置、喇叭、后视镜、警示灯等设施有缺陷)； 3. 车辆作业安全距离不足； 4. 安全防护用品不合格(反光背心、安全帽等)； 5. 洒水降尘设备故障或未使用； 6. 安全防护装置不可靠	1. 强风、暴雨、大雪、大雾等不良天气； 2. 作业场地狭窄、不平整、道路湿滑； 3. 夜间施工照明不足； 4. 工作面扬尘，能见度低	1. 未对车辆设备、安全防护用品等进行进场验收或验收不到位； 2. 车辆安全管理制度不完善或未落实(检查维护保养不到位)； 3. 安全操作规程不规范或未落实(作业前未对车辆周围环境进行检查)； 4. 安全教育、培训、交底、检查制度不完善或未落实； 5. 职业健康管理制度不完善或未落实； 6. 洒水降尘制度未完善或未落实； 7. 安全投入不足		√	√	√	

续上表

分部工程	施工作业内容	典型风险事件	致害物	致险因素				风险事件后果类型				
				人的因素	物的因素	环境因素	管理因素	受伤人员类型		人员伤亡		
								本人	他人	轻伤	重伤	死亡
隧道主体结构	洞内附属工程	机械伤害	挖掘机、装载机、小型施工设备等机械设备	1. 人员违章进入危险区域（机械作业半径等）； 2. 管理人员违章指挥，强令冒险作业（机械作业半径等）； 3. 机械操作人员未持有效证件上岗； 4. 机械操作人员操作错误，违章作业（违规载人、酒后作业）； 5. 操作人员身体健康状况异常、心理异常、感知异常（反应迟钝、辨识错误）； 6. 现场作业人员未正确使用安全防护用品（反光背心、安全帽等）； 7. 机械操作人员疲劳作业	1. 现场无警示标识或标识破损（警戒区、标牌、反光贴等）； 2. 设备设施安全作业距离不足； 3. 设备带“病”作业（设备设施制动装置失效、运动或转动装置无防护或防护装置有缺陷等）； 4. 安全防护用品不合格（反光背心、安全帽、护目镜等）； 5. 洒水降尘设备故障或未使用	1. 强风、暴雨、大雪、大雾等不良天气； 2. 作业场地狭窄、不平整、道路湿滑； 3. 夜间施工照明不足； 4. 工作面扬尘，能见度低	1. 机械设备安全管理制度不完善或未落实（检查维护保养不到位）； 2. 未对机械设备、安全防护用品等进行进场验收或验收不到位； 3. 安全教育、培训、交底、检查制度不完善或未落实； 4. 机械设备安全操作规程不规范或未落实； 5. 洒水降尘制度未完善或未落实； 6. 安全投入不足	√	√	√	√	

续上表

分部工程	施工作业内容	典型风险事件	致害物	致险因素				风险事件后果类型				
				人的因素	物的因素	环境因素	管理因素	受伤人员类型		人员伤亡		
								本人	他人	轻伤	重伤	死亡
隧道主体结构	洞内附属工程	起重伤害	起重设备、吊起的材料、吊具吊索	1. 人员违章进入危险区域； 2. 管理人员违章指挥，强令冒险作业（无司索信号工或指挥错误）； 3. 起重作业人员、司索信号工未持有效证件上岗； 4. 起重作业人员操作错误，违章作业（酒后作业，支腿未全部打开，支腿未支垫枕木等“十不吊”）； 5. 起重人员身体健康状况异常、心理异常、感知异常（反应迟钝、辨识错误）； 6. 现场作业人员未正确使用安全防护用品（反光背心、安全帽等）； 7. 指挥信号不清、错误	1. 现场无警示标识或标识破损（警戒区、标牌、反光锥等）； 2. 吊索吊具不合格或达到报废标准（钢丝绳、吊带、U 形卸扣等）； 3. 支垫材料不合格（枕木、钢板等）； 4. 无防护或防护装置缺陷（防脱钩装置、限位装置等）； 5. 起重机带“病”作业（制动装置等）； 6. 安全防护用品不合格（反光背心、安全帽等）； 7. 构件强度不够	1. 雷雨大风（6 级以上）、大雾、高温等恶劣天气； 2. 作业场地不平整、不坚实； 3. 夜间施工照明不足； 4. 噪声、粉尘、有毒气体影响	1. 起重吊装专项施工方案不完善或未落实； 2. 设备设施安全管理制度不完善或未落实（检查维护保养不到位）； 3. 起重吊装安全操作规程不规范或未落实； 4. 安全教育、培训、交底、检查制度不完善或未落实； 5. 未对机械设备、安全防护用品等进行进场验收或验收不到位； 6. 安全投入不足		√	√	√	√

续上表

分部工程	施工作业内容	典型风险事件	致害物	致险因素				风险事件后果类型				
				人的因素	物的因素	环境因素	管理因素	受伤人员类型		人员伤亡		
								本人	他人	轻伤	重伤	死亡
隧道主体结构	洞内附属工程	触电	破损漏电的设备和电线	1. 作业人员未正确使用安全防护用品(绝缘鞋、绝缘手套等); 2. 作业人员操作错误或违章作业(带电检修维护); 3. 管理人员违章指挥,强令冒险作业,电工未持有效证件上岗; 4. 作业人员疲劳作业	1. 现场无警示标识或标识错误或破损(警戒区、标牌、反光锥等); 2. 电线老化、破损,电焊机等设备漏电; 3. 设备接地保护损坏、防雷措施失效; 4. 电线架设不当、拖地、与金属物接触; 5. 手持电动工具无漏洞保护装置; 6. 电器开关无防雨、防潮设施; 7. 安全距离不足	1. 强风、雷雨、大雪等不良天气; 2. 作业场地杂乱、潮湿或积水; 3. 作业场地照明不足	1. 临时用电方案不完善或未落实; 2. 发电机等安全操作规程不规范或未落实; 3. 电气设施材料等未进行进场验收; 4. 电工未对用电设施进行巡查或巡查不到位; 5. 机械设备安全管理制度未落实(发电机、振捣棒等机具检查维护保养不到位); 6. 安全教育、培训、交底、检查制度不完善或未落实; 7. 未实行“一机、一箱、一闸、一漏保”措施; 8. 安全投入不足	√		√	√	√

续上表

分部工程	施工作业内容	典型风险事件	致害物	致险因素				风险事件后果类型				
				人的因素	物的因素	环境因素	管理因素	受伤人员类型		人员伤亡		
								本人	他人	轻伤	重伤	死亡
隧道主体结构	洞内附属工程	火灾	作业场所设施、设备、物料等易燃可燃物	1. 作业人员操作错误，违章作业（私拉乱接电线，违规进行动火作业）； 2. 管理人员违章指挥，强令冒险作业（违章指挥作业人员进行动火作业）； 3. 有违反劳动纪律的行为（吸烟等）	1. 未配置消防器材等防火设施或消防器材等防火设施失效； 2. 易燃材料存放，防火安全距离不足； 3. 现场无警示标识或标识破损（动火作业警戒区、禁火标牌等）； 4. 用电设备或电缆漏电、短路引起明火	1. 高温、干燥、大风天气； 2. 作业场地杂乱	1. 消防安全管理制度不完善或未落实（未定期进行消防检查）； 2. 未对消防器材等进行进场验收或验收不到位； 3. 安全教育、培训、交底制度不完善或未落实； 4. 材料堆放制度不完善或未落实； 5. 安全投入不足	√	√	√	√	
		高处坠落	无防护的高处作业	1. 管理人员违章指挥、强令冒险作业； 2. 人员身体健康状况异常、心理异常、感知异常（有高血压、恐高症等禁忌症，反应迟钝，辨识错误），作业人员操作错误或违章作业（人员酒后作业）； 3. 作业人员未正确使用安全防护用品（安全带、防滑鞋等）； 4. 人员疲劳作业	1. 安全防护用品质量不合格，存在缺陷； 2. 现场无警示标识或标识破损； 3. 高处作业场所未设置安全防护等措施（安全绳索）； 4. 未设置人员上下安全爬梯或设置不规范	1. 作业环境不佳，场地湿滑、不平； 2. 6 级以上大风、雷电、暴雨等恶劣天气； 3. 夜间施工照明不足	1. 安全教育、培训、交底、检查制度不完善或未落实； 2. 职业健康、安全管理制度不完善、未落实（定期体检）； 3. 风险辨识、评估不到位； 4. 高处作业安全操作规程不规范或未落实； 5. 安全投入不足	√		√	√	√

续上表

分部工程	施工作业内容	典型风险事件	致害物	致险因素				风险事件后果类型				
				人的因素	物的因素	环境因素	管理因素	受伤人员类型		人员伤亡		
								本人	他人	轻伤	重伤	死亡
隧道主体结构	洞内附属工程	其他伤害	职业病致害物等	1. 现场作业人员未正确使用安全防护用品(防护服、护目镜、焊接护具等); 2. 作业人员存在敏感皮肤体质	1. 安全防护用品不合格(防护服、护目镜等); 2. 电焊作业产生的有害光照; 3. 现场无职业病警示标识	1. 作业场所光线不足; 2. 存在有害辐射、光照、热源等; 3. 存在有毒有害气体、粉尘等	1. 安全防护用品等进行进场验收或验收不到位; 2. 安全教育、培训、交底、检查制度不完善或未落实; 3. 安全投入不足	√		√		
装饰装修工程	装饰装修	物体打击	工器具、零部件	1. 现场作业人员未正确使用安全防护用品(安全帽等); 2. 人员违章进入危险区域; 3. 管理人员违章指挥,强令冒险作业; 4. 作业人员身体健康状况异常、心理异常、感知异常(反应迟钝、辨识错误); 5. 作业人员操作错误,违章作业(违章抛物)	1. 安全防护用品不合格(安全帽等); 2. 现场无警示标识或标识破损(警戒区、标牌、反光锥等); 3. 作业过程中产生的坠落物(飞石、工具、材料等); 4. 材料堆放不合理	1. 强风、暴雨、大雪、大雾等不良天气; 2. 夜间施工照明不足; 3. 作业场地杂乱	1. 安全教育、培训、交底、检查制度不完善或未落实; 2. 安全防护用品等进行进场验收或验收不到位; 3. 现场交叉作业管理有缺陷; 4. 安全投入不足		√	√	√	

续上表

分部工程	施工作业内容	典型风险事件	致害物	致险因素				风险事件后果类型				
				人的因素	物的因素	环境因素	管理因素	受伤人员类型		人员伤亡		
								本人	他人	轻伤	重伤	死亡
装饰装修工程	装饰装修	车辆伤害	运输车辆等	1. 人员违章进入危险区域； 2. 管理人员违章指挥，强令冒险作业（进入驾驶人员视野盲区等）； 3. 驾驶人员未持有效证件上岗； 4. 驾驶人员操作错误，违章作业（违规载人，酒后驾驶，超速、超限、超载作业）； 5. 驾驶人员身体健康状况异常、心理异常、感知异常（反应迟钝、辨识错误）； 6. 驾驶人员疲劳作业； 7. 现场作业人员未正确使用安全防护用品（反光背心、安全帽等）	1. 现场无警示标识或标识破损（警戒区、标牌、反光锥、反光贴等）； 2. 车辆带“病”作业（制动装置、喇叭、后视镜、警示灯等设施有缺陷）； 3. 车辆作业安全距离不足； 4. 安全防护用品不合格（反光背心、安全帽等）； 5. 洒水降尘设备故障或未使用； 6. 安全防护装置不可靠	1. 强风、暴雨、大雪、大雾等不良天气； 2. 作业场地狭窄、不平整、道路湿滑； 3. 夜间施工照明不足； 4. 工作面扬尘，能见度低	1. 未对车辆设备、安全防护用品等进行进场验收或验收不到位； 2. 车辆安全管理制度不完善或未落实（检查维护保养不到位）； 3. 安全操作规程不规范或未落实（作业前未对车辆周围环境进行检查）； 4. 安全教育、培训、交底、检查制度不完善或未落实； 5. 职业健康管理制度不完善或未落实； 6. 洒水降尘制度未完善或未落实； 7. 安全投入不足		√	√	√	

续上表

分部工程	施工作业内容	典型风险事件	致害物	致险因素				风险事件后果类型				
				人的因素	物的因素	环境因素	管理因素	受伤人员类型		人员伤亡		
								本人	他人	轻伤	重伤	死亡
装饰装修工程	装饰装修	机械伤害	挖掘机、装载机、小型施工设备等机械设备	1. 人员违章进入危险区域(机械作业半径等); 2. 管理人员违章指挥,强令冒险作业(机械作业半径等); 3. 机械操作人员未持有效证件上岗; 4. 机械操作人员操作错误,违章作业(违规载人、酒后作业); 5. 操作人员身体健康状况异常、心理异常、感知异常(反应迟钝、辨识错误); 6. 现场作业人员未正确使用安全防护用品(反光背心、安全帽等); 7. 机械操作人员疲劳作业	1. 现场无警示标识或标识破损(警戒区、标牌、反光贴等); 2. 设备设施安全作业距离不足; 3. 设备带“病”作业(设备设施制动装置失效、运动或转动装置无防护或防护装置有缺陷等); 4. 安全防护用品不合格(反光背心、安全帽、护目镜等); 5. 洒水降尘设备故障或未使用	1. 强风、暴雨、大雪、大雾等不良天气; 2. 作业场地狭窄、不平整、道路湿滑; 3. 夜间施工照明不足; 4. 工作面扬尘,能见度低	1. 机械设备安全管理制度不完善或未落实(检查维护保养不到位); 2. 未对机械设备、安全防护用品等进行进场验收或验收不到位; 3. 安全教育、培训、交底、检查制度不完善或未落实; 4. 机械设备安全操作规程不规范或未落实; 5. 洒水降尘制度未完善或未落实; 6. 安全投入不足	√	√	√	√	

续上表

分部工程	施工作业内容	典型风险事件	致害物	致险因素				风险事件后果类型				
				人的因素	物的因素	环境因素	管理因素	受伤人员类型		人员伤亡		
								本人	他人	轻伤	重伤	死亡
装饰装修工程	装饰装修	起重伤害	起重设备、吊起的材料、吊具吊索	1. 人员违章进入危险区域； 2. 管理人员违章指挥,强令冒险作业(无司索信号工或指挥错误)； 3. 起重作业人员、司索信号工未持有效证件上岗； 4. 起重作业人员操作错误,违章作业(酒后作业,支腿未全部打开,支腿未支垫枕木等“十不吊”)； 5. 起重人员身体健康状况异常、心理异常、感知异常(反应迟钝、辨识错误)； 6. 现场作业人员未正确使用安全防护用品(反光背心、安全帽等)； 7. 指挥信号不清、错误	1. 现场无警示标识或标识破损(警戒区、标牌、反光锥等)； 2. 吊索吊具不合格或达到报废标准(钢丝绳、吊带、U形卸扣等)； 3. 支垫材料不合格(枕木、钢板等)； 4. 无防护或防护装置缺陷(防脱钩装置、限位装置等)； 5. 起重机带“病”作业(制动装置等)； 6. 安全防护用品不合格(反光背心、安全帽等)； 7. 构件强度不够	1. 雷雨大风(6级以上)、大雾、高温等恶劣天气； 2. 作业场地不平整、不坚实； 3. 夜间施工照明不足； 4. 噪声、粉尘、有毒气体影响	1. 起重吊装专项施工方案不完善或未落实； 2. 设备设施安全管理制度不完善或未落实(检查维护保养不到位)； 3. 起重吊装安全操作规程不规范或未落实； 4. 安全教育、培训、交底、检查制度不完善或未落实； 5. 未对机械设备、安全防护用品等进行进场验收或验收不到位； 6. 安全投入不足		√	√	√	√

续上表

分部工程	施工作业内容	典型风险事件	致害物	致险因素				风险事件后果类型				
				人的因素	物的因素	环境因素	管理因素	受伤人员类型		人员伤亡		
								本人	他人	轻伤	重伤	死亡
装饰装修工程	装饰装修	触电	破损漏电的设备和电线	1. 作业人员未正确使用安全防护用品（绝缘鞋、绝缘手套等）； 2. 作业人员操作错误或违章作业（带电检修维护）； 3. 管理人员违章指挥、强令冒险作业，电工未持有效证件上岗； 4. 作业人员疲劳作业	1. 现场无警示标识或标识错误或破损（警戒区、标牌、反光锥等）； 2. 电线老化、破损，电焊机等设备漏电； 3. 设备接地保护损坏、防雷措施失效； 4. 电线架设不当、拖地、与金属物接触； 5. 手持电动工具无漏洞保护装置； 6. 电器开关无防雨、防潮设施； 7. 安全距离不足	1. 强风、雷雨、大雪等不良天气； 2. 作业场地杂乱、潮湿或积水； 3. 作业场地照明不足	1. 临时用电方案不完善或未落实； 2. 发电机等安全操作规程不规范或未落实； 3. 电气设施材料等未进行进场验收； 4. 电工未对用电设施进行巡查或巡查不到位； 5. 机械设备安全管理制度未落实（发电机、振捣棒等机具检查维护保养不到位）； 6. 安全教育、培训、交底、检查制度不完善或未落实； 7. 未实行“一机、一箱、一闸、一漏保”措施； 8. 安全投入不足	√		√	√	√

续上表

分部工程	施工作业内容	典型风险事件	致害物	致险因素				风险事件后果类型				
				人的因素	物的因素	环境因素	管理因素	受伤人员类型		人员伤亡		
								本人	他人	轻伤	重伤	死亡
装饰装修工程	装饰装修	火灾	作业场所设施、设备、物料等易燃可燃物	1. 作业人员操作错误，违章作业（私拉乱接电线，违规进行动火作业）； 2. 管理人员违章指挥，强令冒险作业（违章指挥作业人员进行动火作业）； 3. 有违反劳动纪律的行为（吸烟等）	1. 未配置消防器材等防火设施或消防器材等防火设施失效； 2. 易燃材料存放，防火安全距离不足； 3. 现场无警示标识或标识破损（动火作业警戒区、禁火标牌等）； 4. 用电设备或电缆漏电、短路引起明火	1. 高温、干燥、大风天气； 2. 作业场地杂乱	1. 消防安全管理制度不完善或未落实（未定期进行消防检查）； 2. 未对消防器材等进行进场验收或验收不到位； 3. 安全教育、培训、交底制度不完善或未落实； 4. 材料堆放制度不完善或未落实； 5. 安全投入不足	√	√	√	√	
		高处坠落	无防护的高处作业	1. 管理人员违章指挥，强令冒险作业； 2. 人员身体健康状况异常、心理异常、感知异常（有高血压、恐高症等禁忌症，反应迟钝，辨识错误），作业人员操作错误或违章作业（人员酒后作业）； 3. 作业人员未正确使用安全防护用品（安全带、防滑鞋等）； 4. 人员疲劳作业	1. 安全防护用品质量不合格，存在缺陷； 2. 现场无警示标识或标识破损； 3. 高处作业场所未设置安全防护等措施（安全绳索）； 4. 未设置人员上下安全爬梯或设置不规范	1. 作业环境不佳，场地湿滑、不平； 2. 6 级以上大风、雷电、暴雨等恶劣天气； 3. 夜间施工照明不足	1. 安全教育、培训、交底、检查制度不完善或未落实； 2. 职业健康、安全管理制度不完善、未落实（定期体检）； 3. 风险辨识、评估不到位； 4. 高处作业安全操作规程不规范或未落实； 5. 安全投入不足	√		√	√	√

续上表

分部工程	施工作业内容	典型风险事件	致害物	致险因素				风险事件后果类型				
				人的因素	物的因素	环境因素	管理因素	受伤人员类型		人员伤亡		
								本人	他人	轻伤	重伤	死亡
装饰装修工程	装饰装修	其他伤害	职业病致害物等	1. 现场作业人员未正确使用安全防护用品(防护服、护目镜、焊接护具等); 2. 作业人员存在敏感皮肤体质	1. 安全防护用品不合格(防护服、护目镜等); 2. 电焊作业产生的有害光照; 3. 现场无职业病警示标识	1. 作业场所光线不足; 2. 存在有害辐射、光照、热源等; 3. 存在有毒有害气体、粉尘等	1. 安全防护用品等进行进场验收或验收不到位; 2. 安全教育、培训、交底、检查制度不完善或未落实; 3. 安全投入不足	√		√		
机电安装工程	消防设施	物体打击	工器具、零部件	1. 现场作业人员未正确使用安全防护用品(安全帽等); 2. 人员违章进入危险区域; 3. 管理人员违章指挥,强令冒险作业; 4. 作业人员身体健康状况异常、心理异常、感知异常(反应迟钝、辨识错误); 5. 作业人员操作错误,违章作业(违章抛物)	1. 安全防护用品不合格(安全帽等); 2. 现场无警示标识或标识破损(警戒区、标牌、反光锥等); 3. 作业过程中产生的坠落物(飞石、工具、材料等); 4. 材料堆放不合理	1. 强风、暴雨、大雪、大雾等不良天气; 2. 夜间施工照明不足; 3. 作业场地杂乱	1. 安全教育、培训、交底、检查制度不完善或未落实; 2. 安全防护用品等进行进场验收或验收不到位; 3. 现场交叉作业管理缺陷; 4. 安全投入不足		√	√	√	

续上表

分部工程	施工作业内容	典型风险事件	致害物	致险因素				风险事件后果类型				
				人的因素	物的因素	环境因素	管理因素	受伤人员类型		人员伤亡		
								本人	他人	轻伤	重伤	死亡
机电安装工程	消防设施	触电	破损漏电的设备和电线	1. 作业人员未正确使用安全防护用品（绝缘鞋、绝缘手套等）； 2. 作业人员操作错误或违章作业（带电检修维护）； 3. 管理人员违章指挥、强令冒险作业，电工未持有效证件上岗； 4. 作业人员疲劳作业	1. 现场无警示标识或标识错误或破损（警戒区、标牌、反光锥等）； 2. 电线老化、破损，电焊机等设备漏电； 3. 设备接地保护损坏、防雷措施失效； 4. 电线架设不当、拖地、与金属物接触； 5. 手持电动工具无漏洞保护装置； 6. 电器开关无防雨、防潮设施； 7. 安全距离不足	1. 强风、雷雨、大雪等不良天气； 2. 作业场地杂乱、潮湿或积水； 3. 作业场地照明不足	1. 临时用电方案不完善或未落实； 2. 发电机等安全操作规程不规范或未落实； 3. 电气设施材料等未进行进场验收； 4. 电工未对用电设施进行巡查或巡查不到位； 5. 机械设备安全管理制度未落实（发电机、振捣棒等机具检查维护保养不到位）； 6. 安全教育、培训、交底、检查制度不完善或未落实； 7. 未实行“一机、一箱、一闸、一漏保”措施； 8. 安全投入不足	√		√	√	√

续上表

分部工程	施工作业内容	典型风险事件	致害物	致险因素				风险事件后果类型				
				人的因素	物的因素	环境因素	管理因素	受伤人员类型		人员伤亡		
								本人	他人	轻伤	重伤	死亡
机电安装工程	消防设施	火灾	作业场所设施、设备、物料等易燃可燃物	1. 作业人员操作错误、违章作业(私拉乱接电线，违规进行动火作业)； 2. 管理人员违章指挥，强令冒险作业(违章指挥作业人员进行动火作业)； 3. 有违反劳动纪律的行为(吸烟等)	1. 未配置消防器材等防火设施或消防器材等防火设施失效； 2. 易燃材料存放，防火安全距离不足； 3. 现场无警示标识或标识破损(动火作业警戒区、禁火标牌等)； 4. 用电设备或电缆漏电、短路引起明火	1. 高温、干燥、大风天气； 2. 作业场地杂乱	1. 消防安全管理制度不完善或未落实(未定期进行消防检查)； 2. 未对消防器材等进行进场验收或验收不到位； 3. 安全教育、培训、交底制度不完善或未落实； 4. 材料堆放制度不完善或未落实； 5. 安全投入不足	√	√	√	√	
		高处坠落	无防护的高处作业	1. 管理人员违章指挥，强令冒险作业； 2. 人员身体健康状况异常、心理异常、感知异常(有高血压、恐高症等禁忌症，反应迟钝，辨识错误)，作业人员操作错误或违章作业(人员酒后作业)； 3. 作业人员未正确使用安全防护用品(安全带、防滑鞋等)； 4. 人员疲劳作业	1. 安全防护用品质量不合格，存在缺陷； 2. 现场无警示标识或标识破损； 3. 高处作业场所未设置安全防护等措施(安全绳索)； 4. 未设置人员上下安全爬梯或设置不规范	1. 作业环境不佳，场地湿滑、不平； 2. 6 级以上大风、雷电、暴雨等恶劣天气； 3. 夜间施工照明不足	1. 安全教育、培训、交底、检查制度不完善或未落实； 2. 职业健康、安全管理制度不完善、未落实(定期体检)； 3. 风险辨识、评估不到位； 4. 高处作业安全操作规程不规范或未落实； 5. 安全投入不足	√		√	√	√

续上表

分部工程	施工作业内容	典型风险事件	致害物	致险因素				风险事件后果类型				
				人的因素	物的因素	环境因素	管理因素	受伤人员类型		人员伤亡		
								本人	他人	轻伤	重伤	死亡
机电安装工程	监控设施	物体打击	工器具、零部件	1. 现场作业人员未正确使用安全防护用品(安全帽等); 2. 人员违章进入危险区域; 3. 管理人员违章指挥,强令冒险作业; 4. 作业人员身体健康状况异常、心理异常、感知异常(反应迟钝、辨识错误); 5. 作业人员操作错误,违章作业(违章抛物)	1. 安全防护用品不合格(安全帽等); 2. 现场无警示标识或标识破损(警戒区、标牌、反光锥等); 3. 作业过程中产生的坠落物(飞石、工具、材料等); 4. 材料堆放不合理	1. 强风、暴雨、大雪、大雾等不良天气; 2. 夜间施工照明不足; 3. 作业场地杂乱	1. 安全教育、培训、交底、检查制度不完善或未落实; 2. 安全防护用品等进行进场验收或验收不到位; 3. 现场交叉作业管理缺陷; 4. 安全投入不足		√	√	√	

续上表

分部工程	施工作业内容	典型风险事件	致害物	致险因素				风险事件后果类型				
				人的因素	物的因素	环境因素	管理因素	受伤人员类型		人员伤亡		
								本人	他人	轻伤	重伤	死亡
机电安装工程	监控设施	触电	破损漏电的设备和电线	1. 作业人员未正确使用安全防护用品(绝缘鞋、绝缘手套等); 2. 作业人员操作错误或违章作业(带电检修维护); 3. 管理人员违章指挥、强令冒险作业,电工未持有效证件上岗; 4. 作业人员疲劳作业	1. 现场无警示标识或标识错误或破损(警戒区、标牌、反光锥等); 2. 电线老化、破损,电焊机等设备漏电; 3. 设备接地保护损坏、防雷措施失效; 4. 电线架设不当、拖地、与金属物接触; 5. 手持电动工具无漏洞保护装置; 6. 电器开关无防雨、防潮设施; 7. 安全距离不足	1. 强风、雷雨、大雪等不良天气; 2. 作业场地杂乱、潮湿或积水; 3. 作业场地照明不足	1. 临时用电方案不完善或未落实; 2. 发电机等安全操作规程不规范或未落实; 3. 电气设施材料等未进行进场验收; 4. 电工未对用电设施进行巡查或巡查不到位; 5. 机械设备安全管理制度未落实(发电机、振捣棒等机具检查维护保养不到位); 6. 安全教育、培训、交底、检查制度不完善或未落实; 7. 未实行“一机、一箱、一闸、一漏保”措施; 8. 安全投入不足	√		√	√	√

续上表

分部工程	施工作业内容	典型风险事件	致害物	致险因素				风险事件后果类型				
				人的因素	物的因素	环境因素	管理因素	受伤人员类型		人员伤亡		
								本人	他人	轻伤	重伤	死亡
机电安装工程	监控设施	火灾	作业场所设施、设备、物料等易燃可燃物	1. 作业人员操作错误、违章作业(私拉乱接电线,违规进行动火作业); 2. 管理人员违章指挥,强令冒险作业(违章指挥作业人员进行动火作业); 3. 有违反劳动纪律的行为(吸烟等)	1. 未配置消防器材等防火设施或消防器材等防火设施失效; 2. 易燃材料存放,防火安全距离不足; 3. 现场无警示标识或标识破损(动火作业警戒区、禁火标牌等); 4. 用电设备或电缆漏电、短路引起明火	1. 高温、干燥、大风天气; 2. 作业场地杂乱	1. 消防安全管理制度不完善或未落实(未定期进行消防检查); 2. 未对消防器材等进行进场验收或验收不到位; 3. 安全教育、培训、交底制度不完善或未落实; 4. 材料堆放制度不完善或未落实; 5. 安全投入不足	√	√	√	√	
		高处坠落	无防护的高处作业	1. 管理人员违章指挥,强令冒险作业; 2. 人员身体健康状况异常、心理异常、感知异常(有高血压、恐高症等禁忌症,反应迟钝,辨识错误),作业人员操作错误或违章作业(人员酒后作业); 3. 作业人员未正确使用安全防护用品(安全带、防滑鞋等); 4. 人员疲劳作业	1. 安全防护用品质量不合格,存在缺陷; 2. 现场无警示标识或标识破损; 3. 高处作业场所未设置安全防护等措施(安全绳索); 4. 未设置人员上下安全爬梯或设置不规范	1. 作业环境不佳,场地湿滑、不平; 2. 6级以上大风、雷电、暴雨等恶劣天气; 3. 夜间施工照明不足	1. 安全教育、培训、交底、检查制度不完善或未落实; 2. 职业健康、安全管理制度不完善、未落实(定期体检); 3. 风险辨识、评估不到位; 4. 高处作业安全操作规程不规范或未落实; 5. 安全投入不足	√		√	√	√

续上表

分部工程	施工作业内容	典型风险事件	致害物	致险因素				风险事件后果类型				
				人的因素	物的因素	环境因素	管理因素	受伤人员类型		人员伤亡		
								本人	他人	轻伤	重伤	死亡
机电安装工程	通信设施	物体打击	工器具、零部件	1. 现场作业人员未正确使用安全防护用品(安全帽等); 2. 人员违章进入危险区域; 3. 管理人员违章指挥,强令冒险作业; 4. 作业人员身体健康状况异常、心理异常、感知异常(反应迟钝、辨识错误); 5. 作业人员操作错误,违章作业(违章抛物)	1. 安全防护用品不合格(安全帽等); 2. 现场无警示标识或标识破损(警戒区、标牌、反光锥等); 3. 作业过程中产生的坠落物(飞石、工具、材料等); 4. 材料堆放不合理	1. 强风、暴雨、大雪、大雾等不良天气; 2. 夜间施工照明不足; 3. 作业场地杂乱	1. 安全教育、培训、交底、检查制度不完善或未落实; 2. 安全防护用品等进行进场验收或验收不到位; 3. 现场交叉作业管理缺陷; 4. 安全投入不足		√	√	√	

续上表

分部工程	施工作业内容	典型风险事件	致害物	致险因素				风险事件后果类型				
				人的因素	物的因素	环境因素	管理因素	受伤人员类型		人员伤亡		
								本人	他人	轻伤	重伤	死亡
机电安装工程	通信设施	起重伤害	起重设备、吊起的材料、吊具吊索	1. 人员违章进入危险区域； 2. 管理人员违章指挥，强令冒险作业（无司索信号工或指挥错误）； 3. 起重作业人员、司索信号工未持有效证件上岗； 4. 起重作业人员操作错误，违章作业（酒后作业，支腿未全部打开，支腿未支垫枕木等“十不吊”）； 5. 起重人员身体健康状况异常、心理异常、感知异常（反应迟钝、辨识错误）； 6. 现场作业人员未正确使用安全防护用品（反光背心、安全帽等）； 7. 指挥信号不清、错误	1. 现场无警示标识或标识破损（警戒区、标牌、反光锥等）； 2. 吊索吊具不合格或达到报废标准（钢丝绳、吊带、U形卸扣等）； 3. 支垫材料不合格（枕木、钢板等）； 4. 无防护或防护装置缺陷（防脱钩装置、限位装置等）； 5. 起重机带“病”作业（制动装置等）； 6. 安全防护用品不合格（反光背心、安全帽等）； 7. 构件强度不够	1. 雷雨大风（6级以上）、大雾、高温等恶劣天气； 2. 作业场地不平整、不坚实； 3. 夜间施工照明不足； 4. 噪声、粉尘、有毒气体影响	1. 起重吊装专项施工方案不完善或未落实； 2. 设备设施安全管理制度不完善或未落实（检查维护保养不到位）； 3. 起重吊装安全操作规程不规范或未落实； 4. 安全教育、培训、交底、检查制度不完善或未落实； 5. 未对机械设备、安全防护用品等进行进场验收或验收不到位； 6. 安全投入不足		√	√	√	√

续上表

分部工程	施工作业内容	典型风险事件	致害物	致险因素				风险事件后果类型				
				人的因素	物的因素	环境因素	管理因素	受伤人员类型		人员伤亡		
								本人	他人	轻伤	重伤	死亡
机电安装工程	通信设施	触电	破损漏电的设备和电线	1. 作业人员未正确使用安全防护用品（绝缘鞋、绝缘手套等）； 2. 作业人员操作错误或违章作业（带电检修维护）； 3. 管理人员违章指挥、强令冒险作业，电工未持有效证件上岗； 4. 作业人员疲劳作业	1. 现场无警示标识或标识错误或破损（警戒区、标牌、反光锥等）； 2. 电线老化、破损，电焊机等设备漏电； 3. 设备接地保护损坏、防雷措施失效； 4. 电线架设不当、拖地、与金属物接触； 5. 手持电动工具无漏洞保护装置； 6. 电器开关无防雨、防潮设施； 7. 安全距离不足	1. 强风、雷雨、大雪等不良天气； 2. 作业场地杂乱、潮湿或积水； 3. 作业场地照明不足	1. 临时用电方案不完善或未落实； 2. 发电机等安全操作规程不规范或未落实； 3. 电气设施材料等未进行进场验收； 4. 电工未对用电设施进行巡查或巡查不到位； 5. 机械设备安全管理制度未落实（发电机、振捣棒等机具检查维护保养不到位）； 6. 安全教育、培训、交底、检查制度不完善或未落实； 7. 未实行“一机、一箱、一闸、一漏保”措施； 8. 安全投入不足	√		√	√	√

续上表

分部工程	施工作业内容	典型风险事件	致害物	致险因素				风险事件后果类型				
				人的因素	物的因素	环境因素	管理因素	受伤人员类型		人员伤亡		
								本人	他人	轻伤	重伤	死亡
机电安装工程	通信设施	火灾	作业场所设施、设备、物料等易燃可燃物	1. 作业人员操作错误，违章作业（私拉乱接电线，违规进行动火作业）； 2. 管理人员违章指挥，强令冒险作业（违章指挥作业人员进行动火作业）； 3. 有违反劳动纪律的行为（吸烟等）	1. 未配置消防器材等防火设施或消防器材等防火设施失效； 2. 易燃材料存放，防火安全距离不足； 3. 现场无警示标识或标识破损（动火作业警戒区、禁火标牌等）； 4. 用电设备或电缆漏电、短路引起明火	1. 高温、干燥、大风天气； 2. 作业场地杂乱	1. 消防安全管理制度不完善或未落实（未定期进行消防检查）； 2. 未对消防器材等进行进场验收或验收不到位； 3. 安全教育、培训、交底制度不完善或未落实； 4. 材料堆放制度不完善或未落实； 5. 安全投入不足	√	√	√	√	
		高处坠落	无防护的高处作业	1. 管理人员违章指挥，强令冒险作业； 2. 人员身体健康状况异常、心理异常、感知异常（有高血压、恐高症等禁忌症，反应迟钝，辨识错误），作业人员操作错误或违章作业（人员酒后作业）； 3. 作业人员未正确使用安全防护用品（安全带、防滑鞋等）； 4. 人员疲劳作业	1. 安全防护用品质量不合格，存在缺陷； 2. 现场无警示标识或标识破损； 3. 高处作业场所未设置安全防护等措施（安全绳索）； 4. 未设置人员上下安全爬梯或设置不规范	1. 作业环境不佳，场地湿滑、不平； 2. 6 级以上大风、雷电、暴雨等恶劣天气； 3. 夜间施工照明不足	1. 安全教育、培训、交底、检查制度不完善或未落实； 2. 职业健康、安全管理制度不完善、未落实（定期体检）； 3. 风险辨识、评估不到位； 4. 高处作业安全操作规程不规范或未落实； 5. 安全投入不足	√		√	√	√

续上表

分部工程	施工作业内容	典型风险事件	致害物	致险因素				风险事件后果类型				
				人的因素	物的因素	环境因素	管理因素	受伤人员类型		人员伤亡		
								本人	他人	轻伤	重伤	死亡
机电安装工程	照明设施	物体打击	工器具、零部件	1. 现场作业人员未正确使用安全防护用品（安全帽等）； 2. 人员违章进入危险区域； 3. 管理人员违章指挥，强令冒险作业； 4. 作业人员身体健康状况异常、心理异常、感知异常（反应迟钝、辨识错误）； 5. 作业人员操作错误，违章作业（违章抛物）	1. 安全防护用品不合格（安全帽等）； 2. 现场无警示标识或标识破损（警戒区、标牌、反光锥等）； 3. 作业过程中产生的坠落物（飞石、工具、材料等）； 4. 材料堆放不合理	1. 强风、暴雨、大雪、大雾等不良天气； 2. 夜间施工照明不足； 3. 作业场地杂乱	1. 安全教育、培训、交底、检查制度不完善或未落实； 2. 安全防护用品等进行进场验收或验收不到位； 3. 现场交叉作业管理缺陷； 4. 安全投入不足		√	√	√	

续上表

分部工程	施工作业内容	典型风险事件	致害物	致险因素				风险事件后果类型				
				人的因素	物的因素	环境因素	管理因素	受伤人员类型		人员伤亡		
								本人	他人	轻伤	重伤	死亡
机电安装工程	照明设施	起重伤害	起重设备、吊起的材料、吊具吊索	1. 人员违章进入危险区域； 2. 管理人员违章指挥，强令冒险作业（无司索信号工或指挥错误）； 3. 起重作业人员、司索信号工未持有效证件上岗； 4. 起重作业人员操作错误，违章作业（酒后作业，支腿未全部打开，支腿未支垫枕木等“十不吊”）； 5. 起重人员身体健康状况异常、心理异常、感知异常（反应迟钝、辨识错误）； 6. 现场作业人员未正确使用安全防护用品（反光背心、安全帽等）； 7. 指挥信号不清、错误	1. 现场无警示标识或标识破损（警戒区、标牌、反光锥等）； 2. 吊索吊具不合格或达到报废标准（钢丝绳、吊带、U形卸扣等）； 3. 支垫材料不合格（枕木、钢板等）； 4. 无防护或防护装置缺陷（防脱钩装置、限位装置等）； 5. 起重机带“病”作业（制动装置等）； 6. 安全防护用品不合格（反光背心、安全帽等）； 7. 构件强度不够	1. 雷雨大风（6级以上）、大雾、高温等恶劣天气； 2. 作业场地不平整、不坚实； 3. 夜间施工照明不足； 4. 噪声、粉尘、有毒气体影响	1. 起重吊装专项施工方案不完善或未落实； 2. 设备设施安全管理制度不完善或未落实（检查维护保养不到位）； 3. 起重吊装安全操作规程不规范或未落实； 4. 安全教育、培训、交底、检查制度不完善或未落实； 5. 未对机械设备、安全防护用品等进行进场验收或验收不到位； 6. 安全投入不足		√	√	√	√

续上表

分部工程	施工作业内容	典型风险事件	致害物	致险因素				风险事件后果类型				
				人的因素	物的因素	环境因素	管理因素	受伤人员类型		人员伤亡		
								本人	他人	轻伤	重伤	死亡
机电安装工程	照明设施	触电	破损漏电的设备和电线	1. 作业人员未正确使用安全防护用品(绝缘鞋、绝缘手套等); 2. 作业人员操作错误或违章作业(带电检修维护); 3. 管理人员违章指挥、强令冒险作业,电工未持有效证件上岗; 4. 作业人员疲劳作业	1. 现场无警示标识或标识错误或破损(警戒区、标牌、反光锥等); 2. 电线老化、破损,电焊机等设备漏电; 3. 设备接地保护损坏、防雷措施失效; 4. 电线架设不当、拖地、与金属物接触; 5. 手持电动工具无漏洞保护装置; 6. 电器开关无防雨、防潮设施; 7. 安全距离不足	1. 强风、雷雨、大雪等不良天气; 2. 作业场地杂乱、潮湿或积水; 3. 作业场地照明不足	1. 临时用电方案不完善或未落实; 2. 发电机等安全操作规程不规范或未落实; 3. 电气设施材料等未进行进场验收; 4. 电工未对用电设施进行巡查或巡查不到位; 5. 机械设备安全管理制度未落实(发电机、振捣棒等机具检查维护保养不到位); 6. 安全教育、培训、交底、检查制度不完善或未落实; 7. 未实行“一机、一箱、一闸、一漏保”措施; 8. 安全投入不足	√		√	√	√

续上表

分部工程	施工作业内容	典型风险事件	致害物	致险因素				风险事件后果类型				
				人的因素	物的因素	环境因素	管理因素	受伤人员类型		人员伤亡		
								本人	他人	轻伤	重伤	死亡
机电安装工程	照明设施	火灾	作业场所设施、设备、物料等易燃可燃物	1. 作业人员操作错误,违章作业(私拉乱接电线,违规进行动火作业); 2. 管理人员违章指挥,强令冒险作业(违章指挥作业人员进行动火作业); 3. 有违反劳动纪律的行为(吸烟等)	1. 未配置消防器材等防火设施或消防器材等防火设施失效; 2. 易燃材料存放,防火安全距离不足; 3. 现场无警示标识或标识破损(动火作业警戒区、禁火标牌等); 4. 用电设备或电缆漏电、短路引起明火	1. 高温、干燥、大风天气; 2. 作业场地杂乱	1. 消防安全管理制度不完善或未落实(未定期进行消防检查); 2. 未对消防器材等进行进场验收或验收不到位; 3. 安全教育、培训、交底制度不完善或未落实; 4. 材料堆放制度不完善或未落实; 5. 安全投入不足	√	√	√	√	
		高处坠落	无防护的高处作业	1. 管理人员违章指挥、强令冒险作业; 2. 人员身体健康状况异常、心理异常、感知异常(有高血压、恐高症等禁忌症,反应迟钝,辨识错误),作业人员操作错误或违章作业(人员酒后作业); 3. 作业人员未正确使用安全防护用品(安全带、防滑鞋等); 4. 人员疲劳作业	1. 安全防护用品质量不合格,存在缺陷; 2. 现场无警示标识或标识破损; 3. 高处作业场所未设置安全防护等措施(安全绳索); 4. 未设置人员上下安全爬梯或设置不规范	1. 作业环境不佳,场地湿滑、不平; 2. 6级以上大风、雷电、暴雨等恶劣天气; 3. 夜间施工照明不足	1. 安全教育、培训、交底、检查制度不完善或未落实; 2. 职业健康、安全管理制度不完善、未落实(定期体检); 3. 风险辨识、评估不到位; 4. 高处作业安全操作规程不规范或未落实; 5. 安全投入不足	√		√	√	√

续上表

分部工程	施工作业内容	典型风险事件	致害物	致险因素				风险事件后果类型				
				人的因素	物的因素	环境因素	管理因素	受伤人员类型		人员伤亡		
								本人	他人	轻伤	重伤	死亡
机电安装工程	通风设施	物体打击	工器具、零部件	1. 现场作业人员未正确使用安全防护用品（安全帽等）； 2. 人员违章进入危险区域； 3. 管理人员违章指挥，强令冒险作业； 4. 作业人员身体健康状况异常、心理异常、感知异常（反应迟钝、辨识错误）； 5. 作业人员操作错误，违章作业（违章抛物）	1. 安全防护用品不合格（安全帽等）； 2. 现场无警示标识或标识破损（警戒区、标牌、反光锥等）； 3. 作业过程中产生的坠落物（飞石、工具、材料等）； 4. 材料堆放不合理	1. 强风、暴雨、大雪、大雾等不良天气； 2. 夜间施工照明不足； 3. 作业场地杂乱	1. 安全教育、培训、交底、检查制度不完善或未落实； 2. 安全防护用品等进行进场验收或验收不到位； 3. 现场交叉作业管理缺陷； 4. 安全投入不足		√	√	√	

续上表

分部工程	施工作业内容	典型风险事件	致害物	致险因素				风险事件后果类型				
				人的因素	物的因素	环境因素	管理因素	受伤人员类型		人员伤亡		
								本人	他人	轻伤	重伤	死亡
机电安装工程	通风设施	起重伤害	起重设备、吊起的材料、吊具吊索	1. 人员违章进入危险区域； 2. 管理人员违章指挥，强令冒险作业（无司索信号工或指挥错误）； 3. 起重作业人员、司索信号工未持有效证件上岗； 4. 起重作业人员操作错误，违章作业（酒后作业，支腿未全部打开，支腿未支垫枕木等“十不吊”）； 5. 起重人员身体健康状况异常、心理异常、感知异常（反应迟钝、辨识错误）； 6. 现场作业人员未正确使用安全防护用品（反光背心、安全帽等）； 7. 指挥信号不清、错误	1. 现场无警示标识或标识破损（警戒区、标牌、反光锥等）； 2. 吊索吊具不合格或达到报废标准（钢丝绳、吊带、U形卸扣等）； 3. 支垫材料不合格（枕木、钢板等）； 4. 无防护或防护装置缺陷（防脱钩装置、限位装置等）； 5. 起重机带“病”作业（制动装置等）； 6. 安全防护用品不合格（反光背心、安全帽等）； 7. 构件强度不够	1. 雷雨大风（6级以上）、大雾、高温等恶劣天气； 2. 作业场地不平整、不坚实； 3. 夜间施工照明不足； 4. 噪声、粉尘、有毒气体影响	1. 起重吊装专项施工方案不完善或未落实； 2. 设备设施安全管理制度不完善或未落实（检查维护保养不到位）； 3. 起重吊装安全操作规程不规范或未落实； 4. 安全教育、培训、交底、检查制度不完善或未落实； 5. 未对机械设备、安全防护用品等进行进场验收或验收不到位； 6. 安全投入不足		√	√	√	√

续上表

分部工程	施工作业内容	典型风险事件	致害物	致险因素				风险事件后果类型				
				人的因素	物的因素	环境因素	管理因素	受伤人员类型		人员伤亡		
								本人	他人	轻伤	重伤	死亡
机电安装工程	通风设施	触电	破损漏电的设备和电线	1. 作业人员未正确使用安全防护用品(绝缘鞋、绝缘手套等); 2. 作业人员操作错误或违章作业(带电检修维护); 3. 管理人员违章指挥、强令冒险作业,电工未持有效证件上岗; 4. 作业人员疲劳作业	1. 现场无警示标识或标识错误或破损(警戒区、标牌、反光锥等); 2. 电线老化、破损,电焊机等设备漏电; 3. 设备接地保护损坏、防雷措施失效; 4. 电线架设不当、拖地、与金属物接触; 5. 手持电动工具无漏洞保护装置; 6. 电器开关无防雨、防潮设施; 7. 安全距离不足	1. 强风、雷雨、大雪等不良天气; 2. 作业场地杂乱、潮湿或积水; 3. 作业场地照明不足	1. 临时用电方案不完善或未落实; 2. 发电机等安全操作规程不规范或未落实; 3. 电气设施材料等未进行进场验收; 4. 电工未对用电设施进行巡查或巡查不到位; 5. 机械设备安全管理制度未落实(发电机、振捣棒等机具检查维护保养不到位); 6. 安全教育、培训、交底、检查制度不完善或未落实; 7. 未实行"一机、一箱、一闸、一漏保"措施; 8. 安全投入不足	√		√	√	√

续上表

分部工程	施工作业内容	典型风险事件	致害物	致险因素				风险事件后果类型				
				人的因素	物的因素	环境因素	管理因素	受伤人员类型		人员伤亡		
								本人	他人	轻伤	重伤	死亡
机电安装工程	通风设施	火灾	作业场所设施、设备、物料等易燃可燃物	1. 作业人员操作错误、违章作业(私拉乱接电线,违规进行动火作业); 2. 管理人员违章指挥,强令冒险作业(违章指挥作业人员进行动火作业); 3. 有违反劳动纪律的行为(吸烟等)	1. 未配置消防器材等防火设施或消防器材等防火设施失效; 2. 易燃材料存放,防火安全距离不足; 3. 现场无警示标识或标识破损(动火作业警戒区、禁火标牌等); 4. 用电设备或电缆漏电、短路引起明火	1. 高温、干燥、大风天气; 2. 作业场地杂乱	1. 消防安全管理制度不完善或未落实(未定期进行消防检查); 2. 未对消防器材等进行进场验收或验收不到位; 3. 安全教育、培训、交底制度不完善或未落实; 4. 材料堆放制度不完善或未落实; 5. 安全投入不足	√	√	√	√	
		高处坠落	无防护的高处作业	1. 管理人员违章指挥、强令冒险作业; 2. 人员身体健康状况异常、心理异常、感知异常(有高血压、恐高症等禁忌症,反应迟钝,辨识错误),作业人员操作错误或违章作业(人员酒后作业); 3. 作业人员未正确使用安全防护用品(安全带、防滑鞋等); 4. 人员疲劳作业	1. 安全防护用品质量不合格,存在缺陷; 2. 现场无警示标识或标识破损; 3. 高处作业场所未设置安全防护等措施(安全绳索); 4. 未设置人员上下安全爬梯或设置不规范	1. 作业环境不佳,场地湿滑、不平; 2. 6级以上大风、雷电、暴雨等恶劣天气; 3. 夜间施工照明不足	1. 安全教育、培训、交底、检查制度不完善或未落实; 2. 职业健康、安全管理制度不完善、未落实(定期体检); 3. 风险辨识、评估不到位; 4. 高处作业安全操作规程不规范或未落实; 5. 安全投入不足	√		√	√	√

续上表

分部工程	施工作业内容	典型风险事件	致害物	致险因素				风险事件后果类型				
				人的因素	物的因素	环境因素	管理因素	受伤人员类型		人员伤亡		
								本人	他人	轻伤	重伤	死亡
周边环境迁改	交通管理	车辆伤害	渣土运输车辆及其他车辆等	1.人员违章进入危险区域； 2.管理人员违章指挥，强令冒险作业（进入驾驶人员视野盲区等）； 3.驾驶人员未持有效证件上岗； 4.驾驶人员操作错误，违章作业（违规载人，酒后驾驶，超速、超限、超载作业）； 5.驾驶人员身体健康状况异常、心理异常、感知异常（反应迟钝、辨识错误）； 6.驾驶人员疲劳作业； 7.现场作业人员未正确使用安全防护用品（反光背心、安全帽等）	1.现场无警示标识或标识破损（警戒区、标牌、反光锥、反光贴等）； 2.车辆带“病”作业（制动装置、喇叭、后视镜、警示灯等设施有缺陷）； 3.车辆作业安全距离不足； 4.安全防护用品不合格（反光背心、安全帽等）； 5.洒水降尘设备故障或未使用； 6.安全防护装置不可靠	1.强风、暴雨、大雪、大雾等不良天气； 2.作业场地狭窄、不平整、道路湿滑； 3.夜间施工照明不足； 4.工作面扬尘，能见度低	1.未对车辆设备、安全防护用品等进行进场验收或验收不到位； 2.车辆安全管理制度不完善或未落实（检查维护保养不到位）； 3.安全操作规程不规范或未落实（作业前未对车辆周围环境进行检查）； 4.安全教育、培训、交底、检查制度不完善或未落实； 5.职业健康管理制度不完善或未落实； 6.洒水降尘制度未完善或未落实； 7.安全投入不足		√	√	√	

续上表

分部工程	施工作业内容	典型风险事件	致害物	致险因素				风险事件后果类型				
				人的因素	物的因素	环境因素	管理因素	受伤人员类型		人员伤亡		
								本人	他人	轻伤	重伤	死亡
周边环境迁改	道路改移	车辆伤害	渣土运输车辆及其他车辆等	1. 人员违章进入危险区域； 2. 管理人员违章指挥，强令冒险作业（进入驾驶人员视野盲区等）； 3. 驾驶人员未持有效证件上岗； 4. 驾驶人员操作错误，违章作业（违规载人，酒后驾驶，超速、超限、超载作业）； 5. 驾驶人员身体健康状况异常、心理异常、感知异常（反应迟钝、辨识错误）； 6. 驾驶人员疲劳作业； 7. 现场作业人员未正确使用安全防护用品（反光背心、安全帽等）	1. 现场无警示标识或标识破损（警戒区、标牌、反光锥、反光贴等）； 2. 车辆带“病”作业（制动装置、喇叭、后视镜、警示灯等设施有缺陷）； 3. 车辆作业安全距离不足； 4. 安全防护用品不合格（反光背心、安全帽等）； 5. 洒水降尘设备故障或未使用； 6. 安全防护装置不可靠	1. 强风、暴雨、大雪、大雾等不良天气； 2. 作业场地狭窄、不平整、道路湿滑； 3. 夜间施工照明不足； 4. 工作面扬尘，能见度低	1. 未对车辆设备、安全防护用品等进行进场验收或验收不到位； 2. 车辆安全管理制度不完善或未落实（检查维护保养不到位）； 3. 安全操作规程不规范或未落实（作业前未对车辆周围环境进行检查）； 4. 安全教育、培训、交底、检查制度不完善或未落实； 5. 职业健康管理制度不完善或未落实； 6. 洒水降尘制度未完善或未落实； 7. 安全投入不足		√	√	√	

续上表

分部工程	施工作业内容	典型风险事件	致害物	致险因素				风险事件后果类型				
				人的因素	物的因素	环境因素	管理因素	受伤人员类型		人员伤亡		
								本人	他人	轻伤	重伤	死亡
周边环境迁改	道路改移	机械伤害	挖掘机、装载机、小型施工设备等机械设备	1. 人员违章进入危险区域（机械作业半径等）； 2. 管理人员违章指挥，强令冒险作业（机械作业半径等）； 3. 机械操作人员未持有效证件上岗； 4. 机械操作人员操作错误，违章作业（违规载人、酒后作业）； 5. 操作人员身体健康状况异常、心理异常、感知异常（反应迟钝、辨识错误）； 6. 现场作业人员未正确使用安全防护用品（反光背心、安全帽等）； 7. 机械操作人员疲劳作业	1. 现场无警示标识或标识破损（警戒区、标牌、反光贴等）； 2. 设备设施安全作业距离不足； 3. 设备带“病”作业（设备设施制动装置失效、运动或转动装置无防护或防护装置有缺陷等）； 4. 安全防护用品不合格（反光背心、安全帽、护目镜等）	1. 强风、暴雨、大雪、大雾等不良天气； 2. 作业场地狭窄、不平整、道路湿滑； 3. 夜间施工照明不足	1. 机械设备安全管理制度不完善或未落实（检查维护保养不到位）； 2. 未对机械设备、安全防护用品等进行进场验收或验收不到位； 3. 安全教育、培训、交底、检查制度不完善或未落实； 4. 机械设备安全操作规程不规范或未落实； 5. 安全投入不足	√	√	√	√	

续上表

分部工程	施工作业内容	典型风险事件	致害物	致险因素				风险事件后果类型				
				人的因素	物的因素	环境因素	管理因素	受伤人员类型		人员伤亡		
								本人	他人	轻伤	重伤	死亡
周边环境迁改	改河	车辆伤害	渣土运输车辆及其他运输车辆等	1. 人员违章进入危险区域； 2. 管理人员违章指挥，强令冒险作业（进入驾驶人员视野盲区等）； 3. 驾驶人员未持有效证件上岗； 4. 驾驶人员操作错误，违章作业（违规载人，酒后驾驶，超速、超限、超载作业）； 5. 驾驶人员身体健康状况异常、心理异常、感知异常（反应迟钝、辨识错误）； 6. 驾驶人员疲劳作业； 7. 现场作业人员未正确使用安全防护用品（反光背心、安全帽等）	1. 现场无警示标识或标识破损（警戒区、标牌、反光锥、反光贴等）； 2. 车辆带“病”作业（制动装置、喇叭、后视镜、警示灯等设施有缺陷）； 3. 车辆作业安全距离不足； 4. 安全防护用品不合格（反光背心、安全帽等）； 5. 洒水降尘设备故障或未使用； 6. 安全防护装置不可靠	1. 强风、暴雨、大雪、大雾等不良天气； 2. 作业场地狭窄、不平整、道路湿滑； 3. 夜间施工照明不足； 4. 工作面扬尘，能见度低	1. 未对车辆设备、安全防护用品等进行进场验收或验收不到位； 2. 车辆安全管理制度不完善或未落实（检查维护保养不到位）； 3. 安全操作规程不规范或未落实（作业前未对车辆周围环境进行检查）； 4. 安全教育、培训、交底、检查制度不完善或未落实； 5. 职业健康管理制度不完善或未落实； 6. 洒水降尘制度未完善或未落实； 7. 安全投入不足		√	√	√	

续上表

分部工程	施工作业内容	典型风险事件	致害物	致险因素				风险事件后果类型				
				人的因素	物的因素	环境因素	管理因素	受伤人员类型		人员伤亡		
								本人	他人	轻伤	重伤	死亡
周边环境迁改	改河	机械伤害	挖掘机、装载机、小型施工设备等机械设备	1. 人员违章进入危险区域（机械作业半径等）； 2. 管理人员违章指挥，强令冒险作业（机械作业半径等）； 3. 机械操作人员未持有效证件上岗； 4. 机械操作人员操作错误，违章作业（违规载人、酒后作业）； 5. 操作人员身体健康状况异常、心理异常、感知异常（反应迟钝、辨识错误）； 6. 现场作业人员未正确使用安全防护用品（反光背心、安全帽等）； 7. 机械操作人员疲劳作业	1. 现场无警示标识或标识破损（警戒区、标牌、反光贴等）； 2. 设备设施安全作业距离不足； 3. 设备带“病”作业（设备设施制动装置失效、运动或转动装置无防护或防护装置有缺陷等）； 4. 安全防护用品不合格（反光背心、安全帽、护目镜等）	1. 强风、暴雨、大雪、大雾等不良天气； 2. 作业场地狭窄、不平整、道路湿滑； 3. 夜间施工照明不足	1. 机械设备安全管理制度不完善或未落实（检查维护保养不到位）； 2. 未对机械设备、安全防护用品等进行进场验收或验收不到位； 3. 安全教育、培训、交底、检查制度不完善或未落实； 4. 机械设备安全操作规程不规范或未落实； 5. 安全投入不足	√	√	√	√	

续上表

分部工程	施工作业内容	典型风险事件	致害物	致险因素				风险事件后果类型				
				人的因素	物的因素	环境因素	管理因素	受伤人员类型		人员伤亡		
								本人	他人	轻伤	重伤	死亡
周边环境迁改	管线改移	车辆伤害	渣土运输车辆及其他运输车辆等	1. 人员违章进入危险区域； 2. 管理人员违章指挥，强令冒险作业（进入驾驶人员视野盲区等）； 3. 驾驶人员未持有效证件上岗； 4. 驾驶人员操作错误，违章作业（违规载人，酒后驾驶，超速、超限、超载作业）； 5. 驾驶人员身体健康状况异常、心理异常、感知异常（反应迟钝、辨识错误）； 6. 驾驶人员疲劳作业； 7. 现场作业人员未正确使用安全防护用品（反光背心、安全帽等）	1. 现场无警示标识或标识破损（警戒区、标牌、反光锥、反光贴等）； 2. 车辆带“病”作业（制动装置、喇叭、后视镜、警示灯等设施有缺陷）； 3. 车辆作业安全距离不足； 4. 安全防护用品不合格（反光背心、安全帽等）； 5. 洒水降尘设备故障或未使用； 6. 安全防护装置不可靠	1. 强风、暴雨、大雪、大雾等不良天气； 2. 作业场地狭窄、不平整、道路湿滑； 3. 夜间施工照明不足； 4. 工作面扬尘，能见度低	1. 未对车辆设备、安全防护用品等进行进场验收或验收不到位； 2. 车辆安全管理制度不完善或未落实（检查维护保养不到位）； 3. 安全操作规程不规范或未落实（作业前未对车辆周围环境进行检查）； 4. 安全教育、培训、交底、检查制度不完善或未落实； 5. 职业健康管理制度不完善或未落实； 6. 洒水降尘制度未完善或未落实； 7. 安全投入不足		√	√	√	

续上表

分部工程	施工作业内容	典型风险事件	致害物	致险因素				风险事件后果类型				
				人的因素	物的因素	环境因素	管理因素	受伤人员类型		人员伤亡		
								本人	他人	轻伤	重伤	死亡
周边环境迁改	管线改移	机械伤害	挖掘机、装载机、小型施工设备等机械设备	1. 人员违章进入危险区域（机械作业半径等）； 2. 管理人员违章指挥，强令冒险作业（机械作业半径等）； 3. 机械操作人员未持有效证件上岗； 4. 机械操作人员操作错误，违章作业（违规载人、酒后作业）； 5. 操作人员身体健康状况异常、心理异常、感知异常（反应迟钝、辨识错误）； 6. 现场作业人员未正确使用安全防护用品（反光背心、安全帽等）； 7. 机械操作人员疲劳作业	1. 现场无警示标识或标识破损（警戒区、标牌、反光贴等）； 2. 设备设施安全作业距离不足； 3. 设备带“病”作业（设备设施制动装置失效、运动或转动装置无防护或防护装置有缺陷等）； 4. 安全防护用品不合格（反光背心、安全帽、护目镜等）	1. 强风、暴雨、大雪、大雾等不良天气； 2. 作业场地狭窄、不平整、道路湿滑； 3. 夜间施工照明不足	1. 机械设备安全管理制度不完善或未落实（检查维护保养不到位）； 2. 未对机械设备、安全防护用品等进行进场验收或验收不到位； 3. 安全教育、培训、交底、检查制度不完善或未落实； 4. 机械设备安全操作规程不规范或未落实； 5. 安全投入不足	√	√	√	√	

续上表

分部工程	施工作业内容	典型风险事件	致害物	致险因素				风险事件后果类型				
				人的因素	物的因素	环境因素	管理因素	受伤人员类型		人员伤亡		
								本人	他人	轻伤	重伤	死亡
周边环境迁改	管线改移	起重伤害	起重设备、吊起的材料、吊具吊索	1. 人员违章进入危险区域； 2. 管理人员违章指挥，强令冒险作业（无司索信号工或指挥错误）； 3. 起重作业人员、司索信号工未持有效证件上岗； 4. 起重作业人员操作错误，违章作业（酒后作业，支腿未全部打开，支腿未支垫枕木等“十不吊”）； 5. 起重人员身体健康状况异常、心理异常、感知异常（反应迟钝、辨识错误）； 6. 现场作业人员未正确使用安全防护用品（反光背心、安全帽等）； 7. 指挥信号不清、错误	1. 现场无警示标识或标识破损（警戒区、标牌、反光锥等）； 2. 吊索吊具不合格或达到报废标准（钢丝绳、吊带、U 形卸扣等）； 3. 支垫材料不合格（枕木、钢板等）； 4. 无防护或防护装置缺陷（防脱钩装置、限位装置等）； 5. 起重机带“病”作业（制动装置等）； 6. 安全防护用品不合格（反光背心、安全帽等）； 7. 构件强度不够	1. 雷雨大风（6 级以上）、大雾、高温等恶劣天气； 2. 作业场地不平整、不坚实； 3. 夜间施工照明不足； 4. 噪声、粉尘、有毒气体影响	1. 起重吊装专项施工方案不完善或未落实； 2. 设备设施安全管理制度不完善或未落实（检查维护保养不到位）； 3. 起重吊装安全操作规程不规范或未落实； 4. 安全教育、培训、交底、检查制度不完善或未落实； 5. 未对机械设备、安全防护用品等进行进场验收或验收不到位； 6. 安全投入不足		√	√	√	√

续上表

<table>
<tr><th rowspan="3">分部工程</th><th rowspan="3">施工作业内容</th><th rowspan="3">典型风险事件</th><th rowspan="3">致害物</th><th colspan="4">致险因素</th><th colspan="5">风险事件后果类型</th></tr>
<tr><th rowspan="2">人的因素</th><th rowspan="2">物的因素</th><th rowspan="2">环境因素</th><th rowspan="2">管理因素</th><th colspan="2">受伤人员类型</th><th colspan="3">人员伤亡</th></tr>
<tr><th>本人</th><th>他人</th><th>轻伤</th><th>重伤</th><th>死亡</th></tr>
<tr><td>周边环境迁改</td><td>影响施工构筑物的拆除</td><td>车辆伤害</td><td>渣土运输车辆及其他运输车辆等</td><td>1. 人员违章进入危险区域;
2. 管理人员违章指挥,强令冒险作业(进入驾驶人员视野盲区等);
3. 驾驶人员未持有效证件上岗;
4. 驾驶人员操作错误,违章作业(违规载人,酒后驾驶,超速、超限、超载作业);
5. 驾驶人员身体健康状况异常、心理异常、感知异常(反应迟钝、辨识错误);
6. 驾驶人员疲劳作业;
7. 现场作业人员未正确使用安全防护用品(反光背心、安全帽等)</td><td>1. 现场无警示标识或标识破损(警戒区、标牌、反光锥、反光贴等);
2. 车辆带“病”作业(制动装置、喇叭、后视镜、警示灯等设施有缺陷);
3. 车辆作业安全距离不足;
4. 安全防护用品不合格(反光背心、安全帽等);
5. 洒水降尘设备故障或未使用;
6. 安全防护装置不可靠</td><td>1. 强风、暴雨、大雪、大雾等不良天气;
2. 作业场地狭窄、不平整、道路湿滑;
3. 夜间施工照明不足;
4. 工作面扬尘,能见度低</td><td>1. 未对车辆设备、安全防护用品等进行进场验收或验收不到位;
2. 车辆安全管理制度不完善或未落实(检查维护保养不到位);
3. 安全操作规程不规范或未落实(作业前未对车辆周围环境进行检查);
4. 安全教育、培训、交底、检查制度不完善或未落实;
5. 职业健康管理制度不完善或未落实;
6. 洒水降尘制度未完善或未落实;
7. 安全投入不足</td><td></td><td>√</td><td>√</td><td>√</td><td></td></tr>
</table>

续上表

分部工程	施工作业内容	典型风险事件	致害物	致险因素				风险事件后果类型				
				人的因素	物的因素	环境因素	管理因素	受伤人员类型		人员伤亡		
								本人	他人	轻伤	重伤	死亡
周边环境迁改	影响施工构筑物的拆除	机械伤害	挖掘机、装载机、小型施工设备等机械设备	1. 人员违章进入危险区域（机械作业半径等）； 2. 管理人员违章指挥，强令冒险作业（机械作业半径等）； 3. 机械操作人员未持有效证件上岗； 4. 机械操作人员操作错误，违章作业（违规载人、酒后作业）； 5. 操作人员身体健康状况异常、心理异常、感知异常（反应迟钝、辨识错误）； 6. 现场作业人员未正确使用安全防护用品（反光背心、安全帽等）； 7. 机械操作人员疲劳作业	1. 现场无警示标识或标识破损（警戒区、标牌、反光贴等）； 2. 设备设施安全作业距离不足； 3. 设备带“病”作业（设备设施制动装置失效、运动或转动装置无防护或防护装置有缺陷等）； 4. 安全防护用品不合格（反光背心、安全帽、护目镜等）	1. 强风、暴雨、大雪、大雾等不良天气； 2. 作业场地狭窄、不平整、道路湿滑； 3. 夜间施工照明不足	1. 机械设备安全管理制度不完善或未落实（检查维护保养不到位）； 2. 未对机械设备、安全防护用品等进行进场验收或验收不到位； 3. 安全教育、培训、交底、检查制度不完善或未落实； 4. 机械设备安全操作规程不规范或未落实； 5. 安全投入不足	√	√	√	√	

续上表

分部工程	施工作业内容	典型风险事件	致害物	致险因素				风险事件后果类型				
				人的因素	物的因素	环境因素	管理因素	受伤人员类型		人员伤亡		
								本人	他人	轻伤	重伤	死亡
周边环境迁改	影响施工构筑物的拆除	坍塌	不稳定土体、砌体、结构物等	1. 管理人员违章指挥，强令冒险作业（防护、放坡不及时）； 2. 人员心理异常（冒险侥幸心理）； 3. 作业人员操作错误； 4. 有违章作业、违反劳动纪律的行为（管理人员脱岗）	1. 无警示信号或信号不清（紧急撤离信号）； 2. 现场无警示标识或标识破损（警戒区、标牌、反光锥等）； 3. 截排水设施不完善； 4. 防护形式错或防护材料不合格（材料强度不足等）； 5. 基坑边沿停放重型机械或堆放渣土； 6. 监控监测设备缺失或失效	1. 存在滑坡、偏压、顺层、富水等不良地质； 2. 强风、暴雨、大雪等不良天气	1. 施工方案不完善或未落实（掏底开挖或上下重叠开挖，开挖完后未及时施工防护及排水）； 2. 安全教育、培训、交底、检查制度不完善或未落实； 3. 监测方案不完善或未落实，未及时有效地对监测数据进行分析判断； 4. 第三方检测单位无资质或资质不满足； 5. 安全投入不足	√	√	√	√	√

第六章　隧道工程常见重大作业活动清单

表 6-1 列出了隧道工程常见重大作业活动清单。

隧道工程常见重大作业活动清单　　表 6-1

工程类别	工 程 类 型	常见重大作业活动
隧道工程	基坑开挖、支护、降水工程	1. 开挖深度不小于 3m 的基坑(槽)开挖、支护、降水工程。 2. 深度小于 3m 但地质条件和周边环境复杂的基坑(槽)开挖、支护、降水工程
	基础工程	1. 桩基础。 2. 挡土墙基础
	大型临时工程	1. 围堰工程。 2. 各类工具式模板工程。 3. 支架高度不小于 5m,跨度不小于 10m,施工总荷载不小于 10kN/m^2,集中线荷载不小于 15kN/m。 4. 搭设高度 24m 及以上的落地式钢管脚手架工程;附着式整体和分片提升脚手架工程;悬挑式脚手架工程;吊篮脚手架工程;自制卸料平台、移动操作平台工程;新型及异型脚手架工程。 5. 便桥、临时码头。 6. 水上作业平台
	隧道工程	1. 不良地质隧道。 2. 特殊地质隧道。 3. 浅埋偏压及邻近建筑物等特殊环境条件隧道。 4. Ⅳ级及以上软弱围岩地段的大跨度隧道。 5. 小净距隧道。 6. 山岭隧道机械开挖。 7. 瓦斯隧道。 8. 水下隧道。 9. 盾构始发、接收。 10. 盾构设备安装、拆卸
	起重吊装工程	1. 采用非常规起重设备、方法,且单件起吊重量在 10kN 及以上的起重吊装工程。 2. 采用起重机械进行安装的工程。 3. 起重机械设备自身的安装、拆卸
	拆除、爆破工程	1. 隧道拆除工程。 2. 爆破工程

第七章　隧道工程常见重大作业活动管控措施建议

表 7-1 列出了隧道工程(通用部分)常见重大作业活动管控措施建议。表 7-2 给出了隧道工程(专用部分)常见重大作业活动管控措施建议。

隧道工程(通用部分)常见重大作业活动管控措施建议　　表 7-1

常见重大作业活动	风险管控措施
通用部分	1. 建立健全安全保证体系和相关文明施工安全保障制度。 2. 编制专项施工方案,组织专家对重大风险源进行评估、对方案进行论证;方案需审批合格后方可施工。 3. 做好必要的地下设施(电缆、通信线路、天然气管道)、周边环境、地质、水文等调查工作,根据现场实际情况和设计要求编制详细的施工方案。如遇地质、水文等情况与勘测设计资料不符的,及时联系相关单位。必要时对专项方案进行修改,修改后的专项施工方案需重新审核和论证。 4. 做好进场作业人员安全教育培训;组织不同层级的专项安全技术交底并开展重大致险因素与管控方案告知。 5. 编制有针对性的作业指导书。 6. 工程开工前完成分部分项开工安全条件自查及核查。 7. 结合危大工程专项施工方案有针对性地实施专项巡视检查。 8. 委托具有相应勘察资质的单位进行监测,监测单位编制监测方案,按照监测方案开展监测,及时报送监测成果,并对监测成果负责;发现异常时,及时向相关单位报告,以便相关单位采取处置措施。 9. 向作业人员发放合格的安全防护用品。 10. 加强机械设备管理,对进场设备进行验收,确保性能完好,对进场机械设备资料、操作人员证件进行审核,合格后方可进场使用。起重机械吊装作业严格遵守“十不吊”作业原则。定期对机械设备进行维修保养。 11. 特殊工种、设备操作人员必须经专门安全技术培训,考试合格持证上岗,并定期体检;对持证人员进行核验,确保人证相符。 12. 严格按照批复的临时用电施工组织设计进行用电布设,并做好电器设备的保护接零。 13. 编制专项应急预案,完善应急措施,储备应急物资及设备,开展应急队伍培训,适时组织应急演练工作。 14. 发生险情或者事故时,立即采取应急处置措施,并报告工程所在地主管部门,根据应急预案开展应急抢险工作

隧道工程(专用部分)常见重大作业活动管控措施建议　　表 7-2

常见重大作业活动		风险管控措施
基坑开挖、支护、降水工程	1. 开挖深度不小于 3m 的基坑(槽)开挖、支护、降水工程。 2. 深度小于 3m 但地质条件和周边环境复杂的基坑(槽)开挖、支护、降水工程	1. 准确合理划分施工区段,施工过程中严格按施工技术要求的顺序及坡度进行开挖(填筑),分层设置边坡防护措施,尽量减少交叉作业面,严禁上下垂直作业。 2. 对开挖工程进行施工监测和安全巡视,发现危及人身安全的紧急情况,立即组织作业人员撤离危险区域。 3. 制定边坡稳定性观测方案,加强监测、监控,发现异常现象时及时组织人员,安排设备撤离到安全地段,待采取措施确认安全后,方可恢复施工。 4. 合理安排施工计划,开挖进度与防渗、排水施工进度相匹配。 5. 对配电箱进行防雨保护,在施工现场合适部位张贴或悬挂"当心触电""注意安全"等安全警示标志。 6. 及时进行边坡防渗体施工,施工过程中按技术质量工艺要求,确保防渗体施工质量。遇到渗水情况时,提高警惕,做好截渗工作,以免其发展造成边坡坍塌。 7. 开挖中,出现边坡顶部地表裂缝、坡面坍塌时,必须立即停止施工,人员撤离危险区,待采取措施确认安全后,方可恢复施工。 8. 拆除固壁支撑时,按回填顺序,自下而上逐步进行。 9. 夜间施工场所设置足够的照明。 10. 坡顶严禁堆载及设置通行道路,基坑边缘按要求设置围挡。 11. 堆土(渣)场选址规划需合理,堆土(渣)高度、排水设施满足要求。 12. 现场有专职安全人员巡回检查,并设置明显标志及警示标牌。 13. 如需交通疏解,需编制交通疏解方案,并按照方案进行交通组织。 14. 需爆破作业的,按规定办理爆破作业合同备案或项目许可等手续,爆破作业及民用爆炸物品采购、运输、储存管理、使用需符合规定要求
基础工程	桩基础	1. 做好钻孔灌注桩施工平台验收,未按方案施作平台严禁开始作业。 2. 做好钻机设备进场前后的检查验收,预防和杜绝不符合安全作业条件的设备进场作业,严禁设备带病运转。 3. 做好泥浆池等临边防护工作,挂设或粘贴相关安全警示标志标识。 4. 在作业过程中,安排专人进行指挥作业。 5. 对配电箱进行防雨保护,在施工现场合适部位张贴或悬挂"当心触电""注意安全"等安全警示标志。 6. 进行电焊、气焊等具有火灾危险作业的特种作业人员必须持证上岗,严格执行动火审批和"十不烧"的规定。 7. 进行安全巡视,发现危及人身安全的紧急情况,立即组织作业人员撤离危险区域。 8. 现场有专职安全人员巡回检查,并设置明显标志及警示标牌。 9. 夜间施工场所设置足够的照明

续上表

常见重大作业活动		风险管控措施
基础工程	挡土墙基础	1. 准确合理安排工作面长度，逐层自下而上分层砌筑，下层砂浆强度为达到设计要求前，不得进行上层砌筑作业。 2. 砌筑作业时超过 2m 时，搭设脚手架，脚手架设置符合相关规范规定。工人在高处作业需挂安全带，在施工现场必须配戴安全帽。 3. 砌筑作业时，脚手架下不得有人操作及停留，不得重叠作业。对脚手架支护情况进行检查及维护，发现异常及时处理，严禁利用作业平台挂装起重设施。 4. 不得自上而下顺坡卸落、抛掷砌筑材料。高处运送材料宜用专用提升设备。 5. 坡顶严禁堆载及设置通行道路，基坑边缘按要求设置围挡。 6. 制定被支护体观测方案，加强监测、监控，发现有异常现象时停止施工，人员撤离危险区，待采取措施确认安全后，方可恢复施工。 7. 回填作业在墙身强度达到设计强度的 75% 以后实施，墙背 1.0m 范围以内，采用小型压实机具夯实。 8. 进行施工监测和安全巡视，发现危及人身安全的紧急情况，立即组织作业人员撤离危险区域。 9. 夜间施工场所设置足够的照明。 10. 现场设置警戒区以及警示标志标牌
大型临时工程	围堰工程	1. 在施工前结合实际地形、地质和水流条件，尽可能完善围堰施工方案及安全方案，并按规定做好相应的施工交底与安全交底。 2. 加强设备管理，对进场设备进行验收，确保性能完好，对进场设备资料、操作人员证件进行审核，合格后方可进场使用。 3. 准确合理安排工作面长度、高度，施工过程中严格按施工技术要求进行围堰填筑的质量管理。 4. 对围堰工程进行施工监测和安全巡视，发现危及人身安全的紧急情况，立即组织作业人员撤离危险区域。 5. 制定围堰稳定性观测方案，加强监测、监控，发现有异常现象时及时组织人员，安排设备撤离到安全地段，待采取措施确认安全后，方可恢复施工。 6. 施工现场附近有电力架空线时，设专人监护。 7. 土层中有水时，在开挖前进行降排水，实施干场作业。 8. 人工作业在挖掘机停止运转，且挖掘机指挥人员同意后进行，严禁在机械回转范围内作业。 9. 及时进行围堰防渗体施工，施工过程中按技术质量工艺要求，确保防渗体施工质量。 10. 围堰范围内遇到渗水情况时，需提高警惕，做好截渗工作，以免其发展成涌水事故。

续上表

<table>
<tr><th colspan="2">常见重大作业活动</th><th>风险管控措施</th></tr>
<tr><td rowspan="2">大型临时工程</td><td>围堰工程</td><td>11. 加强监控,发现有涌水现象时及时组织人员,安排设备撤离到安全地段,待采取措施确认安全后,方可恢复施工。
12. 汛期或洪水期间,要安排专人 24h 巡查,防止围堰在高水位浸润情况下出现渗漏、管涌甚至坍塌。一旦出现险情,立即采取抢险措施,并撤离人员和设备。
13. 洪水过后施工应及时检查围堰情况,如有渗漏加大、局部坍塌的情况,立即加固处理。
14. 汛期围堰过水前必须采取预充水方案,同时加强对围堰过水工况的监测,围堰过水后及时检查围堰冲刷损坏情况,在确保围堰结构安全情况下,方可降低堰内水位。
15. 限制重载车辆行驶,现场设置警示标牌。
16. 制定季节性施工措施。
17. 做好边坡防渗及边坡防护</td></tr>
<tr><td>各类工具式模板工程</td><td>1. 脚手架搭设人员、高处作业人员必须持有主管部门颁发的特种作业证,并定期体检;施工对持证人员进行核验,确保人证相符。
2. 加强设备管理,对进场设备进行验收,确保性能完好,对进场设备资料、操作人员证件进行审核,合格后方可进场使用。
3. 提供钢管、扣件等质量合格证、质量检验合格证等材料。
4. 对进场钢管、扣件等进行抽检。
5. 组织分部分项开工安全条件自查,组织开工安全生产条件核查。
6. 支撑系统地基坚固稳定,经承载力验算合格,并设置排水沟;支撑立杆底部加设满足支撑承载力要求的垫板。
7. 严格按专项方案中明确的施工技术要求进行搭设,规范设置扫地杆、剪刀撑、连墙件、脚手板等,同步做好上下人行通道、外侧防护、临边防护措施。
8. 对脚手架搭设进行安全检查和领导带班巡视,模板作业时,指定专人指挥、监护,发现未按方案施工或危及人身安全的紧急情况,立即整改或组织作业人员撤离危险区域。
9. 堆放模板时,严格控制数量、重量,防止超载。堆放数量较多时,进行荷载计算,并对模板进行加固。
10. 模板拆除时,将已活动的模板、拉杆、支撑等固定牢固,严防突然掉落、倒塌伤人。
11. 大雨、大雪、大雾及风力 6 级以上(含 6 级)等恶劣天气严禁搭设脚手架;大雨、大雪、大雾及风力 5 级以上(含 5 级)等恶劣天气,严禁大模板吊装作业。严禁在带电的高压线下或一侧作业。
12. 现场设置警戒区以及警示标志标牌</td></tr>
</table>

续上表

常见重大作业活动		风险管控措施
大型临时工程	支架高度不小于5m,跨度不小于10m,施工总荷载不小于10kN/m^2,集中线荷载不小于15kN/m	1. 委托符合要求的第三方检测机构对原材料、配合比进行检验、设计,监理平行检验,保证混凝土符合要求。 2. 立柱模板与支架之间保证独立支撑体系,避免支架上动荷载影响模板定位。 3. 模板顶端支架及施工现场周围进行周边安全防护,及时更换不符合要求的安全防护。 4. 在施工方案中明确大风、暴雨、低温等恶劣天气时混凝土保温、保湿等应对措施。 5. 方案中明确要求设置必要的照明设施和上下安全通道。 6. 在审批安全措施费前对现场安全投入情况提前检查并组织相关方进场、投入验收。 7. 墩柱、墩身钢模板进场后进行检验,对模板拼接、固定部位进行重点检验。对模板拼接螺栓的数量、尺寸等进行安全验算。模板、支架材料达到相关规范要求。 8. 混凝土坍落度在满足设计强度要求和施工便利的前提下,不宜过大,否则,易造成立柱下部混凝土压强过大,危及墩身、墩柱模板安全。 9. 大雨、大雪、大雾及风力6级以上(含6级)等恶劣天气,严禁进行脚手架搭设、模板吊装等作业。 10. 脚手架工程或附着式升降操作平台施工完成后,组织相关人员验收。验收合格的,经项目技术负责人及总监理工程师签字确认后,方可进入下一道工序
	搭设高度24m及以上的落地式钢管脚手架工程;附着式整体和分片提升脚手架工程;悬挑式脚手架工程;吊篮脚手架工程;自制卸料平台、移动操作平台工程;新型及异型脚手架工程	1. 脚手架搭设人员必须持有主管部门颁发的特种作业证,并定期体检;施工对持证人员进行核验,确保人证相符。 2. 加强设备管理,对进场设备进行验收,确保性能完好,对进场设备资料、操作人员证件进行审核,合格后方可进场使用。 3. 提供钢管、扣件等质量合格证、质量检验合格证等材料。 4. 对进场钢管、扣件等进行抽检。 5. 落地式脚手架地基坚固稳定,经承载力验算合格,并设置排水沟。 6. 严格按专项方案中明确的施工技术要求进行搭设,规范设置扫地杆、剪刀撑、连墙件、脚手板等,同步做好上下人行通道、外侧防护、临边防护措施。 7. 对脚手架搭设进行安全检查和领导带班巡视,发现未按方案施工或危及人身安全的紧急情况,立即整改或组织作业人员撤离危险区域。 8. 结合专项施工方案编制有针对性的监理实施细则,并对施工实施专项巡视检查。 9. 合理安排施工计划。 10. 现场设置警示标志标牌。 11. 施工现场附近有电力架空线时,设专人监护。 12. 大雨、大雪、大雾及风力6级以上(含6级)等恶劣天气,严禁进行脚手架搭设作业。 13. 脚手架工程或附着式升降操作平台施工完成后,组织相关人员进行验收。验收合格的,经项目技术负责人及总监理工程师签字确认后,方可进入下一道工序

续上表

常见重大作业活动		风险管控措施
大型临时工程	便桥、临时码头	1. 遇地质、水文周边环境变化等情况与勘测、设计资料不符的，及时联系建设、设计、勘察单位，必要时对专项方案进行修改，修改后的专项施工方案重新审核和论证。 2. 跨桥、路、航道时满足跨线施工安全相关要求。 3. 对施工过程进行安全管控，发现危及人身安全的紧急情况，立即组织作业人员撤离危险区域。 4. 结合专项施工方案编制有针对性的监理实施细则，并对实施过程进行专项巡视检查。 5. 核查办理水上水下施工作业许可证、航行公告等相关手续办理情况。 6. 施工过程中，根据需要禁航或者设置指定航道通行的指示标志及航标，夜间设警示灯并用灯光标示便桥轮廓和通航孔。 7. 便桥桥头设置超速、超载等安全警示标牌标志，桥头高填土地段设置防护栏杆，桥面设防滑标志和防滑措施，侧面采用钢丝网防护。 8. 平台便桥安、拆顺序必须严格按已验算审核通过的设计方案执行，不得随意更改。 9. 钢管桩的堆放和吊运，严格按照施工方案执行，吊点位置确保在设计计算范围内。 10. 在作业过程中，安排专人进行指挥作业。 11. 安装过程必须配备经验丰富的起重机操作人员，起重机吨位必须满足安装过程使用要求；安装钢管桩及冲孔时，必须定期认真检查钢丝绳、吊钩，如有损坏立即更换。 12. 规范临时用电，严格按照“一机一闸一漏保”规范取用电。 13. 平台便桥架设安装每道工序完成后必须进行质量检验，通过验收后方可进行下道工序作业。 14. 吊物上禁止站人或放置杂物，禁止人员站在重物和固定物中间。 15. 临边作业穿救生衣，戴安全带，穿防滑鞋，清理干净地面杂物及油污
	水上作业平台	1. 如遇地质、水文周边环境变化等情况与勘测、设计资料不符的，及时联系建设、设计、勘察单位，必要时对专项方案进行修改，修改后的专项施工方案重新审核和论证。 2. 跨桥、路、航道时满足跨线施工安全相关要求。 3. 对施工过程进行安全管控，发现危及人身安全的紧急情况，立即组织作业人员撤离危险区域。 4. 结合专项施工方案编制有针对性的监理实施细则，并对实施过程进行专项巡视检查。 5. 核查办理水上水下施工作业许可证、航行公告等相关手续办理情况。

续上表

常见重大作业活动		风险管控措施
大型临时工程	水上作业平台	6. 平台便桥安装、拆卸顺序必须严格按已验算审核通过的设计方案执行，不得随意更改。 7. 钢管桩的堆放和吊运，严格按照施工方案执行，吊点位置确保在设计计算范围内。 8. 水上进行振桩、吊装等各项作业时，必须严格遵守施工工艺和工序，必须有专人指挥。 9. 安装过程必须配备经验丰富的起重机操作人员，起重机吨位必须满足安装过程使用要求；安装钢管桩及冲孔时，必须定期认真检查钢丝绳、吊钩，如有损坏立即更换。 10. 规范临时用电，严格按照“一机一闸一漏保”规范取用电。 11. 平台便桥架设安装每道工序完成后必须进行质量检验，通过验收后方可进行下道工序作业。 12. 吊物上禁止站人或放置杂物，禁止人员站在重物和固定物中间。 13. 临边作业穿救生衣，戴安全带，穿防滑鞋，清理干净地面杂物及油污。 14. 编制严防起重伤害、触电、高处坠落、坍塌、溺水等伤害的应急预案，完善应急措施，储备应急物资及设备，开展应急队伍培训，适时组织应急演练工作。 15. 发生险情或者事故时，当立即采取应急处置措施，并报告工程所在地主管部门。相关单位配合开展应急抢险工作
隧道工程	不良地质隧道	1. 在软岩或不良地质的隧道中，如设计文件指明有不良地质情况，对指定范围进行超前探测，严格落实十八字方针：管超前、严注浆、短开挖、强支护、勤量测、快封闭。仰拱、二次衬砌及时跟进，严格按施工方案的工法施工，控制好安全步距和台阶长度，严格控制循环进尺，初期支护、仰拱尽早封闭成环。 2. 如遇地质、水文等情况与勘测设计资料不符的，及时联系建设、设计、勘察单位，必要时对专项方案进行修改，修改后的专项施工方案需重新审核和论证。 3. 做好进场作业人员安全教育培训；组织进行三级专项安全技术交底，开展隧道专项安全教育培训，并开展重大致险因素与管控方案告知。 4. 加强对围岩及支护的检查和检测，掌握围岩及支护的变形位移情况，将监控量测和超前预报纳入重要工序管理并严格执行；开挖过程及时研判分析地质变化，科学调整加固、开挖方案；每个循环、每天跟进监控量测，观察、分析洞顶沉降和洞身位移状态，提前预警预知隧道稳定状况，发现洞内掉块、坍塌、变形等迹象，及时通知洞内人员撤离全部撤离危险区
	特殊地质隧道	1. 富水软弱破碎围岩隧道施工符合下列规定： ①施工过程加强对隧道围岩和支护结构变形、地下水变化的监测，并依据监测结论动态调整设计和施工参数。

续上表

常见重大作业活动		风险管控措施
隧道工程	特殊地质隧道	②遵循“防、排、堵、截”相结合的原则治水。 ③施工中出现浑水、突水突泥、顶钻、高压喷水、出水量突然增大、坍塌等突发性异常情况立即停止施工,分析异常原因,并妥善处理。 ④合理选用沉降变形较小的开挖工法。 ⑤加强超前水平钻及加深炮孔预报的施作管理。 2. 岩溶地质隧道施工符合下列规定: ①先开展地质调查,并根据综合地质预报对溶洞里程、影响范围、规模、类型、发育程度和填充物、储水及补给情况、岩层稳定程度以及与隧道的相对位置等做出预测分析,制定防范措施;对隧道顶地表采用无人机或者踏勘的方法进行调查,查看地表是否有水库、鱼塘等。 ②遵循“因地制宜、综合治理”的原则施工。 ③隧道溶洞与地表水存在水力联系时,在旱季进行溶洞处理和隧道施工。 ④岩溶段爆破开挖严格控制单段起爆药量和总装药量,控制爆破振动。 ⑤备用足够数量的排水设备及管路。 3. 含水沙层和风积沙隧道施工符合下列规定: ①含水沙地段开挖遵循“先治水、后开挖”的原则,风积沙地段开挖遵循“先加固、后开挖”的原则;循环进尺严格控制,并加强监控量测。 ②开挖完成后及时支护、尽早衬砌、封闭成环。施工过程中遇缝必堵,严防沙粒从支护缝隙中漏出。 4. 黄土隧道施工符合下列规定: ①施工前验证黄土的年代、成因、含水率、强度、压缩性、孔隙率、抗水性等情况,掌握详细的地质信息。 ②进洞前,洞口的防排水系统应施作完毕。采取回填夯实、填土反压、改变地表水径流等方法处理地表和浅埋段的冲沟、陷穴、裂缝。 ③选择在旱季开挖洞口,雨季施工采取控制措施。 ④含水率较大的地层及时排水,不得浸泡墙脚、拱脚。 ⑤施工中密切观察节理发育情况。 ⑥施工中密切监测拱脚下沉情况。膨胀岩土地质隧道施工符合下列规定;施工前查明膨胀岩岩性、规模、各向异性程度、吸水性、岩强度比、水文地质、膨胀机理等情况,选择合适的施工方法和预控措施。 ⑦除常规监测项目外,尚应加强围岩净空位移、围岩压力监测,并根据监测结果及时调整预留变形量和支护参数。 ⑧控制开挖循环进尺,逐次开挖断面各分部,分部开挖不得超前独进。 ⑨隧道开挖断面轮廓圆顺。隧道开挖后尽快初喷混凝土封闭岩面,并控制施工用水,加强施工用水管理,岩面不得受水浸泡。 5. 岩爆地质隧道施工符合下列规定: ①施工中加强围岩特性、岩爆强度等级、水文地质情况等的预报、预测和分析。

续上表

常见重大作业活动		风险管控措施
隧道工程	特殊地质隧道	②在围岩内部应力释放后采用短进尺开挖,每循环进尺为1.0～2.0m,光面爆破的开挖面周壁圆顺。 ③拱部及边墙布设预防岩爆锚杆,施工机械重要部位加装防护钢板。 ④每循环内对暴露的岩面加大监测及找顶频次。 ⑤施工过程中密切观察岩面剥落、监听岩体内部声响情况,出现岩爆迹象,作业人员及时撤离。 6. 软岩大变形地质隧道施工符合下列规定: ①施工过程中加强围岩岩性、地应力、水文地质、地质构造、变形机理分析,确定可能产生的变形程度与危害。 ②施工过程中监测拱顶下沉、周边位移、底鼓、围岩内部位移、支护结构变形等情况,并依据监测结果及时调整支护参数和预留变形量。发现变形异常及时处理。 ③严格控制循环进尺,仰拱、二次衬砌及时施作、封闭成环。 7. 冻土隧道施工符合下列规定: ①洞口段根据季节温度的变化采取保温措施,换填、保温、防护排水等设施在春季前完成,季节性冻土段安排在非冻季节施工。施工前查明冻土类别、含水率及分布规律、结构特征、厚度以及物理力学性质。 ②洞口设置防寒保温门,洞口边、仰坡"快开挖、快防护"。 ③开挖爆破后,及时喷锚支护封闭围岩。 8. 进洞前先做好边仰坡防护和排水设施,确保地表水不致危及隧道施工安全。 9. 洞口路基及边坡、仰坡断面自上而下开挖,一次将土石方工程做完,开挖人员不得上下重叠作业。在高于2m的边坡上作业时制定专门的安全技术措施。 10. 边、仰坡以上可能滑塌的表土、山坡松动危石在开工前清除干净;施工中经常检查,特别是在雨雪之后,发现松动危石必须立即清除。 11. 拉槽爆破后清除边、仰坡上松动石块,方可继续施工;地质不良时,边、仰坡采取加固措施。 12. 开挖中随时检查边坡和仰坡,如有滑动、开裂等现象,适当放缓坡度,保证边坡、仰坡稳定和施工安全。 13. 明洞及洞门结构要做好基底承载力检测,承载力不足时要进行加固处理。 14. 洞口挡墙、端墙设置仰斜式泄水孔。 15. 洞门衬砌完成后,及时处理洞门上方仰坡脚受损处;当边、仰坡地层松软时,采取坡面防护措施。 16. 开挖人员到达工作地点时,首先检查工作面是否处于安全状态。详细检查支护是否牢固,顶板和两帮是否稳定,如有松动的石、土块或裂缝予以清除或支护。 17. 在隧道各部(包括竖井、斜井、横洞及平行导洞)开挖后,除围岩完整坚硬、设计文件中规定不需支护者外,都必须根据围岩情况、施工方法采取有效的支护。

续上表

常见重大作业活动		风险管控措施
隧道工程	特殊地质隧道	18. 施工期间,会同相关单位相关人员对支护各部定期进行检查。在不良地质地段要求每班设专人随时检查,当发现支护变形或损坏时,立即整修加固,变形或损坏情况严重时,先将施工人员撤离现场,再行加固。 19. 特别加强Ⅱ、Ⅲ级围岩已支护光爆段(无拱架支护段)的围岩稳定性观察,防止掉块伤人事件发生;水平岩层和密集裂隙区段的Ⅱ、Ⅲ级围岩局部增设拱架。 20. 洞口地段和洞内水平坑道与辅助坑道(横洞、平行导坑等)的连接处,加强支护或及早进行永久衬砌。 21. 洞内支护,随挖随支护,支护至开挖面的距离一般不得超过4m。遇石质破碎、风化严重和土质隧道时,尽量缩短支护至工作面的距离。施工短期停工时,将支撑直抵工作面。 22. 不得将支撑立柱置于废渣或活动的石头上。软弱围岩地段的立柱加设垫板或垫梁,并加木楔塞紧。 23. 开挖漏斗孔加强支护,并加设盖板。供人上下孔道设置牢固的扶梯。 24. 当发现已喷锚区段的围岩有较大变形或锚杆失效时,立即在该区段增设加强锚杆,其长度不小于原锚杆长度的1.5倍。如喷锚后发现围岩突变或围岩变形量超过设计允许值,采用钢支架支护。 25. Ⅳ、Ⅴ级围岩区段施工时,掌子面至二次衬砌之间设置逃生管道。 26. 当发现量测数据有不正常变化或突变,洞内或地表位移值大于允许位移值,洞内或地面出现裂缝以及喷层出现异常裂缝时,均视为危险信号,必要时须立即报告上级和组织作业人员撤离现场,待制定处理措施后才能继续施工。 27. 随着隧道各部开挖工作的前进,及时进行衬砌与注浆,洞门的衬砌须尽早施工,不良地质地段的洞口必须首先完成;拆除灌注混凝土模板内支撑时,随拆随灌。当岩层破碎、压力过大地段的支撑不能拆出时,拱圈部分用预制混凝土柱代替木杆予以拆换。 28. 向作业人员发放合格的安全防护用品及定位设施。 29. 加强设备管理,对进场设备进行验收,确保性能完好,对进场设备资料、操作人员证件进行审核,合格后方可进场使用。 30. 特殊工种、设备操作人员必须经专门安全技术培训,考试合格持证上岗,并定期体检;对持证人员进行核验,确保人证相符
	浅埋、偏压及邻近建筑物等特殊环境条件隧道	1. 在软岩或不良地质的隧道中,如设计文件指明有不良地质情况时,对指定范围进行超前探测,严格落实十八字方针:管超前、严注浆、短开挖、强支护、勤量测、快封闭。仰拱、二次衬砌及时跟进,严格按施工方案的工法施工,控制好安全步距和台阶长度,严格控制循环进尺,初期支护、仰拱尽早封闭成环。

续上表

<table>
<tr><th colspan="2">常见重大作业活动</th><th>风险管控措施</th></tr>
<tr><td rowspan="2">隧道工程</td><td>浅埋、偏压及邻近建筑物等特殊环境条件隧道</td><td>2. 遇地质、水文等情况与勘测设计资料不符的，及时联系建设、设计、勘察单位，必要时对专项方案进行修改，修改后的专项施工方案需重新论证和审批。
3. 做好进场作业人员安全教育培训；组织进行三级专项安全技术交底，开展隧道专项安全教育培训，并开展重大致险因素与管控方案告知。
4. 加强对围岩及支护的检查和检测，掌握围岩及支护的变形位移情况；开挖过程及时研判分析地质变化，科学调整加固、开挖方案；每个循环、每天跟进监控量测，观察、分析洞顶沉降和洞身位移状态，提前预警预知隧道稳定状况，发现洞内掉块、坍塌、变形等迹象，及时通知洞内人员撤离全部撤离危险区。
5. 浅埋段不得采用全断面法施工。
6. 浅埋段加强地表沉降、拱顶下沉、周边收敛的量测；偏压隧道加强对围岩的监测；地面有建(构)筑物时采用控制爆破技术，并监测爆破振动及变形。
7. 浅埋段地表冲沟、陷穴、裂缝等需回填夯实、砂浆抹面，并处理地表水；汛期做好洞口仰边坡有组织排水，严禁雨水倒灌隧道和洞口滑坡坍塌。
8. 偏压隧道施工前，根据土压情况对偏压段进行平衡、加固处理，必要时增设抗滑桩、挡墙等。
9. 偏压隧道靠山一侧需加强支护，每次开挖进尺不得超过一榀钢架间距，并及时封闭。
10. 邻近建筑物施工前按照规定办理相关手续，编制保证交通安全和邻近建筑物结构安全的专项施工方案。
11. 邻近建筑物加强监控量测工作，及时掌握隧道拱顶、净空变化、地表沉降及周边收敛情况。
12. 向作业人员发放合格的安全防护用品及定位设施。
13. 作业人员熟悉掌握使用防护用品、逃生技能，禁止酒后、疲劳作业；进洞人员安全防护用品佩带齐全，操作平台防护设施完善</td></tr>
<tr><td>Ⅳ级及以上软弱围岩地段的大跨度隧道</td><td>1. 在软岩或不良地质的隧道中，如设计文件指明有不良地质情况时，对指定范围进行超前探测，严格落实十八字方针：管超前、严注浆、短开挖、强支护、勤量测、快封闭。仰拱、二次衬砌及时跟进，严格按施工方案的工法施工，控制好安全步距和台阶长度，严格控制循环进尺，初期支护、仰拱尽早封闭成环。
2. 如遇地质、水文等情况与勘测设计资料不符的，及时联系建设、设计、勘察单位，必要时对专项方案进行修改，修改后的专项施工方案重新论证和审批。
3. 做好进场作业人员安全教育培训；组织进行三级专项安全技术交底，开展隧道专项安全教育培训，并开展重大致险因素与管控方案告知。</td></tr>
</table>

续上表

常见重大作业活动		风险管控措施
隧道工程	Ⅳ级及以上软弱围岩地段的大跨度隧道	4. 加强对围岩及支护的检查和检测，掌握围岩及支护的变形位移情况；开挖过程及时研判分析地质变化，科学调整加固、开挖方案；每个循环、每天跟进监控量测，观察、分析洞顶沉降和洞身位移状态，提前预警预知隧道稳定状况，发现洞内掉块、坍塌、变形等迹象，及时通知洞内人员撤离全部撤离危险区。 5. 施工中遵循“管超前、严注浆、短开挖、强支护、勤量测、早封闭”的基本原则。洞内支护，必须随挖随支护，支护至开挖面的距离要求如下：每循环进尺Ⅴ级围岩不得大于1榀钢架间距，Ⅴ级围岩不得大于2榀钢架间距，边墙每循环开挖护进尺不得大于2榀；遇石质破碎风化严重时，要尽量缩小支护工作面。 6. Ⅳ、Ⅴ级围岩区段施工时，掌子面至二次衬砌之间设置逃生管道。 7. 施工前，安排专门人员将危石清除，清除时，人员不得处于被清除物正下方。 8. 在梯、架上作业时，梯架要牢固可靠，设有专人监护。 9. 对锚喷支护体系的监控量测中发现支护体系变形、开裂等险情时，采取补救措施，当险情危急时，将人员撤出危险区。 10. 当发现已喷锚区段的围岩有较大变形或锚杆失效时，要立即在该区段增设加强锚杆。 11. 当发现测量数据显示拱顶下沉、水平收敛速率达5mm/d或位移累计达100m，洞内或地面出现裂缝以及喷层出现异常裂缝时，均要视作危险信号，必须立即通知作业人员离现场，加固安全后才能继续向前施工。 12. 向作业人员发放合格的安全防护用品及定位设施。 13. 作业人员熟悉掌握使用防护用品、逃生技能，禁止酒后、疲劳作业；进洞人员安全防护用品佩带齐全，操作平台防护设施完善。 14. 加强设备管理，对进场设备进行验收，确保性能完好，对进场设备资料、操作人员证件进行审核，合格后方可进场使用。 15. 特殊工种、设备操作人员必须经专门安全技术培训，考试合格持证上岗，并定期体检；对持证人员进行核验，确保人证相符
	小净距隧道	1. 在软岩或不良地质的隧道中，如设计文件指明有不良地质情况时，对指定范围进行超前探测，并遵守弱爆破、短开挖、强支护、早衬砌、先护顶等小循环的施工原则。 2. 如遇地质、水文等情况与勘测设计资料不符的，及时联系建设、设计、勘察单位，必要时对专项方案进行修改，修改后的专项施工方案重新审核和论证。 3. 加强对围岩及支护的检查和检测，掌握围岩及支护的变形位移情况。开挖及钻孔作业前后、爆破后、废渣处理时及处理后，进行仔细检查作业面围岩情况，并去除松动危石。如发现隧道内有险情，必须在危险地段设置明显的标志或派专人看守，并巡视报告施工现场负责人，及时采取措施处理；情况危险时，将工作人员全部撤离危险区，并立即向上级报告。

续上表

<table>
<tr><th colspan="2">常见重大作业活动</th><th>风险管控措施</th></tr>
<tr><td rowspan="3">隧道工程</td><td>小净距隧道</td><td>4. 地质条件不同的两孔隧道,先开挖地质条件较差的隧道,后开挖地质条件较好的隧道。
5. 小净距隧道洞口切坡保留两隧道间原土体。
6. 两隧道工作面错开施工,先行洞与后行洞掌子面错开距离大于2倍隧道开挖宽度。严格控制爆破振动。
7. 后行隧道根据围岩情况先加固中岩墙,极软弱围岩段加固两隧道相邻侧拱架基础。
8. 采用光面爆破技术,并采用低威力、低爆速炸药,严格控制振动速度,以减少对围岩的扰动;爆破时另一洞内作业人员也需撤离。
9. 向作业人员发放合格的安全防护用品。
10. 加强设备管理,对进场设备进行验收,确保性能完好,对进场设备资料、操作人员证件进行审核,合格后方可进场使用。
11. 特殊工种、设备操作人员必须经专门安全技术培训,考试合格持证上岗,并定期体检;施工、对持证人员进行核验,确保人证相符</td></tr>
<tr><td>山岭机械开挖隧道</td><td>1. 遇地质、水文等情况与勘测设计资料不符的,及时联系建设、设计、勘察单位,必要时对专项方案进行修改,修改后的专项施工方案需重新审核和论证。
2. 加强对围岩及支护的检查和检测,掌握围岩及支护的变形位移情况。如发现隧道内有险情,必须在危险地段设置明显的标志或派专人看守,并巡视报告施工现场负责人,及时采取措施处理,情况危险时,将工作人员全部撤离危险区,并立即向上级报告。
3. 严格执行铣挖机(挖掘机)安全技术操作规程;严格按照使用保养说明书进行操作保养设备。
4. 行驶前必须把钻臂降低,以不妨碍驾驶人员视线,行驶速度不超过10km/h,专人驾驶。
5. 开挖前,必须清除易落或松动的危石。开挖中出现故障,必须请专业修理人员修理,严禁带病作业。
6. 加强铣挖机和劈石机的施工配合,严禁铣挖机和劈石机在同一掌子面同时施作。
7. 在铣挖作业时,铣挖半径内严禁站人或进入</td></tr>
<tr><td>瓦斯隧道</td><td>1. 在软岩或不良地质的隧道中,如设计文件指明有不良地质情况时,对指定范围进行超前探测,并遵守弱爆破、短开挖、强支护、早衬砌、先护顶等小循环的施工原则。
2. 如遇地质、水文等情况与勘测设计资料不符的,及时联系建设、设计、勘察单位,必要时对专项方案进行修改,修改后的专项施工方案重新审核和论证。
3. 加强对围岩及支护的检查和检测,掌握围岩及支护的变形位移情况。如发现隧道内有险情,必须在危险地段设置明显的标志或派专人看守,并巡视报告施工现场负责人,及时采取措施处理;情况危险时,将工作人员全部撤离危险区,并立即向上级报告。</td></tr>
</table>

续上表

常见重大作业活动		风险管控措施
隧道工程	瓦斯隧道	4. 施工前编制专项施工方案、超前地质预报方案、通风设计方案、瓦斯监测方案、应急预案、作业要点手册等。 5. 建立专门机构，并设专人做好瓦斯检测、记录和报告工作，瓦斯监测员按照相关规定经专门机构培训，并取得相应的从业资格。 6. 所有进洞人员，严禁将火种及易燃品带入洞内，进洞前接受专人检查，未经检查、许可的人员不得进洞。 7. 各作业面配备瓦检仪，高瓦斯工点和瓦斯突出地段配置高浓度瓦检仪和自动检测报警断电装置，瓦斯隧道人员聚集处设置瓦斯自动报警仪。 8. 瓦斯检测至少选择瓦斯压力法、综合指标法、钻屑指标法、钻孔瓦斯涌出初速度法、R 值指标法中的两种方法，并需相互验证。 9. 瓦斯含量低于 0.5% 时，每 0.5 ~ 1h 检测一次；瓦斯含量高于 0.5% 时，随时检测，发现问题立刻报告。煤与瓦斯突出较大，变化异常时加大检测频率。 10. 进入隧道施工前，应检测开挖面及附近 20m 范围内、断面变化处、导坑上部、衬砌与未衬砌交界处上部，衬砌台车内部、拱部塌穴等易积聚瓦斯部位、机电设备及开关附近 20m 范围内、岩石裂隙、溶洞、采空区、通风不良地段等部位的瓦斯浓度。 11. 检修或移动电气设备（电缆、更换防爆灯泡）时，必须停电进行，不得带电作业。 12. 通风设施保持良好状态，并配置一套备用通风装置，各工作面独立通风。 13. 风筒、风道、风门、风墙等设施保持封闭，施工中设专人维修和保养，不得频繁开启风门。 14. 配置两套电源供电，并采用双电源线路，电源线不得分接隧道以外任何负荷。 15. 按规定设置灭火器、消防水池、消防沙等消防设施。 16. 采用湿式钻孔开挖，装药前、放炮前和放炮后，爆破工、班组长和瓦斯检测员现场检查瓦斯浓度并参加爆破全过程。 17. 爆破作业使用煤矿许用炸药和煤矿许用瞬发电雷管或煤矿许用毫秒延期电雷管，并使用防爆型发爆器起爆。 18. 爆破母线呈短路状态，并包覆绝缘层。 19. 炮孔使用炮泥填堵，填料采用黏土或不燃性材料。 20. 起爆网络由工作面向起爆站依次连接。 21. 揭煤地段施工采用微振动控制爆破掘进，并根据煤层产状、厚度范围选定石门揭煤方法，爆破后及时喷锚支护、封闭瓦斯，仰拱、二次衬砌及时施工，衬砌背后及时压浆填充空隙。 22. 铲装石渣前浇湿石渣。 23. 开挖完成后及时喷锚支护、封闭围岩、堵塞岩面缝隙。瓦斯地段初期支护钢拱架采用螺栓连接，纵向连接筋可采用弯钩绑扎连接形式；钢筋网片采用绑扎连接方式。严禁采用电焊作业。

续上表

<table>
<tr><th colspan="2">常见重大作业活动</th><th>风险管控措施</th></tr>
<tr><td rowspan="2">隧道工程</td><td>瓦斯隧道</td><td>24. 瓦斯地段防水板设计为全断面铺设,施工中严格控制防水板铺设长度,及时施作二次衬砌。
25. 瓦斯隧道严禁两个作业面之间串联通风。洞口20m范围内严禁明火。严禁使用黑火药或冻结、半冻结的硝化甘油类炸药,同一工作面不得使用两种不同品种的炸药。
26. 高瓦斯工区和瓦斯突出工区的电气设备与作业机械必须使用防爆型。
27. 向作业人员发放合格的安全防护用品及定位设施</td></tr>
<tr><td>水下隧道</td><td>1. 钻爆法施工的水下隧道符合下列规定:
①加强超前地质预测预报,查明掌子面前方地质情况,并采取有效防治措施。
②洞口浅埋段进行预支护和注浆加固。
③隧道穿越断层、破碎带、风化深槽等软弱不良地层,采取超前预加固,并做好支护。
④围岩薄弱部位、高水压地段施工采取防突涌、突水措施。
⑤注浆孔口加设防突和止浆球阀装置,现场排水设备充足。
⑥水下隧道设置分段隔水闸门,采取分段式集、排水井坑排水。
2. 盾构法施工的水下隧道符合下列规定:
①对隧道轴线沿线的水底水深情况进行一次全面的探测,复核隧道覆土层的厚度,并收集相关资料进行统计和分析,掌握水底变化的规律。
②对盾构机所有设备进行一次全面的检查、维修。对一些容易损坏的部件要准备好足够的配件,出现问题能够及时更换,避免长时间停滞。对盾尾尾刷进行一次全面的检修,更换损坏的盾尾尾刷。
③严格控制主要掘进参数,如推进速度、总推力、泥水流量等,减少压力波动,采用低速均匀推进,避免对土体大的扰动;加强泥浆管理和贯入度监控,防止超挖和欠挖。
④施工期间严格控制隧道轴线,使盾构尽量沿着设计轴线推进,每环均匀纠偏,减少对土体的扰动。
⑤采取压力感应器法为主、声呐法为辅的监测方法,对水底进行高精度变形及水深监测,监测盾构施工时水底土层覆土厚度的变化,并充分利用监测结果指导施工。
⑥在掘进前用各种技术措施探测,查明水底盾构机轴线是否存在异物。如果有,查明异物的大小、形状、位置,能提前处理的尽量提前处理。不具备外部处理的条件时,只能洞内处理。对盾构机四周加固,加固方法有超前注浆加固、用膨润土制作泥膜保压,然后带压进仓进行机械破碎,海底严禁进行爆破作业。提前整修设备,清理完之后,平稳快速通过异物区。
⑦洞门凿除前探孔进行水位实时监测,并做好洞门止水密封。</td></tr>
</table>

续上表

常见重大作业活动		风险管控措施
隧道工程	水下隧道	3. 沉管法施工的水下隧道符合下列规定： ①基槽浚挖作业前，对隧址处水底和航道的演进历史进行充分调查。 ②沉管浮运前，检验沉管水密性能，掌握施工水域水文、气象信息。 ③沉管起浮后，核实沉管浮运时的干舷高度，监控管节浮态变化，并及时处理。 ④管节浮运、沉放时的水文、气象等工况条件满足施工要求。浮运过程设警戒船跟随。 ⑤管节沉放到位后，沉管端头封闭门按规定程序拆除。 ⑥管节安装完成后，按照规定报有关部门，并在两岸设置禁止抛锚等警示标志
	盾构始发、接收	1. 按照施工方案，对始发接收做好降水工作，并定时测量水位深度。 2. 严格按照方案要求对洞门端头做好加固工作，洞门凿除前须进行抽芯检测试验，确定安全后方能破除洞门。 3. 施工过程中严格依据盾构机设计图纸浇筑基座，根据组装需要预埋钢结构，施工过程中严格把关，测量人员精准定位并复测，保证始发基座的成型位置尺寸与设计符合。 4. 洞门破除属于高空作业，工作时要按照高空作业要求进行作业。 5. 破洞门时要合理分工，确定好破除顺序，破除时严禁出渣，割钢筋和破混凝土要互不干涉，不能交叉作业。 6. 破除时要时刻观察洞门情况，有专人 24h 值班，若发现涌水、涌沙异常情况，立即停止施工并上报，用棉被、海绵等材料进行堵塞，并立即进行双液浆进行注浆封堵。 7. 同步注浆是防止地层沉降的重要措施。控制好浅覆土段的同步注浆压力和注浆量。为防止注浆压力过大而顶破覆土层，在注浆机的控制系统中设置压力限位阀，为加强对正面土体的支护，防止地面冒浆，采用重浆推进。 8. 做好反力架、负环管片及托架的安装工作，安装完成后，组织验收，形成验收记录。 9. 盾构机进入接收段施工时，工作人员明确盾构机实时里程及刀盘距洞门掌子面的距离。为防止因刀盘反力不足引起管片环缝接触松弛、张开并造成漏水，盾构接收段最后 6 环管片螺栓要复紧，且管片之间进行刚性连接；在盾构贯通后安装的几环管片，首先要检查管片密封条和缓冲垫粘贴质量，一定要保证注浆饱满密实，防止引起管片漏水、下沉与错台。 10. 在盾构接收前，施作井壁内衬和洞圈，快速安装洞门止水装置，使接收井成为一个封闭的井结构。接收准备工作结束，向接收井内回土回水至地下水位高程，建立接收井内外水土平衡，准备进行盾构接收掘进。盾构主体进入接收井，并按照计划行程，盾尾仍有指定长度留在洞圈内，实施衬砌壁后注浆，封闭井内外可能存在的渗漏通道。

续上表

<table>
<tr><th colspan="2">常见重大作业活动</th><th>风险管控措施</th></tr>
<tr><td rowspan="2">隧道工程</td><td>盾构始发、接收</td><td>11. 盾构机完全进出洞后,必须及时做好洞门封堵工作,防止由于洞门封堵不及时造成的涌水涌沙情况。
12. 按照方案要求配齐配足应急物资,并存放于进出洞掌子面附近,组织人员进行演练,熟悉应急抢险流程,分工合作。
13. 确保操作室与地面的通信畅通</td></tr>
<tr><td>盾构设备安装、拆卸</td><td>1. 刀盘、主机选用合理的起吊设备吊装,确保刀盘安全平稳翻身。
2. 起吊设备、钢丝绳、卸扣的选择严格按照国家标准执行,根据重物重量选择起吊设备、钢丝绳、卸扣。
3. 起吊设备启用前备案报验,待报验完成、手续齐全后方可开始吊装作业。
4. 进场施工人员进行三级安全教育,特种作业人员需持证上岗(证件在有效期内)。
5. 设备吊耳安装(焊接)质量严格检查。
6. 吊装作业前对起重设备站位地基进行取样检测,待检测合格才能开始作业。
7. 作业过程中起重机支腿保持完全伸出,且增垫路基箱。
8. 选择工作经验丰富的司索工,合理选择吊点。
9. 起吊物起吊前不牢靠设备及部件全部清空。
10. 进入施工场地佩戴安全帽,穿劳保鞋,高空作业佩戴好安全带,焊接气割作业佩戴好护目镜、防护手套。
11. 设备翻身离地不高于0.5m,吊运前划出警戒区,检查各点受力情况及吊耳的焊接质量,并经试吊,确认安全可靠后方可指挥起吊翻身。
12. 吊件起升过程中,操纵平稳,速度均匀,避免起升和变幅钢丝绳受冲击力。确保盾构垂直起吊,严禁斜吊。起吊过长、过大等大型重吨位物件时,先试吊,离地不高于0.5m,经检查平稳后方可指挥起吊运行。
13. 起吊物件有专人负责,统一指挥。指挥时不准戴手套,手势要清楚,信号要明确,不得远距离指挥吊物,远距离吊装必须佩带对讲机指挥。
14. 电焊气割作业人员持证上岗,氧气乙炔使用时间距需达到标准距离要求,配备保护套、防震圈。小型机具作业严格按照操作规范操作。
15. 液压扳手、拉拔器进场进行质量检验,检验合格后方可投入使用。操作液压扳手、拉拔器人员必须是具有多年操作经验的熟练工,避免出现安全事故</td></tr>
</table>

续上表

<table>
<tr><th colspan="2">常见重大作业活动</th><th>风险管控措施</th></tr>
<tr><td rowspan="3">起重吊装工程</td><td>采用非常规起重设备、方法，且单件起吊重量在10kN及以上的起重吊装工程</td><td rowspan="3">1. 实行分包并由分包单位编制专项施工方案的，专项施工方案由总承包单位技术负责人及分包单位技术负责人共同审核签字并加盖单位公章。
2. 设备的安装、拆除由具有相应资质单位进行。
3. 做好进场作业人员安全教育培训；组织不同层级的专项安全技术交底并开展重大致险因素与管控方案告知。
4. 编制有针对性的起重吊装、设备安装拆除作业指导书。
5. 起重工、信号工必须经专门安全技术培训，考试合格后持证上岗，并定期体检；对持证人员进行核验，确保人证相符。
6. 加强设备管理，对进场设备进行验收，确保性能完好，对进场设备资料、操作人员证件进行审核，合格后方可进场使用。
7. 非常规起重设备、需要安装的设备经检验、检测合格后方可投入使用。
8. 制定设备管理制度，专人管理，做好设备日常管理、保养、维修，建立设备台账。
9. 对起重吊装施工进行安全巡视，发现危及人身安全的紧急情况，立即组织作业人员撤离危险区域。
10. 起重机作业时，必须确定吊装区域，并设警戒标志，必要时派人监护；作业前必须检查作业环境、吊索具、防护用品，吊装区域无闲散人员，障碍已排除。吊索具无缺陷，捆绑正确牢固，被吊物与其他物件无连接。确认安全后方可作业。
11. 大雨、大雪、大雾及风力6级以上（含6级）等恶劣天气，必须停止露天起重吊装，严禁在带电的高压线下或一侧吊装作业。
12. 设备拆除严格按方案进行</td></tr>
<tr><td>采用起重机械进行安装的工程</td></tr>
<tr><td>起重机械设备自身的安装、拆卸</td></tr>
<tr><td>拆除、爆破工程</td><td>隧道拆除工程</td><td>1. 做好必要的地下设施（电缆、通信线路、天然气管道）、周边环境、地质、水文等调查工作，根据现场实际情况和设计要求编制详细的施工方案，如遇地质、水文等情况与勘测设计资料不符的，及时联系相关单位，必要时对专项方案进行修改，修改后的专项施工方案重新审核和论证。
2. 实行分包并由分包单位编制专项施工方案的，专项施工方案由总承包单位技术负责人及分包单位技术负责人共同审核签字并加盖单位公章。
3. 对开挖工程进行施工监测和安全巡视，发现危及人身安全的紧急情况，立即组织作业人员撤离危险区域。
4. 拆除工程施工区域设置硬质封闭围挡及安全警示标志，人员不得进入施工区。当拟拆除物与毗邻道路的安全距离不能满足要求时，必须采取相应的安全防护措施。
5. 拆除工程施工时，有防止扬尘和降低噪声的措施。
6. 清运渣土的车辆封闭或覆盖，出入现场时有专人指挥。清运渣土的作业时间遵守工程所在地的有关规定。
7. 夜间施工场所设置足够的照明。</td></tr>
</table>

续上表

常见重大作业活动		风险管控措施
拆除、爆破工程	隧道拆除工程	8. 拆除工程完工后，及时将渣土清运出场。堆土(渣)场选址规划需合理，堆土(渣)高度、排水设施满足要求。 9. 大雨、大雪、大雾及风力6级以上(含6级)等恶劣天气，必须停止露天起重吊装。严禁在带电的高压线下或一侧作业。 10. 现场有专职安全人员巡回检查，并设置明显标志及警示标牌。 11. 如需交通疏解，需编制交通疏解方案，并按照方案进行交通组织。 12. 需爆破作业的，按规定办理爆破作业合同备案或项目许可等手续，爆破作业及民用爆炸物品采购、运输、储存管理、使用需符合规定要求
	爆破工程	1. 在施工前认真研究山体地质、地形和水文条件，必要时进行补勘，尽可能完善石方开挖爆破工程施工方案及安全方案；如遇山体地质、地形和水文条件等情况与勘探设计资料不符，及时联系相关单位，必要时对专项方案进行修改，修改后的专项施工方案需重新审核和论证。 2. 爆破作业根据地形、地质和施工地区环境的具体情况，采取相应的防护措施。在靠近建筑物、铁路线处进行爆破作业时，事先与车站和有关部门取得联系，确保行车安全，并在危险区域内设立明显标志牌，通行路口设专人防护。 3. 从事爆破工作的爆破员、安全员、保管员按照有关规定经专业机构培训，并取得相应的从业资格，组织不同层级的专项安全技术交底并开展重大致险因素与管控方案告知。 4. 爆破作业单位按规定办理爆破作业合同备案或项目许可等手续，爆破作业及民用爆炸物品采购、运输、存储管理、领用发放、使用等按《民用爆破物品安全管理条例》和现行《爆破安全规程》(GB 6722)执行。 5. 经审批的爆破作业项目，爆破作业单位于施工前3d发布公告，并在作业地点张贴，公告内容符合现行《公路工程施工安全技术规范》(JTG F90)的相关规定。 6. 爆破作业必须设置警戒区和警戒人员，起爆前必须撤出人员并案规定声、光等警示信号。 7. 起爆时，施工作业人员、其他保护对象的安全距离不小于爆破设计方案计算的安全距离。 8. 在控制爆破时，对附近构筑物或设施进行防振、防护覆盖，以减弱爆破振动的影响和噪声，防止碎块飞掷。 9. 雷电、暴雨雪天气不得实施爆破作业。强电场区爆破作业不得使用电雷管。 10. 大雾天、黄昏和夜间不宜进行爆破。必须在夜间实施爆破时，应采取有效的安全措施。遇雷雨时停止爆破作业，并迅速撤离危险区。 11. 现场设置警示标志标牌。 12. 瞎炮由原装炮人员当时组织处理，严禁交由其他人员处理。处理瞎炮符合相关规定

参 考 文 献

[1] 国家安全生产监督管理局. 企业职工伤亡事故分类标准:GB 6441—1986[S]. 北京:中国标准出版社,1986.

[2] 全国统计方法应用标准化技术委员会. 故障树名词术语和符号:GB/T 4888—2009[S]. 北京:人民出版社,2009.

[3] 全国风险管理标准化技术委员会. 风险管理　术语:GB/T 23694—2013[S]. 北京:中国标准出版社,2013.

[4] 交通运输部公路科学研究院. 公路工程质量检验评定标准　第一册　土建工程:JTG F80/1—2017[S]. 北京:人民交通出版社股份有限公司,2017.

[5] 中交一公局集团有限公司. 公路桥涵施工技术规范:JTG/T 3650—2020[S]. 北京:人民交通出版社股份有限公司,2020.

[6] 交通运输部安全与质量监督司. 公路水运工程施工安全风险评估指南　第1部分:总体要求:JT/T 1375.1—2022[S]. 北京:人民交通出版社股份有限公司,2022.

[7] 交通运输部工程质量监督局. 公路水运工程施工安全标准化指南[M]. 北京:人民交通出版社,2013.

[8] 交通运输部. 公路工程质量检验评定标准　第二册　机电工程:JTG 2182—2020[S]. 北京:人民交通出版社股份有限公司,2020.